U0142032

朱金城
朱易安 著

文史哲學集成

李白的價值重估

文史哲出版社印行

國立中央圖書館出版品預行編目資料

李白的價值重估 / 朱金城,朱易安著. -- 初版.
-- 臺北市 : 文史哲, 民84
面 ; 公分. -- (文史哲學集成 ; 303)
參考書目:面
ISBN 957-547-836-3(平裝)

1. (唐) 李白 - 學術思想 - 中國詩

782.8415 82009959

文史哲學集成 303

李白的價值重估

著者：朱金城・朱易安
出版者：文史哲出版社
登記證字號：行政院新聞局局版臺業字五三三七號
發行人：彭正雄
發行所：文史哲出版社
印刷者：文史哲出版社
台北市羅斯福路一段七十二巷四號
郵撥○五一二八八一二彭正雄帳戶
電話：三五一一○二八

實價新台幣四八○元

中華民國八十四年十月初版

版權所有・翻印必究
ISBN 957-547-836-3

李白的價值重估 目錄

附錄：

一代風騷

——李白及其藝術中的人生與社會

朱金城　朱易安

一

李白（七〇一——七六二），字太白，號青蓮居士。是我國繼屈原之後最偉大的詩人之一。蘇東坡說：「李太白、杜子美以英瑋絕世之姿，凌跨百代，古今詩人盡廢。」⑴杜甫與李白同時，他的詩集中提及李白或酬贈李白的詩作有十五首之多，充滿著羨佩之情。杜甫預言李白在生前和身後很難為世人理解，但他的詩名將永世長存：「自是君身有仙骨，世人那得知其故？」（《送孔巢父謝病歸遊江東兼呈李白》）「千秋萬歲名，寂寞身後事。」（《夢李白二首》之二）杜甫的預言一定程度上說出了中國古代知識階層人士的共同命運，而他對李白憐惜的程度也證明了他對所謂大唐盛世的失望，以及失望中的不甘心。今天，當我們重新審視這位堪稱一代風騷的偉大詩人時，不能不敬佩杜甫對李白了解的深刻性。

李白給後人留下的唯一精神財富，便是他那不朽的詩篇。有關他生平遊跡的可靠史料卻少得可憐。他的家世和出生地至今仍是一個謎，令學術界爭執不休。據現存最早的資料——李白的族叔李陽冰寫於唐寶應元年（七六二）十一月的《草堂集序》云，李白爲「隴西成紀人，涼武昭王暠九世孫，蟬聯珪組，世爲顯著。中葉非罪，謫居條支，易姓與名」。「神龍之始，逃歸於蜀，後指李樹而生伯陽。驚姜之夕，長庚入夢，故生而名白，以太白字之」。較早的資料還有唐元和十二年（八一七）遷墓後范傳正的《唐左拾遺翰林學士李公新墓碑》，墓碑序云：「公名白，字太白，其先隴西成紀人。絕嗣之家，難求譜牒。公之孫女搜於箱篋中，得公之亡子伯禽手疏十數行，紙壞字缺，不能詳備。約而計之，涼武昭王九代孫也。隋末多難，一房被竄於碎葉，流離散落，隱易姓名。故白國朝已來，漏於屬籍。神龍初，潛還廣漢，因僑爲郡人。父客以逋其邑，逐以客爲名。」

這倆件較早的資料對於關鍵問題含糊其詞，以至造成後世對李白家世和出生地的各種猜測。但這兩件史料也有一些可信的地方，即李白的祖籍（也可能是郡望），可以追溯到與唐宗室同族。但到了詩人的祖輩，則有過一段竄謫的經歷，以至離鄉背井，隱易姓名，直到詩人的父親這一輩，才後重回到蜀中來。明代楊愼正式提出李白生於彰明清廉鄉（後改爲青蓮鄉）②基本上爲後世研究者所採納。但有關家世譜系中的疑點，「條支」、「碎葉」實地所指，仍無定論。筆者以爲，這些題的考證，必須有待於可靠的史料和資料，而不能僅憑猜測和推測。

如同李白的家世和出生地一樣，詩人的事跡和遊蹤的追尋，同樣也因缺乏可靠史料記載而顯得困難不堪。他的行跡，基本上是以對他的詩作進行考察、鉤沉爲基礎，由後人追述出來的。除了詩作之外，就是詩人那爲數不多的書序中的「自敘」。

李白青少年時代是在蜀中渡過的，少年時，已博覽群書，善作辭賦，所謂「五歲觀六甲，十歲觀百家」。③二十歲以前隱居岷山，擊劍任俠。廣泛接觸了各家的思想，其中也包括受到以縱橫之術見長的趙蕤的影響。二十五歲離開蜀地，「仗劍去國，辭親遠遊」，④南窮蒼梧，東涉溟海，到過洞庭和剡中一帶。後婚於故相許圉師孫女，定居安陸，並以安陸爲中心，展開了將近十年的漫遊。其間，他曾給韓朝宗和安州裴長史寫過信，並於開元末年到過長安，結識了玉眞公主、賀知章等人。第一次到長安的活動並沒有結果，但對詩人擴大影響和交遊仍起了積極的作用。玄宗天寶元年（七四二），四十一歲的李白奉召第二次入長安，供奉翰林。這次奉召，李白是懷著極大的政治幻想的：「身爲下邳客，家有圯橋書。傳說未夢時，終當起巖野。」（《酬張卿夜宿南陵見贈》）「會稽愚婦輕買臣，余亦辭家西入秦。仰天大笑出門去，我輩豈是蓬蒿人？」（《南陵別兒童入京》）但是，李白入朝後，所得到的不過是一個宮廷侍臣的位置，與他「願爲輔弼」的理想相去甚遠。而詩人那種「戲萬乘若僚友，視儔列如草芥」的性格和行爲，觸怒了朝中權貴，終於遭到讒毀，於天寶三載（七四四）春被迫離開長安。此後的十年，是詩人生平第二個漫遊時期。他寄家東魯，並因許氏亡故，再婚於武后時故相宗楚客之後宗氏。這一時期，他充滿著「白璧竟何辜？青蠅遂成冤」⑤的怨憤，「群沙穢明珠，衆草凌孤芳」⑥的境遇使他倍增孤寂和迷茫。天寶十四載（七五五），安史之亂爆發，李白長期受到壓抑的報國從政之心再度被激發起來，第二年，即從隱居的廬山下來，參加了永王李璘的抗敵幕府。但永王在與肅宗爭位時失敗，李白尚未來得及舒展抱負，即以反叛的罪名被捕入獄。後又被流放夜郎。乾元二年（七五九），在中途遇赦放回，買舟南下，流寓江南。上元二年（七六一），六十一歲的李白聞得李光弼出征東南，竟又揚起了理想的風帆，躍躍欲試，無奈半道病還，⑦往當塗依縣令李陽冰，明年因病在當塗謝世。

二

李白的一生，大致可以分爲四個時期。即居於蜀中的青少年時期，第一次漫遊和兩次入長安時期，第二次漫遊時期以及安史之亂爆發至病逝於當塗的最後歲月。

居於蜀中時期的作品僅占李白全部作品的一小部份。從那些可以斷定是詩人早年作品的詩篇來看，完全是一派隱者恬澹的風貌，其中不乏有六朝齊梁格的影響，如《訪戴天山道士不遇》：

犬吠水聲中，桃花帶露濃。樹深時見鹿，溪午不聞鐘。野竹分青靄，飛泉掛碧峰。無人知所去，愁倚兩三松。

這首詩很接近王維的風格，但已不同程度地透露出作者不受羈絆的性格和坦率的人生態度，因此，他的喜怒哀樂在詩中往往不加掩飾，顯而易見。如另一首《登錦城散花樓》：

日照錦城頭，朝光散花樓。金窗夾繡户，珠箔懸銀鉤。飛梯綠雲中，極目散我憂，暮雨向三峽，春江繞雙流。今來一登望，如上九天遊。

詩中那種「今來一登望，如上九天遊」的感受，與作者出蜀後其它登臨之作的心態很相似，表現了詩人遠大的理想和抱負。詩歌的末二句也反映了正在形成中的獨特的意象構成和獨特的藝術風格。

出蜀以後的十年漫遊。以及兩入長安時期，是詩人創作的一個高潮。初出蜀時，詩人寫有許多描繪沿途風光的佳作，如著名的《峨眉山月歌》等，其中《渡荊門送別》一詩用嚴謹的五律爲體裁，是作者由青年時期向藝術日漸成熟時期過渡的代表作：

渡遠荊門外，來從楚國遊。山隨平野盡，江入大荒流。月下飛天鏡，雲生結海樓。仍憐故鄉水，萬里送行舟。

歷來前人評論此詩，都以爲「山隨」一聯爲佳，豪壯而有氣勢，⑧卻沒能指出「月下飛天鏡，雲生結海樓」兩句更能體現詩人的想像力和表現力。如果說前一聯的佳處在於概括了渡荊門時的實地景色，那後一聯則充分運用了想象和比喻而組合起來的意象，更能令人感受飄然清麗的境界，這恰恰是李白詩歌的特色之一。

出蜀以後，李白大大開拓了詩歌的題材和體裁，其中最爲突出的是樂府古辭和歌行的創作。初到金陵等地，詩人以雜言歌行描寫冶遊作樂的情形，如《對酒》：

蒲萄酒，金叵羅，吳姬十五細馬馱。青黛畫眉紅錦靴，道字不正嬌唱歌。玳瑁筵中懷裡醉，芙蓉帳裡奈君何？

另一首《金陵酒肆留別》，較此作更受後人之推崇，爲七言古詩：

風吹柳花滿店香，吳姬壓酒喚客嘗。金陵子弟來相送，欲行不行各盡觴。請君試問東流水。別意與之誰短長？

謝榛指出：「太白《金陵留別》詩『請君試問東流水，別意與之誰短長。』妙在結語。使座客同賦，誰更擅場？謝宣城《夜發新林》詩：『大江流日夜，客心悲未央。』陰常侍《曉發新亭》詩：『大江一浩蕩，悲離足幾重。』二作突然而起，造語雄深，六朝亦不多見。太白能變化爲結，令人叵測，奇哉！」⑨

慨嘆光陰如梭，人生暫短，是六朝和唐代詩人的共同遺憾，表現了人的自覺，和對人的價值的體認而帶來的煩惱。很快，詩人的這種煩惱有了很具體的內涵：

長相思，在長安。絡緯秋啼金井闌，微霜淒淒簟色寒。孤燈不明思欲絕，卷帷望月空長嘆。美人如花隔雲端。上有青冥之高天，下有淥水之波瀾。天長路遠魂飛苦，夢魂不到關山難。長相思，摧心肝！——《長相思》

《唐宋詩醇》選評此詩云：「《楚辭》曰：『恐美人之遲暮。』賢者窮於不遇，而不敢忘君，斯忠厚之旨也。辭清意婉，妙於言情。」以樂府古題的比興手法，抒發情懷，透出了詩人成熟的思想和熟練的技巧，這一時期的著名詩作如《幽澗泉》、《梁甫吟》、《蜀道難》，等都折射出詩人嚮往實現政治抱負而結果，「美人遲暮」的愁悶心緒。他的《行路難》詩已漸漸脫出傳統的比興手法，直抒胸臆，成爲這類作品中極有個人風格的代表作：

金樽清酒斗十千，玉盤珍羞直萬錢。停杯投筯不能食，拔劍四顧心茫然。欲渡黃河冰塞川，將

登太行雪滿山。閑來垂釣碧溪上，忽復乘舟夢日邊。行路難，行路難，多歧路，今安在？長風破浪會有時，直挂雲帆濟滄海。——其一

長期的漫遊和短期的山隱，詩人不斷地尋求通向長安的道路，然而卻不斷地遭到挫敗。《行路難》的第一首刻畫出作者進退維谷的矛盾心情，但此時李白對前途仍舊充滿信心，幻想著有朝一日「濟滄海」，激憤之餘，詩歌呈現出一派明朗高華的氣勢。詩中時時流露出「謝公終一起」式的等待。

李白第一次入長安的時間，是近年來學術界爭論很熱鬧的問題。朱金城於六十年代校注《李白集》時，曾在《酬坊州王司馬與閻正字對雪見贈》《春陪商州裴使君遊石娥溪》、《春歸終南山松龍舊隱》等詩的箋釋中，對傳統的「一入長安論」提出疑議。當時得到稗山的贊同。稗山不久發表了《李白兩入長安辨》，把李白第一次入長安的時間擬定在開元二十六至二十八年之間，又在注釋中附錄了由朱金城提供的清人「三入長安論」的資料。⑩後郭沫若《李白與杜甫》一書也持「兩入長安論」，但將第一次入長安的時間提早到開元十八年。以後，不斷有人補充和修正「一入長安」的時間，大多認爲不得晚於開元二十二、三年⑪。

一入長安的時間難以確定，是因爲旁證史料太少，而僅憑李白作品中的蛛絲馬跡是很難得出可信的結論。但是，李白初入長安以失敗而告終的憤慨，卻成爲這一時期詩作中一個令人注目的傾向，如《玉眞公主別館苦雨贈衛尉張卿三首》：「吟詠思管、樂，此人已成灰。獨酌聊自勉，誰貴經綸才？彈劍謝公子，無魚良可哀。」《行路難》的第二首，是詩人悲憤情緒的極度宣泄：

> 大道如青天，我獨不得出，羞逐長安社中兒，赤雞白狗賭梨栗。彈劍作歌奏苦聲，曳裾王門不稱情。淮陰市井笑韓信，漢朝公卿忌賈生。君不見昔時燕家重郭隗，擁篲折節無嫌猜。劇辛樂毅感恩分，輸肝剖膽效英才。昭王白骨縈蔓草，誰人更掃黃金臺？行路難，歸去來！

李白詩歌藝術成就和才華，伴同他的長期漫遊，影響劇增。終於在天寶元年應召二入長安，供奉翰林，他的詩篇中一些應制之作，就寫於這一時期。詩人以他的藝術才能「輸肝剖膽」效力於玄宗，他的《宮中行樂詞》、《清平調詞三首》等作，融入了激情，寫得瑰麗多姿，神采飛動。《春日行》是以樂府形式寫的太平感世頌辭，同樣也有激蕩人心的感染力。還有一些時事之作，雄渾豪壯，如《送張遙之壽陽幕府》、《送程劉二侍御兼獨孤判官赴安西幕府》等，英氣逼人。

李白遭讒後離開長安，到安史之亂爆發，又是一個飄泊的十年。與前一時期相比，酬贈之作漸多，因而作品的藝術風貌便顯得更自由而不受約束，前期那種激昂、高亢，呼風喚雨一泄千里的氣勢仍時時可見，但激躍的風格中漸漸透露出一種清澄高潤的傾向。

> 牛渚西江夜，青天無片雲。登舟望秋月，空憶謝將軍。余亦能高詠，斯人不可聞。明朝挂帆席，楓葉落紛紛。——《夜泊牛渚懷古》

> 楊花落盡子規啼，聞道龍標過五溪。我寄愁心與明月，隨風直到夜郎西。——《聞王昌齡左遷龍標遙有此寄》

又如《獨坐敬亭山》、《謝公亭》、《秋浦歌》等，都隱去了前期那種奔騰咆哮而來的急促感，而給人一種寬緩高闊，穩如磐石的力度。

這一時期的詩中還記錄了不少求仙修道，歸隱五湖的生活經歷，但詩人爲之念念的，仍是「魏闕」之想。離開長安後，他不止一次地提到「遭讒」的痛苦，此後便不斷地流露出對「長安」的思念：「總爲浮雲能蔽日，長安不見使人愁！」⑫

《金鄉送韋八之西京》一詩是反映此種心情的作品，在這一時期的同類詩篇中有一定的代表性：

客自長安來，還歸長安去。狂風吹我心，西掛咸陽樹。此情不可道，此別何時還？望望不見君，連山起煙霧。

蕭士贇注云：「太白此詩因別友而動懷君之思，可謂身在江海，心存魏闕者矣。」⑬事實上，詩人心頭無時無刻不縈繞著這剪不斷、理還亂的思緒，任何即興之作，竟都能落在對長安的思念上。如《登敬亭北二小山余時逢崔侍御並登此地》：

送客謝亭北，逢君縱酒還。屈盤戲白馬，大笑上青山。迴鞭指長安，西日落秦關。帝鄉三千里，杳在碧雲間。

又如《觀胡人吹笛》：

胡人吹玉笛，一半是秦聲。十月吳山曉，《梅花》落敬亭。愁聞出塞曲，淚滿逐臣纓。卻望長安道，空懷戀主情。

這些作品風格上出現了一些新的特點，即明顯增強了沉鬱的氣氛。雖然直率坦蕩仍是詩歌的一貫風貌，但前期的那種激情已爲低旋曲折的格調所代替。請看他那著名的《宿五松山下荀媼家》：

我宿五松下，寂寥無所歡。田家秋作苦，鄰女夜舂寒。跪進彫胡飯，月光明素盤。令人慚漂母，三謝不能餐。

此詩曾被認爲是作者同情勞動者的典型作品。其實作者對農家辛勞的領略，如同他當年離京時對綈夫的憐憫一樣，與他沉重的心緒有關。⑭慚對漂母，不能進餐，是因沒有機會成爲韓信，這其間的痛苦，當然是詩人難以排遣的。

這一時期的深沉情緒，在安史亂後的一系列作品中有所減弱。從安史之亂到詩人去世，僅僅六年，這是他晚年最後一個創作階段。

隨著詩人的遭遇變化，他的詩風又有一些變化。入永王幕前後，他寫過《猛虎行》、《北上行》和《奔亡道中》等一些有感時事的作品。《奔亡道中》共五首，其三云：「仍留一隻箭，未射魯連書。」似乎已透出一絲理想的希望。這一時期創作的《永王東巡歌》幾乎又重新展露出當年出蜀時的氣概：

試借君王玉馬鞭，指揮戎虜坐瓊筵。南風一掃胡塵靜，西入長安到日邊。——其十一

月化五白龍，翻飛凌九天。胡沙驚北海，電掃洛陽川。虜箭雨宮闕，皇輿成播遷。英王受廟略，秉鉞清南邊。雲旗卷海雪，金戟羅江煙。聚散百萬人，弛張在一賢。霜臺降群彥，水國奉戎旃。繡服開宴語，天人借樓船。如登黃金臺，遙謁紫霞仙。卷身編蓬下，冥機四十年。寧知草間人，腰下有龍泉？浮雲在一決，誓欲清幽燕。願與四座公，靜談《金匱》篇。齊心戴朝恩，不惜微軀

捐。所冀旄頭滅，功成追魯連。——《在水軍宴贈幕府諸侍御》

旋即，因詩人繫獄，他的「渭水之釣」幻想再度破滅，緊接著便是「白帝曉猿斷，黃牛過客遲。遙瞻明月峽，西去益相思」⑮的流放。夜郎的詩是悲涼的，但赦回以後，詩人又重新升起了再受重用的希望：

去歲左遷夜郎道，琉璃硯水長枯槁。今年敕放巫山陽，蛟龍筆翰生輝光。聖主還聽《子虛賦》，相如卻欲論文章。願掃鸚鵡洲，與君醉百場。嘯起白雲飛七澤，歌吟淥水動三湘。莫惜連船沽美酒，千金一擲買春芳。——《自漢陽病酒歸寄王明府》

詩人晚年的作品是他藝術發展到至臻至美境界的結晶。他在楚湘間寫的《陪族叔刑部侍郎曄及中書賈舍人至遊洞庭五首》等詩自然天成而韻味醇厚。他的名篇《陪侍郎叔遊洞庭醉後三首》被認爲是「自然流出，不假安排」⑯：

剗卻君山好，平鋪湘水流。巴陵無限酒，醉殺洞庭秋。——其二

藝術的升華與詩人的胸襟開闊以及他的精神面貌有一定關係。現在沒有任何史料可以證實詩人對政治的信心是在某種允諾的基礎上產生的，但在他生命最後時期的詩作中，很少有衰瑟的表現，相反，一部份作品中仍然可以見到詩人的雄心壯志：

恨無左車略，多愧魯連生。拂劍照嚴巔，彫戈鬘胡纓。願雪會稽恥，將期報恩榮。——《聞李太尉大舉秦兵百萬出征東南懦夫請纓冀申一割之用半道病還留別金陵崔侍御十九韻》

如同詩人的藝術風貌自始至終體現了他的個人特色一般，李白的參政慾望支撐了他悲壉的人生。

三

李白一如既往的參政慾望是從何處而來？這就要涉及他的人生觀和思想構成。按傳統的看法，李白的思想狀況是以儒家思想爲主，兼受到道家和佛家的影響。近年來又有人指出，李白早年受到道家的影響，出京以後，正式加入道教。還有人認爲李白崇尚自然美。這也是受到老、莊一派影響的表現。關於李白的任俠精神，近年來頗受重視，也有人認爲是他少年時師從趙蕤的結果。

從李白作品中專門名詞的出現來判別儒、道、釋以及任俠的影響，學術界的各類看法都有依據。但人的思想畢竟不是化學合劑，化學合成尙要有質的變化，何況人的思想呢？其實人類的趨同性很強，接受外界的思想也往往是最先容納與自己相適應的觀念，而絕不會在短期內生吞活剝與自身相反的思想，然後有個一百八十度的大轉變。近年來學界談論釋、道兩家對唐代文學發展的影響，總是將之與儒家分得清清楚楚，似乎它們之間的理論和觀點互不相干。其實，唐代三教合流的歷史已經證明，這三家有許多相似的地方，可以互相包容，互相補充，如果沒有認同的基礎，再強的行政命令也不能令它們「合一」。宗教思想是這樣，那麼，在具體人的身上，又何嘗不是這樣呢？在大部份的時間裡，人們接受了來自各家的思想，將把它們化爲一個統一體，並成爲他個人所擁有的具體的思想，這樣，對於個人來說，就很難再去將已經變爲自已的思想的思想，分析歸類，每個人的具體思想甚至也不能作成份性的比較。因此，李白思想的淵源可以是來自於儒、釋、道以及其它各家，一旦成爲李白的思想，那就不再是儒、釋、道或其它各家的了，而祇能是李白自已的。因此，單純研究李白思想構成是沒有多大意義的，而應當看看李白怎樣接受並融合各家思想而建立自已的人生觀。

李白的思想，在出蜀以前已基本形成。從他的「自述」中可以看到，他受到過良好的文化教育。他說過「五歲觀六甲，十歲觀百家」的話，又說「十五觀奇書，作賦凌相如」。⑰雖然沒有具體的說明，但從詩人的作品中可以知道，他閱讀的範圍相當廣泛。除了讀書之外，他還學過劍術：「十五歲好劍術，遍於諸侯；三十成文章，歷抵卿相。」⑱李白少年時期如果眞的像他所說的那樣，潛心習修辭賦和劍術，那便可以認爲，他的身上，經世致用的思想占首要地位。

儒家歷來將「兼濟天下」看得很重，因此，李白這種強烈的用世精神，首先來自於儒家的傳統。但這並不等於說，其他各家思想中便沒有致用的精神。近年來有人研究李白與趙蕤的關係，認爲縱橫術對李白產生過影響。從李白集中唯一提及趙蕤的詩來看，恐怕趙氏眞正影響李白的，不是那些具體的縱橫之術，而是經世致用的根本觀念。詩人寫道：「功業莫從就，歲光屢奔迫。良圖俄棄捐，衰疾乃綿據。古琴藏虛匣，長劍挂空壁。楚懷奏鍾儀，越吟比莊舃。國門遙天外，鄉路遠山隔。朝憶相如臺，夜夢子雲宅。」⑲此外，老子的思想在戰國時期分化，曾經衍繹出同樣注重實用的黃老學派，黃老思想與莊子的思想既有對立又有相通之處，所以，後世的道家以老莊並舉，個中的差異需辨別才能知道。但是，作爲人生哲學的觀念，誰也不可能去仔細的辨析，而會籠統地容納各家互補的思想。對於李白來說，就是「濟蒼生」「安社稷」的用世之舉。

唐代是一個注重務實的社會，應該說，李白的功利慾望在某種程度上有可能獲得滿足。但是李白自始至終都沒能明白，唐代社會需要的實用人材是極具體的。並不需要像姜太公那樣的帝王之師。因此，李白的自我人生設計中，儘管充滿了經世致用的熱情，仍然是一場虛幻的夢。而那些現實生活中沒有的或不存在的，卻在他的作品中淋漓盡致地表現出來。從這一點上說，李白是一個十分偉大而又十分眞實的藝術家，他用幻象和浪漫的情調渲泄了不平，也爲讀者帶來了渲泄的快感。

很早就有研究者懷疑李白從政的能力，認爲他並不一定有什麼「經濟之策」，以致總是失敗。我們無法判斷詩人究竟有否這方面的才能，但詩人未應科舉，而企圖通過達官貴人的舉薦進入仕途的活動持續了兩個漫游的十年。但所有這一切在他的詩作中卻沒有正面的描述。那麼反過來恰好證明，作者的詩歌創作中的人生與社會，實際上並不存在於現實之中，而是存在於他的理想之中。

李白幻想中的社會，是與他幻想中的人生設計聯繫在一起的，他在《代壽山答孟少府移文書》中說：「申管晏之談，謀帝王之術，奮其智能，願爲輔弼。使寰區大定，海縣清一，事君之道成，榮親之義畢。然後與陶朱留侯，浮五湖，戲滄洲，不足爲難矣。」李白在詩中多次提到這個人生模式，但他既沒能夠「功成」，當然也就談不上什麼「身退」了。既然如此，詩人還是不斷地反復地強調「功成追魯連」，多次表示要在完成重任後回到隱逸的生活中去。這種舉動，祇能說明詩人是在功不得成的情況下，尋找心理平衡的一種方式。由此我們甚至覺得詩人在創作中反復強調的某些傾向，與上述的情況出於相同的原因。例如，李白詩中很多遊仙的作品和有關道教的描寫，很多人認爲是詩人通過宗教的信仰，企圖遠離塵囂，與世隔絕，從而逃避痛苦的現實。筆者以爲，李白詩中所出現的有關道教的描寫，固然與其他唐人祈求長生，追求清靜的境界有相同之處，但詩人的創作中的描寫並非完全是寫實，而常常是一種隱喻和錯位，甚至將道教的最高境界與人世間的高貴之位等同起來，前面所提到的《在水軍宴贈幕府諸侍御》詩，便反映了詩人多次提及游仙的眞正意圖：「繡服開宴語，天人借樓船。如登黃金臺，遙謁紫霞山。」將謁仙與黃金臺典聯繫在一起，詩人顯然是寫人間的知遇之事，而不是實指。同時，一些詩篇中也將謁仙躡清境的愉悅與現實中的醜陋對立起來，表現一種對「海縣清一」的想往。如《古風五十九首》之十九：

西上蓮花山，迢迢見明星。素手把芙蓉，虛步躡太清。霓裳曳廣帶，飄拂昇天行，邀我登雲臺，高揖衛叔卿。恍恍與之去，駕鴻凌紫冥。俯視洛陽川，茫茫走胡兵。流血塗野草，豺狼盡冠纓。

胡震亨曾經指出：「考《古風》爲篇六十，言仙者十有二，其九自言遊仙，其三則譏人主求仙，不應通蔽互殊乃爾。白之自謂可仙，亦藉以抒其曠思，豈其謂世有神山哉？」⑳胡震亨的看法，說明前人也已察覺到詩人的「仙言」是一種隱喻。如果確如胡氏所說，李白藉以抒其曠思而提及道教的各種傳說，那就證實了我們先前的理論是有道理的？各家思想在李白的身上以「經世致用」爲中心 而得到了統一。甚至李白隨意流露出來的時候，已不能分清它們之間曾經存在的對立。

還可以舉出不少例子，說明李白詩歌中反復強調的，有很多出於平衡心理的需要。他的詩歌中還有不少描繪山川自然險惡高峻，難以攀度，表現對艱難險阻的恐懼和畏縮。如《公無渡河》、《橫江詞六首》、《蜀道難》等。這些作品，並不一定都具體地喻指仕途的艱辛或者謀求職事不成功，而是通過渲染險惡的客觀條件，強調放棄的原因，尋找慰藉，尋找平衡。事實上，李白在自己的生活中，從來也沒有放棄過對理想的追求，從來也沒有動搖過實現政治抱負的信心，而他的詩歌創作中則不斷出現《公無渡河》之類的詩篇，還常常表示「吾求仙棄俗，君曉損勝益，不向金闕遊，思爲玉皇客。」㉑這樣的現象，似乎可以看作詩人的強烈失落感的一種心理補償，一種情緒的宣泄。由此可見，李白詩中所表現的，並不完全是他實際生活的寫照，而是理想和虛幻的人生，是以藝術構成的人生。

縱觀李白的一生，未免令人沮喪，他的整個人生基調是灰色的，除了供奉翰林那一段暫短的時光，詩人一直在奮鬥和失敗中生活，遠不如他的詩篇那樣驚天動地，光彩照人。而這又正是他的超人之處，他的痛苦，他的悲憤都用一種奇特的方式來表達，給人帶來的崇高美和振蕩心弦酣暢之感。徐積在《李太白雜言》中說：「蓋自詩人以來，我未嘗見大澤深山，雪霜冰霰，晨霞夕霏，千變萬化，雷轟電掣，花葩玉潔，青天白雲，秋江曉月，有如此之人，如此之詩，屈生何悴，宋玉何悲！賈生何戚，相如何疲？」㉒這樣的評價在其他詩人身上是極少見的，實實堪稱一代風騷。

由宣泄不平升華爲燦爛的詩歌藝術，首先在於詩人的眞率和寬闊的胸懷。從「大雅久不作，吾衰竟誰陳」㉓的氣概，到「如逢渭水獵，猶可帝王師」㉔的雄心，這是詩人作品氣貫如虹的底蘊。其次，詩風的變幻縱橫則又來自於詩人對各家典籍的融會貫通，其中有來自於《莊子》的大鵬形象，而在《臨路歌》中，大鵬的形象卻又與孔子西狩獲麟之事聯繫起來，似又從另一角度反映出詩人對各家思想容納的態度。此外，李白敢於藐視權貴的藝術精神是他作品千百年來永存人世間的基石，他的「不屈己，不干人」以及平交王侯的傲岸性格或許造成了他現實人生中的悲劇，卻又同時帶來了藝術不朽，而這一點，李白超過了他的前輩。

【註釋】

① 《書黃子思詩集後》

② 彰明縣，唐先天以前稱昌隆，後避唐玄宗諱改爲昌明。五代時改爲彰明。王琦《李太白年譜》誤作「隆昌」，當以兩《唐書》《地理志》爲正。

③、④ 《上安州裴長史書》。

⑤ 《書情贈蔡舍人雄》。

⑥ 《古風五十九首》之三十七。

⑦ 見《聞李太尉大舉秦兵百萬出征東南懦夫請纓冀申一割之用半道病還留別金陵崔侍御十九韻》。王琦繫此詩於上元二年，此依王說。

⑧ 參見《詩藪》及《石洲詩話》

⑨ 見《四溟詩話》。
⑩ 見《中華文史論叢》第二輯，一九六二年十一月，中華書局。
⑪ 郁賢皓《李白叢考》，一九八三年一月陝西人民出版社。
⑫ 《登金陵鳳凰臺》。
⑬ 見《分類補注李太白集》。
⑭ 《丁督護歌》即描寫縴夫的辛勞。
⑮ 《竄夜郎於烏江留別宗十六璟》。
⑯ 《鶴林玉露》。
⑰ 《贈張相鎬二首》之二。
⑱ 《與韓荊州書》。
⑲ 《淮南臥病書懷寄蜀中趙徵君蕤》
⑳ 見《李詩通》。按：胡氏言《古風》爲六十篇，或指第二十首原當爲兩首，如此計算，《古風》應爲六十首。
㉑ 《草創大還贈柳官迪》。
㉒ 見《李白集校注》附錄所輯。
㉓ 《送趙雲卿》。
㉔ 《古風五十九首》其一。

李白的價值重估

——兼論李白的文化意義

朱易安

在唐詩和文學史的研究中，李白的課題常常使人陷入困惑的境地。這倒並不因爲李白生平及其作品還有許多解不開的謎，而是李白的存在以及如何解釋他的存在令人感到麻煩。當我們試圖將作家和作品放到更廣闊的背景中去，比較系統地考察唐代詩歌的發展和流變時，這些問題便顯得愈來愈棘手。衆所公認，李白是唐詩的代表作家之一，在開元，天寶詩歌發展的鼎盛時期的傑出詩人中，他當居第一。無論你從哪個角度入手，都無法回避李白那震撼人的詩歌藝術。可奇怪的是，人們卻又很難清楚地界定他與盛唐整個詩壇之間的聯繫，指出他與大多數盛唐詩人及其作品所具有的共同發展趨勢，包括他在唐代詩歌演進中的發展性貢獻。換句話說，李白這位唐代詩壇上的首席詩人，在迄今爲止被勾勒的唐詩發展流變畫圖中，沒有找到他的適當位置。這種說法似乎有點聳人聽聞，但是如果我們將李白與同期的詩人如杜甫、高適、岑參、王昌齡、王維等作一比較，就能覺察到他們的差別顯而易見。李白的特異性也不是僅憑「強烈的個性」或「浪漫氣質」一類的概括能作出令人信服的結論。在與盛唐詩的關係上，李白非但不能歸屬於任何一個詩歌流派或詩人群體，而且幾乎無人與他的風格相近。關於他的作品較少體現特定的時代氛圍以及唐詩由初入盛過程中典型的藝術技巧─律化和逐漸規範化的特徵，我們也無法滿足於「李白不愛作律詩」的傳統結論。在與唐詩形成和流變的關係上，李白也不同於盛唐時的其他一流詩人，在詩歌體制或意境的創新等方面，他沒有留下明顯的痕跡。即使狹義地理解他對後代的藝術「影響」，也很難具體指出他的某一些詩歌藝術─如意象的組合或詞章格調的運用在後代詩人的作品中獲得「再現」。李白的這種獨特現象並非由我們今天臆造出來的，歷代詩歌評論家常常把李白及其作品稱爲「仙才」、「仙語」，認爲「非人力所能及」，運用這種非確定性的模糊語言來作評論，恰好證實了李白與同期詩人及其作品在主導意向和傾向上存在著差異。祇是人們一面承認李白是一種獨特的現象，游離於他屬於的那個時代詩壇之外，一面又努力將他當作那個時代的重要組成部份，從李白及其作品中去尋求盛唐一般。但是，任何企圖從這個意義上讓李白回到唐代詩歌發展環鏈上去的嘗試都顯得困難。曾經有人把李白作爲盛唐詩的典範，描繪爲「盛唐之音」和「青春」的象徵，但在同樣的詩例中，別人卻看到了憤懣和悲傷，看到了使唐王朝日暮途窮的安史之亂的前兆。同樣一首詩或一類詩可以充填到不同的理論框架裡，支撐截然相反的結論，這不能不令人懷疑理論本身的科學性，同時也提醒我們，對李白及其作品的本體研究顯得多麼單薄和多麼的令人不滿意！特別應該指出的是，人們總是願意把注意力集中在李白與盛唐一般的「共性」上，致力於將李白與盛唐詩歌劃等號，而不願意注目於李白與盛唐一般之間的差別，以及這些差別對於李白本體和唐詩意味著什麼，今天我們能否顛倒一下這個重心：就李白而言，首先尋找他與盛唐一般的差別；就唐詩發展而言，首先注重李白與唐詩發展趨勢之間內在的不和諧；而就文學史而言，則希冀發現李白存在的文化意義和價值——這就是本文提出李白價值重估的原由。

一

毋庸置疑，李白是一個道道地地的詩人。不過，「詩人」的涵義恐怕遠非「寫詩的人」這類詮釋能夠概括的。任何時期的詩人的文學創作都包涵一種價值判斷，中國傳統文化意義上對「詩人」的理解就確認了這種價值判斷的存在：「詩言志」。因此，將李白看作一個詩人，就必須關注詩人及其作品中顯示出來的價值觀。

《古風五十九首》開篇的第一首，是李白集中唯一有系統的「論詩」之詩。詩中「自從建安來，綺麗不足珍」一直被認爲是李白文學思想的體現。但事實上從理論上否定建安以來的文學傳統幾乎是初盛唐時普遍流行的觀點，並不突出體現李白的特色。值得玩味的是李白在詩中所選擇的自我角色出人意料，統觀全詩，是對中國詩文發展的回顧，從「聖代復元古，垂衣貴清眞」起，李白轉入對本朝及本朝詩歌的評價，當他寫到自己本人的角色時，則吟出如下的詩句：「我志在删述，垂輝映千春。希聖如有立，絕筆於獲麟。」詩中「删述」、「獲麟」等均用孔子的典故，儼然以孔子——一代知識份子的領袖自居。明人胡震亨說他「自負不淺」，其實這「自負」的背後，正是李白通過自我角色認定建構了他的人生價值判斷，其中，以儒家思想爲主導的「士」精神是價值觀的核心，從李白諸多的作品中可以發現，願意在詩壇上充當孔子刪詩之職，與作者「士志於道」的強烈意識一脈相承。他在《代壽山答孟少府移文書》說：「吾與爾達則兼濟天下，窮則獨善一身。安能餐君紫霞，映君青松，乘君鸞鶴，駕君虬龍，一朝飛騰，爲方丈蓬萊士人耳？此則未可也。……申管、晏之談，謀帝王之述，奮其智能，願爲輔弼，使寰區大定，海縣清一。事君之道成，榮親之義畢，然後與陶朱、留侯浮五湖，戲滄洲，不足難矣。」很顯然，李白並不是一個滿足於以歌詩體現「風雅之旨」的詩人，他的價值觀中，以天下爲己任的價值判斷更多地反映在參政意識中：「懷經濟之才，抗巢、由之節；文可以變風格，學可以究天人。一命不霑，四海稱屈。」（《爲宋中丞自薦表》）李白的這種參政意識似乎不能僅僅理解成一種入仕的願望，或是一種政治理想，因爲李白的參政選擇與唐代一般文人有所不同，首先表現在入仕的基礎和入仕終極目的兩個方面。關於前者，李白曾經說過：「秉燭唯須飲，投竿也未遲。如逢渭水獵，猶可帝王師。」（《贈錢徵君少陽》）關於後者，李白則表示：「壯士懷遠略，志存解世紛。」（《送張秀才從軍》）將「爲帝王師」作爲入仕的基礎，將「解世紛」作爲入仕的終極目的，這說明李白在較高的層次上對中國古代「士」的地位和作用的認同，並以此爲參照而構建了有別於一般唐人的價值系統。

有學者認爲，中國文化史上的「士」，是一個有著兩千年歷史的特殊階層，自孔子以來便形成了一個延續不斷的傳統，從而具備了一種基本特徵和性格，——對社會具有超越個人利益的關懷，用孔子的話說，就是「士志於道」。由於這一階層成爲人類某些基本價值的維護者，對社會和一定時期的政治勢力也就產生了師教或抗衡的力量。這種特徵和性格可以追溯到先秦的「游士」（參見余英時《士與中國文化》）。由於春秋戰國時期「禮壞樂崩」，同時也宣告了王官之學的結束，這樣，割據的諸侯需要建立一種社會秩序，便不得不依靠那些掌握了「道」的知識階層人士，於是出現了「君主禮賢」，士與王侯建立的不是君臣關係，而是師友關係。據《戰國策、燕策》記載，燕昭王往見郭隗先生曰：「敢問以國報讎者奈何？」郭隗先生對曰：「帝者與師處，王者與友處，霸者與臣處，亡國與役處。」於是昭王爲隗築宮而師之。這種師友關係不僅強調了士的地位，而且增添了士的獨立性和批判性。士與政治勢力之間保持著一種不即不離的關係，有相當大的自由度，這就保證了士與政治勢力的合作必須在尊重士的前提下實現，而尊重士的實質意義也就是對「道」的尊重：「篤信善學，守死善道。危邦不入，亂邦不居。天下有道則見，無道則隱。」不作政治勢力既得到益者的原則，「守死善道」，又反過來保障士階層超越個人利益去關懷社會的特性。先秦以後，隨著社會的發展和「游士」的消失，「師友」關係以及士的地位和價值取向已有了不同程度的改變。但李白卻深深地追念著士在原始時期的特徵和性格，並以先秦游士的價值判斷爲自己的價值判斷。他的作品中多次提及先秦游士與政治勢力的這種關係：「昔時燕家重郭隗，擁篲折節無嫌猜。」「昭王白骨縈蔓草，誰人更掃黃金臺？（《行路難》）」「燕昭延郭隗，遂築黃金臺。據辛方趙至，鄒衍復齊來，奈何青雲士，棄我如塵埃！珠玉買歌笑，糟糠養賢才。方知黃鶴舉，千里獨徘徊！」（《古風五十九首》之十五）。如果說，李白對郭隗的仰慕是出於對他所生活的時代中「士」地位的失落的憤慨，那麼，對魯仲連的欽慕則表達了他對先秦士階層所具有的獨立人格的崇敬：「齊有倜儻生，魯連特高妙，明月出海底，一朝開光曜。卻秦振英聲，後世仰末照。意輕千金贈，顧向平原笑。吾亦澹蕩人，拂衣可同調。」（《古風五十九首》之十）《史記、魯仲連列傳》稱他「好奇偉倜儻之畫策，而不肯仕宦任職」。魯仲連受平原君的禮遇，爲趙卻秦，最後又拒絕了趙國的官封和重金酬謝，「遂辭平原君而去，終身不復見」。李白稱頌魯仲連，深層涵義則表現了他本人希望能堅持「道」 的獨立和「士」的人格：「願一佐明主，功成返舊林。」（《留別王司馬》）「我以一箭書，能取聊城功。」（《五月東魯行》）

李白的這種價値觀念同時還反映在他對士階層自身不求急功近利、注重「務虛」而不是「務實」的肯定，李白始終相信「道」和士階層的力量，以爲政治勢力的維持必須依賴於「道」和士階層，他對謝安的景慕便以此爲著眼點。在李白看來，東晉的政治勢力離不開對謝安的依賴，而謝安則幾乎一直與政權保持相對的獨立性。謝安身爲士族子弟，少有重名，他四歲時，桓彝便料斷將來必爲大材。但謝安卻長期隱逸東山，直到四十多歲才入仕，終於不負「公輔之望」。孝武帝時位至宰相，指揮了淝水之戰，大敗苻堅。謝安雖卒於高位，而《晉書》本傳則強調指出：「安雖受朝寄，然東山之志始末不渝，每形於言色。」

李白詩中提及謝安有十餘處，其中反復提到的是謝安攜妓東山和與王羲之之爭。據《世說新語》卷七《識鑒》：「謝公在東山畜妓，簡文（帝）曰：安石必出。既與人同樂，亦不得不與人同憂！」謝安東山之舉，與魏晉士風相吻合，但魏晉的士階層仍然不能擺脫「士」性格中的社會責任感，因此，簡文帝的話終於靈驗。謝安的隱逸與入仕，似乎可以理解成爲士階層堅持「道」與政治勢力之間的一種抗衡，士必須在社會上確立自己以「道」爲根基的地位，然後才在可能的情況下與政治勢力合作，而決不肯依賴於政治勢力（包括政權）去獲得地位，這一點，魏晉士階層的特徵與原始士階層「爲帝王師」的特性是相通的。

李白十分重視謝安入仕和隱逸時有關這一層面上的意義，強調他的獨立性和入仕後超越個人利益的社會責任。李白在《書情贈蔡舍人雄》一詩中說：「嘗高謝太傅，攜妓東山門。楚舞醉碧雲，吳歌斷清猿。暫因蒼生起，談笑安黎元。余亦愛此人，丹霄冀飛翻。遭逢聖明主，敢進興王言。」《送裴十八圖南歸嵩山二首》之二也說：「謝公終一起，相與濟蒼生。」在《贈韋秘書子春》詩中，李白甚至將先秦游士的縱橫術與魏晉名士的清談渾爲一體，指出他們產生的共同社會效應——拯世：「談天信浩蕩，說劍紛縱橫。謝公不徒然，起來爲蒼生。」李白對士階層所具有的「道」的力量的認識，還反映在他提及謝王之爭一事上。謝安與王羲之的爭辯見於《世說新語》卷二《言語》：「王右軍與謝太傅共登冶城。謝悠然遠想，有高世之志。王謂謝曰：『夏禹勤王，手足胼胝；文王旰食，日不暇給，今四郊多壘，宜人人自效。而虛談廢務，浮文妨要，恐非當所宜。』謝答曰：『秦任商鞅，二世而亡，豈清言致患邪？』」王謝兩人的分歧，雖屬於哲學思想上的分歧，而謝安爲「清談」辯護，卻揭示了士階層的眞正優勢和「道」的力量，因爲謝安認爲，對於政治勢力（包括政權），士的客卿地位以及批判意識遠比直接從事務實的技術性事務更有意義，士的社會作用亦在於此。李白曾爲此而激動不已，並把此看作拯救世人的最高理想。面對戰亂的社會現實——安史之亂，他也毫不猶豫地選擇了謝安的拯世方式：「三川北虜亂爲麻，四海南奔似永嘉。但用東山謝安石，爲君談笑靜胡沙！」（《永王東巡歌》之二）由此可見，李白的價值判斷不僅接近於士階層原始時期的特徵，同時也保留和宏揚了它的最精華的部份——獨立人格和社會的責任感。

二

李白的價值系統中如此崇尚歷史上士與政治勢力之間、「道」與政權之間的相對獨立，如此看重士階層師教的地位，與初盛唐時期的政治制度和社會現實必然發生衝突。這是因爲唐代社會中不僅不再存在「游士」現象，就連魏晉時期的門閥制度和勢力也隨著一係列政治措施的實施而瓦解。特別是科舉制度的建立和逐漸完善，以及「仕」在「士」生活中的地位和價值的不斷提高，李白所追求的那種魯仲連—謝安式的人格和個性，便愈來愈爲附屬於政治勢力的慾望所淹沒。

在唐代盛行的科舉制度下，幾乎完全見不到先秦「游士」與政治勢力（君主）所建立的「師友」關係。皇權通過公平的考試招募需要的人才，被招募的人才臣服於皇權，自然談不上「師友」。久而久之，士與勢之間的關係顚倒過來，皇權與皇權的代表成了「師」，而應舉的士階層則一應成爲「學生」、「門生」。唐代有進士及第後謁拜座主和宰相的習俗，稱爲「謝恩」，正是這種新型關係的反映（參見《唐摭言》）。姚合《杏園宴上謝座主》詩云：「得陪桃李植芳叢，別感生成太昊功。今日無言春雨後，似含冷涕謝東風。」劉禹錫《寄王侍郎放榜》詩亦云：「禮闈新榜動長安，九陌人人走馬看。一日聲名遍天下，滿城桃李屬春官。」詩中都把及第進士與皇權的代言人——座主之間的關係稱作「師生」，可見進士們答謝舉援之恩尚不及，誰還敢有絲毫的傲慢？此外，唐代的制舉常常由皇帝親試，據《杜陽雜編》記敘，德宗曾試制科於宣政殿，還親自閱卷，「翌日，則遍示宰臣，學士曰：『此皆朕門生也！』」參加考試的舉子約千餘人，雖不可能都被錄取，但他們卻都爭取成爲「天子門生」，皇帝成爲他們的「恩師」，那麼，當年郭隗的待遇享受不到，自然也不足爲怪了。

師生關係的顛倒，意味著傳統「士」地位的失落，「士」的獨立人格和批判意識以及——與「勢」抗衡的力量亦相對減弱。士階層對自我價值的認識以及對拯世方式的選擇也相繼發生變異。由於科舉等制度的限制，士的價值幾乎都必須「仕」才能實現。唐代的士階層便由傳統士階層對「道」的依賴轉變成一定程度上對政治勢力的依賴，而傳統士階層要求「禮遇」也轉化爲要求政治勢力（政權）的「知遇」，傳統士階層以傳播「道」而受政治勢力重視的優勢也被提倡從事實際事務的精神所替代，正如楊炯所說的那樣：「寧爲百夫長，勝作一書生。」

唐代士階層的價值轉換與唐代士階層成員的某些社會屬性有關，但是，科舉制度與入仕成爲知識份子實現其自我價值和社會價值唯一出路是這種轉換的關鍵。唐代大多數文人都積極地響應了科舉，從徐松的《登科記考》中可以找到許多應舉及第的唐代著名詩人，而唐詩人中應過各類舉的則爲數更多。有關資料說明，唐代文人幾乎很少有人能從一開始就放棄科舉而進入仕途的，就連「終南捷徑」

的成功者盧藏用也是進士出身，并曾「應縣令舉甲科」，祇是因爲「選不調」，不得爲高官，才有過一段「終南之隱」（參見舊、新《唐書》本傳）。又如杜甫，舉進士不第，後於天寶十載在太清宮獻賦，受到皇帝賞識，但依舊逃脫不了應試的一關：「使待詔集賢院，命宰相試文章。」（參見舊、新《唐書》本傳）

迄今爲止，尙無史料說明李白有過應舉的跡象。有的學者猜測「事出有因」，很可能因爲他的先輩獲罪而不得應試。李白集中僅有幾首送朋友應舉的作品，也沒有發現他有羨慕之情。不管怎樣，都可說明李白在入仕途經上與一般唐人的差別。儘管李白不能完全脫出唐人對入仕所具有的熱情，而其基本價值取向則完全不同，事實上李白終身未能眞正進入仕途，也正是他的價值理想與社會現實以及一般唐人的價值觀念存在著衝突。這一點似乎也可用以解釋李白在天寶年間遭讒被逐和安史之亂後從事永王等事件的原因，至少從永王時李白以爲自己獲得了謝安的地位——充分的尊重和「解世紛」的機會。

李白脫離唐代社會現實的價值判斷是導致他人生悲劇的重要原因，但這個價值系統卻又給他的藝術創作帶來了超越時代的魅力和永恆的生命力，與一般唐人的作品相比，李白的詩幾乎是由孤傲的自我串連起來的。「羞於時人同」（《五月東魯行答汶上翁》），使得他「一生傲岸若不諧」（《答王十二寒夜獨酌有懷》），這種空前的孤傲包涵著世人對他的不理解以及他對世人不理解的雙重痛苦，而痛苦的根源則來自李白的價值觀與現實的劇烈衝突，來自於他對價值理想直拗的追求而始終不肯屈服：「恥將雞並食，長與鳳爲群。」（《贈郭季鷹》）可「鳳」在何方呢？所以，詩人祇能悲憤地表白：「我本不棄世，世人自棄我！」（《送蔡山人》）在杜甫贈李白的詩中，好幾處都提到他的不被理解：「冠蓋滿京華，斯人獨憔悴。」（《夢李白》其二）「世人皆欲殺，我意獨憐才。」（《不見》）當然，李白的孤傲並不是一味地表示這種不能理解和不被理解的悲愁，而更多地體現在不入俗流的氣魄和敢於「狂歌」的坦蕩上。特別是他的價值觀與現實的衝突本身具有超越個人利益的因素，因而極度的痛苦往往表現爲極度的超脫和非凡的氣勢：「嚴陵高揖漢天子，何必長劍拄頤事玉階。達亦不足貴，窮亦不足悲！」（《答王十二寒夜獨酌有懷》）「黃金白璧買歌笑，一醉累月輕王侯！」（《憶舊游寄譙郡元參軍》）「東山高臥時起來，欲濟蒼生未應晚。」（《梁園吟》）「壯志恐蹉跎，功名若雲浮。」（《憶襄陽舊游贈馬少府巨》）「功成身不居，舒捲在胸臆。」（《商山四皓》）強烈的獨立意識和安世拯世的要求碰撞出的火花，使李白的詩始終具有高屋建瓴式的氣勢，除去人們熟悉的「安能摧眉折腰事權貴，使我不得開心顏」之類的詩歌，在許多情緒十分寧靜的作品中同樣也能感受到這種力度：「衆鳥高飛盡，孤雲獨去閑。相看兩不厭，祇有敬亭山。」（《獨坐敬亭山》）詩中由孤傲所激發出來的崇高感似乎比陳子昂的《登幽州臺歌》更顯出它的深刻。

李白的這種超越性幾乎是唐代其他詩人無法比擬的，這種超越性不僅使他的詩歌具有空前的力度，同時也促使詩人在詩中充分展現個性而不受任何拘束。從這個意義上說，李白是一個眞正的詩人，是一個用生命寫詩的人。

李白的詩在形式上也未與唐代詩歌的發展呈現一致的趨勢。也許因爲李白對科舉的冷漠態度，所以他的創作中很少用五律的形式，而較多用樂府、雜言古詩、歌行等體裁，這與日趨整飭的唐代詩歌發展趨勢也是相違背的。應該指出的是，李白雖然不太注重詩歌的外部結構如平仄的嚴格諧調、句式的整齊等，但卻在詩中呈現出相當強的韻律感，有些貌似白話的散句與散句之間，卻是有意無意的對偶句。這些現象對於盛中唐以後，唐詩外部形式逐漸定型穩定而祇有詞句之間的小變化的發展趨向，無疑是一股清流，給唐詩的發展充實了新鮮的生命。

李白充分個性化的詩歌創作，將唐代文人詩歌區別於中國傳統詩歌的敘述結構和角度突出地展現出來，並推嚮新的高度。在唐以前的傳統詩歌中，除了《楚辭》等少量作品，以創作主體的主觀角度爲詩歌敘述中心的作品並不多見，敘述結構也大多呈恆穩的平鋪式。當強烈的主體意識滲入創作後，上述的結構和模式必然有所突破。主體意識與被敘述的客體之間在詩歌中將產生互相反饋的作用，而被述客體必然不同程度地被渲染上主觀色彩，或完全是純主觀的屬性。「唐人主情」，一定意義上是對唐代詩歌較之於其前後代詩歌更顯著地突出主體意識的評價。如前所述，李白的詩幾乎是由孤傲的自我串連起來的。這不僅因爲詩歌中處處浮現出詩人的自我形象，同時也可以體驗到詩中反復運用第一人稱，也是李白的特色。規定角色和角度，打破了原有的傳統敘述結構而出現了物我相混和大幅度的跳躍（包括主客體之間互相反饋而引起的情緒上的大幅度跳躍）。這在《宣州謝朓樓餞別校書叔雲》（一作《陪侍御叔華登樓歌》）等詩中表現得相當突出。關於這些，在唐代詩以及唐以後的詩歌結構發展中有著不可估量的意義。儘管唐代詩歌的形式和結構日漸走向整飭，敘述結構也基本上呈現出「啓」、「承」、「轉」、「合」等規模範式，而李白詩歌所提供的時空技巧的運用，表述和意象的融合等等，卻不斷爲詩歌提供新的途徑。

三

李白的價值取向與一般唐代文人相違背，存在著深刻的文化背景和文化意義。如果把李白的價值觀以及他的個人遭遇解釋爲「天眞」、「空想」而造成的悲劇，未免過於草率。唐王朝建立了統一的政權，尙武尙實的風氣極盛，這種情況從唐代初年起一直維持了很長一個時期。儘管唐政權也意識到，單純擢拔專門人才是一種短期行爲，並從理論上重新樹立儒學的地位，而在實施的政策中則始終偏重於具體事務而不是理論的建樹。唐玄宗先天二年（七一三）六月下詔求賢，就強調「武勇者具言謀略，文學者指陳藝業，務求實用」。直至中唐，這種影響仍無多大改變。據《唐語林》記載，「李衛公幼時，憲宗賞之坐於前，吉甫每以敏捷誇於同列。武相元衡召之，謂曰：『吾子在家，所嗜何書？』德裕不應。翌日，元衡具告，吉甫歸以責之。德裕曰：『武公身爲宰相，不問理國調陰陽，而問所嗜書，其言不當，所以不應。』」可見實用觀念的根深蒂固。

唐代尙武尙實的風氣和一系列政策措施，引導士階層更多地依附於政權而減弱對「道」的依賴，從而也逐漸削弱了傳統士階層所具有的獨立意識和批判意識，相反以政治勢力的意志爲自己的意志，雖然從表面上看，唐代的士階層中有許多人通過科舉而進入政權和各類政治集團，但就士階層本身而言，卻不能不是牠的社會價值和地位的跌落。這種狀況的出現原因很複雜，除了上述原因，也由於「道」本身的內容有待於充實而重新產生吸引力，因此，在新的歷史條件下，重新掙得士的眞正社會價值，這是唐代文人所共同面臨的問題。李白詩歌創作中對先秦游士以及俠客的歌詠，有關燕昭王、郭隗的典故，都是唐人習用的典故和題材，此類創作現象的隱義層面似可看作唐代士階層傳統價值和地位的一種失落感。從這個意義上看，李白的價值觀包涵著有唐一代「士」顯示或未顯示出來的共同情感和需要。

應當承認，李白的價值取向以傳統士的價值取向爲基準，其中也包涵著對先秦及魏晉時期士階層特定性格和生活的想往，因而，他的情緒帶有濃厚的復古色彩。李白的復古情緒既體現在衆所周知的文學批評思想中，也反映在他對唐代「流行」的「當代方式」的抗拒上，如入仕的選擇、創作體裁的選擇等等。這就使我們很難從唐詩發展的一般規律中去認識並解釋他和他的作品的存在，當然，也不能把李白的特異性當作僅以他個人爲限的獨異。李白的復古情緒與唐代的復古思潮有著某種思想根源上的聯繫，如果我們認爲唐代的復古思潮與振興儒學有密切關聯，那麼儒學的振興，同時也包括了唐代士階層價值和性格失落後的再度重建。士以天下爲己任，是對社會的終極關懷，而非付諸一時的行政手段，因此，要實現這一目標必須建立在自我價值認定的基礎上──「道」的確立，而不是政治勢力的確立。這種價值循環決定了士階層不可能僅僅依賴於某個政權或某種政治勢力來保證牠對社會承擔的義務，而必須依賴於「道」的力量去確立自己的地位和作用，然後通過某種媒介（其中也包括政治勢力）去實施對社會所擔負的責任。由此可見，唐初出現的儒學思潮，發展至中唐韓愈對「道統」的提倡，乃至新儒學的興起，呈現了中國思想史發展的必然趨勢。

如果將唐代士階層的特性與傳統士的特性相比較，被削弱的並不是對社會的責任感，而是士階層本身的獨立性。而李白對階層自我價值和獨立人格的肯定，在唐代士階層價值重建中恰好彌補了這一部份。雖然李白對「道」的含義沒有理論建樹和新的見解，但他對士的價值則有充分的估價和闡述。儘管傳統士階層特徵中強調的獨立性是指士階層整體而不是個體，與李白強調他個人的行爲有所不同，儘管中唐以後興起的新儒學以及重建後的士階層的特徵與李白理想距離甚遠，仍然可以看到李白在這一重建過程中的存在和意義。也許還必須指出，正是由於李白在這一重建過程中突出了獨立人格和個性，從而有幸地避免了淪爲教化工具的實用傾向，作爲詩人和藝術家而獨立存在。

從這一審美角度接納李白及其作品的是新儒學的創立者韓愈。《送孟東野序》說：「唐之有天下，陳子昂、蘇源明、元結、李白、杜甫、李觀，皆以其所能鳴。」將李白置於這一串人名之中，能引發人們作何種感想呢？很顯然，韓愈首先把李白看作是一個儒家，其次則認爲李白的文學創作充分顯示士的根本價值：「大凡物不得其平則鳴。……人之於言也亦然，有不得已者而後言，其歌也有思，其哭也有懷。凡出乎口而爲聲者，其皆有弗平者乎！」這種不平，實質上就是價值觀念與社會現實的衝突。而「鳴」的舉動則是對不平的反抗。如果將重建士階層所喪失的地位作爲其價值觀的內涵，那麼，「鳴不平」不正是唐代文人強調士的獨立人格的表現嗎？韓愈將李白與陳子昂等列在一起，揭示了這種「不平」、「鳴不平」的實質性，即有唐一代士階層整體與社會現實之間存在的不平衡以及這個階層的自我價值的認定。也許韓愈能從這種較高的層次上評估李白對唐士和唐詩的意義，因此他不能寬容揚杜抑李的說法，而在「李杜文章在，光焰萬丈長」的背後又隱藏著「李杜並重，然其意旨，卻著李一邊」的意嚮（見《韓詩臆說》）至此以後，李白評價形成了以元稹爲代表的從詩歌層面審美和以韓愈爲代表的道德文化層面審美的兩大要素。由於本文著重探討後一要素，因此在指出李白在唐代士階層價值及性格失落—掙扎—重建過程中的意義後，將探討這個重建與李白存在意義的關鍵所在。

四

中國的「正統」文學是以士階層爲主體的文學，文學史以及文學批評史的研究，不能忽視創作者作爲士屬性的主體意識，考察唐詩的發展和唐詩批評同樣如此。

中國士階層的特徵與性格從原始時期開始，便集中體現與政治勢力的關係上。作爲社會基本價值的維護者，士階層本身具有一個無形的思想道德維繫系統——「道」，而對社會的終極關懷卻不能僅憑「道」在士階層本身的傳播和繼承去實現，需要通過某些媒介，例如某種政治勢力，於是，士階層關心社會的積極性轉化成爲關心並參與政治勢力。但是，參與到政治勢力中去的士同時又受到他本身思想道德維繫系統「（道）」的制約，並要保持這種獨立性，於是，便產生了「道」與「政」之間的矛盾和衝突。當然這種矛盾和衝突是多層次的，就士階層本身而言，能否參與政治勢力以及參與以後引起的價值理想衝突，都會引起士階層心理上的不平衡。這種情況在先秦時期解決的方式和出路似乎多一些，因爲士的流動性較強，唐宋時期以及以後更漫長的歷史時期內，士階層與政治勢力之間的關係極爲密切，科舉入仕這些限制士階層以其他方式與政權接觸的措施，實際上使得士對社會實施關懷的通道更加狹窄，矛盾和衝突不可能通過與政權的疏離而獲得緩和，那就只能依靠士階層通過限制自身需求去解決。這種兩難境遇造成了中國傳統文化中士階層的人格分裂。士階層在作出選擇的同時，必然遭受某種失落的痛苦。

文學創作似乎可以使痛苦的士階層在某種意義上進行「宣泄」而獲得部份心理補償。以士爲主體的中國傳統文學創作中的兩大主題——對國家對社會的憂患意識和爲自我「鳴不平」，正是來自於士階層傳統性格中的兩個層面，來自於士階層人格分裂要求補償的心態。唐宋以後，士階層的兩難選擇往往傾向於與政權合作的一頭，因此，士階層遭受的痛苦便集中在士階層自身的壓抑和個性扭曲，展現士階層獨立人格的需求也就特別強烈。在傳統詩歌裡可以找出無數例子佐證上述規律，唐宋時期以及更晚一些時候猶爲突出。他們的文學創作成爲傳統詩歌中很精彩的部份。如唐代高適的《封丘作》：「我本漁樵孟諸野，一生自是悠悠者。乍可狂歌草澤中。那堪作吏風塵下。祇言小邑無所爲，公門百事皆有期。迎拜長官心欲碎，鞭撻黎庶令人悲。歸來向家問妻子，舉家皆笑今如此。生事應須南畝田，世情盡付東流水。夢想舊山安在哉？爲銜君命且遲回。乃知梅福徒爲爾，轉憶陶潛歸去來。」儘管高適感到了嚴重的壓抑和人格屈辱，可他依然沒有放棄作吏的選擇，祇不過在詩裡「心碎」而已。詩歌帶來了宣泄後的心理補償，在精神上彌合了實際生活中的缺陷。這種補償有時也可以通過閱讀他人作品來獲得，因爲士階層的審美情感同樣以價値觀念作爲基本標準，正如長期以來人們所說的「詩窮而後工」閱讀中能否獲得宣泄和補償，也作爲詩歌優劣的評判標準。李白作品突出地展示了士階層自我價値的確立，突出地充分地展示了士的獨立人格和個性，對於人格分裂的士階層的失衡心態，無疑是一劑有效的良藥。可以認爲，李白的創作，在當時是詩人本人尋求心理補償的需要，而後人通過他的詩歌，同樣也獲得了補償。這就是李白的詩歌長期來普遍受到士階層青睞的重要原因。

細讀歷代有關李白的評論，能夠深深體驗到古人的這種審美情感。以韓愈爲代表的道德文化層面審美者首先發現了李白在此方面的作用，並將傳統詩教式的評論引向對李白詩歌中獨立人格的關注。有關的評價，幾乎很少見到那種單純的藝術評價，而是夾雜著文化審美和人格審美。吳融《禪月集序》云：「國朝能爲歌者不少，獨李太白爲稱首。蓋氣骨高舉，不失頌詠風刺之道。」儘管李白詩中狂言頻出，許多道學家卻對他表示理解和尊崇：「李白、杜甫、陶淵明皆有志於吾道。」（《陸象山語錄》）「陳子昂懸文宗之正鵠，李白曜風雅之絕麟。」（《楊愼四川總志序》）歷代有關評論還常常將李白的詩品與人品混同起來，與其說對李白的詩歌的稱頌，還不如說對李白不肯獻媚於權貴的品格的稱頌：「平生傲岸，其志不可測。數十年爲客，未嘗一日低顏色。」（任華《雜言寄李白》）「鏘金鏗玉十餘篇，膾炙啗人口傳。須知一二丈夫氣，不是綺羅兒女言！」（齊己《讀李白集》）這些現象背後的文化意義十分明顯，李白不僅成爲士階層藉以抒發「不平」替代物，而且成爲集眞善美於一身的被崇拜的偶像，成爲士階層理想價值和理想人格的象徵。在這個過程中，李白的性格也一再被美化，人們掩飾了他在兩難選擇中屈從的因素和與唐詩發展背道而馳的痕跡，竭力將他置於崇高的地位。方孝儒《弔李白》寫道：「君不見唐朝李白特達士，其人雖亡神不死。聲名流落天地間，千載高風有誰似！……丈夫襟懷眞磊落，將口談天日月薄。泰山高兮高可夷，滄海深兮深可涸。惟有李白天才奇造化，世人孰得窺其作……我言李白古無雙，至今采石生輝光。嗟哉石崇空豪富，終當埋沒聲不揚。黃金白璧不足貴，但願男兒有筆如長杠。」方孝儒眼裡的李白形象幾乎已經打上了他本人的印記，而李白的形象則由許許多多的「方孝孺」不斷豐滿起來。在後人的筆下，李白的形象始終與金鑾殿上貴妃侍墨、力士脫鞭等傳聞連在一起，成爲一個無所羈絆、藐視權勢的英雄。在這一個被歷代士人重新建樹起來的李白身上，根本看不到李白本人所面臨的困厄，而祇有後人無限的景慕和感慨，寄寓著士階層的失落和迷茫。正如徐積《李太白雜言》所說的那樣：「有如此之人，如此之詩，屈生何悴？宋玉何悲？賈生何戚？相如何疲？人生何用自縲紲，當須犖犖不可羈。乃知公是眞英物，萬疊秋山清聳骨。」可以認爲，李白身上積澱著中國士的傳統性格和特徵，而李白的形象又映襯了中國士的傳統性格和特徵。士階層按自己的理想價值去尋找李白，重新塑造李白，也通過這種重塑來確立自我，獲得心理上的滿足。對於中國傳統文化，李白的意義和價值已經大大超出了他本人最初所涉及的範疇。儘管李白及其詩歌都不能與唐詩發展的總趨勢保持一致，但他在唐詩乃至整個中國詩歌史上的地位，仍然是任何人所無法比擬的。

拆碎七寶樓臺

——李白詩歌形態論(一)

朱易安

一

很偶然的機會，發現了個有趣現像：含有相同語辭的句子縱嚮排列在一起，會產生意想不到的閱讀效果。例如：

玉階生白露。（《玉階怨》）

玉階空佇立。（《善薩蠻》）

玉階一夜留明月。（《殘句》）

一辭玉階下。（《邯鄲才人嫁爲厮養卒婦》）

何必長劍拄頤事玉階！（《答王十二寒夜獨酌有懷》）

從這首特殊的「詩」裡，可以發現，「玉階」是李白詩中多次出現的語辭。當它分散在各首詩裡，並不能顯出什麼特別的意義，而重新排列組合之後，通過閱讀的聯想，能塡補許多詩作者留下的「空白」。

「玉階」一辭，原指建築精美的階臺，如《漢書、外戚傳》：「華殿塵兮玉階苔，中庭萋兮綠草生。」張衡《西京賦》：「金戺玉階，影庭輝輝。」古樂府有《玉階怨》，「玉階」遂演繹成思婦獨處的代名辭，如謝朓詩「夕殿下珠簾，流螢飛復歇。長夜縫羅衣，思君比何極？」「玉階」發展成「玉階怨」，由「宮廷」的意義而來，因此，「玉階」又可以轉喻爲朝廷，如岑參《和中書舍人早朝大明宮》詩：「金闕曉鐘開萬戶，玉階仙仗擁千官。」

現在來看看李白詩中「玉階」一辭的涵義。

「玉階一夜留明月」爲殘句，不作臆測。

「玉階生白露」、「玉階空佇立」當屬喻指思婦「玉階怨」的範圍。

「一辭玉階下」、「何必長劍拄頤事玉階」中的「玉階」喻指君主或朝廷。

這就是說，「玉階」一辭在李白詩中所表述的，不僅僅是它的字面意義，而是具有轉換成其它兩項意義的「功能」——既可以表述「思婦」，也可以表述「朝廷」。在特定的語境條件下，「玉階」一辭和它喻指的兩個涵義是等值的。在閱讀這些詩句的時候，留給讀者的印象，也往往是字面意義與喻指意義並存。

當「玉階」一辭寫入詩句後，除了上述「功能」之外，它的內涵仍在擴大。如「玉階生白露」、「玉階空佇立」兩句，通過「玉階」一辭與其它辭的組合，表述了「等待」而無結果的意思，從而引申出「怨」的意義。又如「何必長劍拄頤事玉階」一句，通過「玉階」一辭與其它辭的組合，表現了失望後的憤懣情緒。但這種表述如同「玉階」一辭所具有的轉換功能一樣，並不直接用語言來說明，仍然用暗喻和轉喻的方式，字面上仍同「玉階」一辭保持一致，它的轉喻意義是由讀者通過閱讀，憑藉著閱讀經驗來體會，而詩歌給予人們的藝術效果，正是通常所說的「含蓄」。

不能斷定詩人在創作過程中是怎樣利用中心辭來進行創作的。但是，「玉階」一類的中心辭確實在詩中可以使讀者從縱嚮和橫嚮兩個嚮度引出很多聯想。並且用綜合後的閱讀經驗去理解詩人的作品，因此，李白詩中的「玉階」不再是一個單純的辭組，它至少能通過它可具有的「功能」提醒我們，詩人作品含有豐富的內容，而這些豐富的「內容」又全部表現在以「玉階」爲中心辭的詩歌形態上：

玉階　　生白露　　空佇立

宮廷　　（等　待）　　（無結果）

朝廷

詩人對「玉階」的選擇，以及以「玉階」爲中心辭展開詩句，立即被「玉階」的「功能」所限制，而使其詩歌風格受到「玉階」一辭傳統用法的影響。例如，他所寫的「玉階」詩，大多以女性爲主體，詩風也比較婉約，這與《玉階怨》的樂府傳統是分不開的。前人評價他的《玉階怨》說：「無一字言怨，而隱然幽怨之意見於言外。」當「玉階」一辭轉喻成份減少，而指代成份增加時，詩人自己的風格便顯得鮮明起來：「嚴陵高揖漢天子，何必長劍拄頤事玉階！」語辭的排列順序似乎也同風格的變異有關，我們注意到前一例中「玉階」一辭在句首，而後一例則在句尾。

當我們分析了「玉階」一辭的語義及其對詩人風格的影響後，閱讀李白詩歌時，「玉階」一辭映入眼簾，我們就會情不自禁地通過它的表層意義去開掘它的深層意義。事實上這種閱讀方法早已被前代評論家所採納，如前人曾多次指出，唐人的宮怨、思婦之作，常常暗喻士大夫不爲朝廷見重的意向。李白《邯鄲才人嫁爲厮養卒婦》詩中的「玉階」就富有雙重意向，「玉階」對邯鄲女而言，暗喻君主，暗喻失寵；而對作者本人而言，也意味著同樣的意思。蕭士贇說：「此詩太白既黜之作也。特借此發興敘其睽遇之始末耳。然其辭意睠顧宗國，繫心君王，亦得騷之遺意歟！」按蕭氏的理解，可以將以「玉階」爲中心的詩句看作詩人揭示自我心態的模式，即詩歌通過描寫思婦或宮人等待意中人，失望後產生怨憤的過程，展現了作者本人在渴求獲得朝廷重用而不能實現的痛苦：

表層意義	思婦等待意中人	失望	怨憤
深層意義	作者等待朝廷重用	失望	怨憤

以香草美人喻指君臣關係，這是中國詩歌最突出的特徵之一——比興傳統。解釋詩歌中的「比興」，似乎不用上述的「層次分析」也能一目了然。但是問題并不如此簡單，因爲詩人們具有各自截然不同的風格和詩歌形態，也不可能用統一的模式進行創作。僅以「玉階」爲例，與李白同期的杜甫，幾乎沒有用過。杜甫往往用「玉陛」來喻指朝廷。前面所引岑參詩「玉階仙仗擁千官」中的「玉階」屬實指，而

李白詩中的「玉階」幾乎皆屬虛指。這些不同的修辭方式直接與詩人本人的心態、意識有關，而某些「中心辭」的選擇和運用，不僅折射出詩人的潛在意識和心態，也直接影響到他的作品的存在方式。由於詩歌作品是一種語言文字的再現，因此作者可以運用語言所具有的各種「功能」進行自由的發揮，同時也因爲「語言」系統本身的某種限度，而最終顯現出作者的本來面目。諸如此類的探求，傳統的「比興」理論很難做到。假定我們從詩人作品中找到某些「中心辭」，通過兩個嚮度的聯想，充分展現它的各種「功能」，並通過功能的轉換，就有可能看到李白詩歌形態的某些規律和模式，看到詩歌在特定語境下所表述的深層意義。這個方法是「拆碎七寶樓臺」，重新排列組合，因爲不存在「斷不成片」的問題，所以我們可以通過詩人本人的詩歌語言系統去闡釋詩人的作品。雖然這種方法可能產生一定的偶然性或牽強之嫌，但至少可以給我們這些自以爲很熟悉李白及其作品的人提供一個新視角。現在迴過頭來再去閱讀本文開頭時以「玉階」爲中心的集句，並把它看作李白的一首特殊的「詩」，不難發現，在那些隱喻的背後，正是詩人對自己整個人生追求和失望後的狀態。諸如此類的重新排列組合，使我們相信詹姆森《語言的囚所》中引用托多羅夫觀點的深刻性：「每一部作品，每一部小說，都是通過它編造的事件來敘述自己的創造過程，自己的歷史……作品的意義在於它講述自身，在於它談論自身的存在。」

二

查找一下李白詩中反復頻率較高的語辭，可分兩類。第一類是唐人詩中經常運用的語辭，第二類是李白經常運用而其他唐代詩人較少運用或根本不用的語辭。這後一類辭在李白詩歌語言系統中很值得玩味，是詩人將其作品內容轉換成形式的最基本形態。例如，「天地」一辭在李白詩中出現過四十九次，這不僅能說明作者具有強烈的宇宙意識和對人與自然所表現的關注和興趣，同時也給詩人的風格增添了飄逸跌宕、變幻超忽的色彩。詩人經常選擇某些語辭作爲詩句的中心辭並不是偶然的巧合，對比李白與杜甫的作品，就能看出語辭選擇上的差異，很可能導致詩歌形態、風格上的差別。如「天上」一辭，李白詩中出現了二十四次，而杜甫詩中僅八次。又如「明主」一辭，李白詩中出現二十次，杜甫詩中僅五次。李白詩中那些反復頻率較高的辭，都有不可忽視的可研究性。

李白詩歌中，「雲」是「月」以外，反復出現頻率很高的一個語辭。常常被加上形容詞前綴，成爲中心辭，如「孤雲」、「白雲」、「愁雲」、「浮雲」、「行雲」、「片雲」、「青雲」等等。其中，「白雲」、「青雲」的使用頻率最高，「白雲」爲四十次，「青雲」爲四十二次。

按中心辭出現在詩句中的位置，分述如下：

一、「白雲」、「青雲」出現在句首：

白雲在青天。（《天馬歌》）

白雲處：長隨君。（《白雲歌送劉十六歸山》，又見《白雲歌送友人》）

白雲堪臥君早歸。（同上）

白雲映水搖空城。（《金陵城西樓月下吟》）

白雲有時來。（《贈從孫義與宰銘》）

白雲歸去來。（《贈王漢陽》）

白雲遙相識。（《贈盧司戶》）

白雲空望美。（《寄弄月溪吳山人》）

白雲見我去。（《題情深樹寄象公》）

白雲飛天津。（《穎陽別元丹丘之淮陽》）

白雲繞筆窗前飛。（《醉後寄丁十八以詩譏予捶碎黃鶴樓》）

白雲還自散。（《憶東山》之一）

白雲南山來。（《尋陽紫極宮感秋作》）

白雲愁色滿蒼梧。（《哭晁卿衡》）

白雲漲川谷。（《題司空山瀑布》）

青雲少年子。（《少年子》）

青雲當自致。（《冬夜醉宿龍門覺起言志》）

青雲之交不可攀。（《走筆贈獨孤附馬》）

二、「白雲」、「青雲」出現在句尾：

楚山秦山皆白雲。（《白雲歌送劉十六歸山》又見《白雲歌送友人》）

低頭禮白雲。（《秋浦歌》之十七）

然後相攜臥白雲。（《駕去溫泉宮後贈楊山人》）

抱子弄白雲。（《鄴中贈王大勸入高鳳石門山幽居》）

搖筆望白雲。（《贈秋浦柳少府》）

水上女蘿衣白雲。（《白雲歌送友人》）

置酒望白雲。（《登單父陶少府半月臺》）

四面生白雲。（《望黃鶴山》）

開關掃白雲。（《憶東山》之二）

西山多白雲。（《感興》之七）

暫時不動聚白雲。（《暖酒》）

嘶青雲。（《天馬歌》）

雙歌入青雲。（《早秋贈裴十七仲堪》）

桑拓連青雲。（《贈清漳明府姪聿》）

長吁望青雲。（《秋日煉藥院鑷白髮贈元六兄林宗》）

高論橫青雲。（《自梁園至敬亭山見會公談陵陽山水兼期同游因有此贈》）

外折入青雲。(《在尋陽非所寄內》)

三、「白雲」、「青雲」在句中：

有時白雲起。(《望終南山寄紫閣隱者》)

嘯起白雲飛七澤。(《自漢陽病酒歸寄王明府》)

大梁白雲起。(《留別賈舍人至二首》之一)

我歌白雲倚窗牖。(《魯郡堯祠送竇明府薄華還西京》)

將船買酒白雲邊。(《陪族叔刑部侍郎曄及中書賈舍人至游洞庭五首》之二)

亂把白雲揉碎。(《清平樂》之三)

枏木白雲飛。(《普照寺》)

袖拂白雲開素琴。(《答杜秀才五松山見贈》)

頹然白雲歌。(《五松山送殷淑》)

屢忝白雲唱。(《金門答蘇秀才》)

敬亭白雲氣。(《贈宣州靈源寺仲濬公》)

撥卻白雲見青天。(《暖酒》)

直上青雲生羽翼。(《駕去溫泉宮後贈楊山人》)

聞道青雲貴公子。(《江山贈竇長史》)

他日青雲去。(《贈友人三首》之三)
若與青雲齊。(《贈從弟冽》)
卻坐青雲叫。(《經亂後將避地剡中留贈崔宣城》)
北闕青雲不可期。(《憶舊游寄譙郡元參軍》)
獻納青雲際。(《答高山人兼呈權顧二侯》)
掩卻青雲關。(《游太山六首》之二)
綺樓青雲端。(《古風五十九首》之二十七)
結交青雲端。(《古風五十九首》之四十)
飛在青雲端。(《古朗月行》)
桂樹青雲端。(《贈參寥子》)
結樓青雲端。(《感興八首》之六)
豈有青雲望。(《陳情贈友人》)
假我青雲翼。(《酬坊州五司馬與閻正字對雪見贈》)
洗拂青雲上。(《鞠歌行》)
一朝飛去青雲上。(《白紵辭三首》之二)
名飛青雲上。(《贈張相鎬二首》之二)

海內賢豪青雲客。（《憶舊游寄譙郡元參軍》）
一忝青雲客。（《經亂離後天恩流夜郎憶舊游書懷贈江夏韋太守良宰》）
招邀青雲客。（《寄上吳王三首》之三）
廓落青雲心。（《送趙判官赴黔府中丞叔幕》）
緬邈青雲志。（《酬崔五郎中》）
奈何青雲士。（《古風五十九首》之十五）
今時亦棄青雲士。（《猛虎行》）
妙年歷落青雲士。（《贈從兄襄陽少府皓》）
聖朝久棄青雲士。（《單父東樓秋夜送族弟沈之秦》）
忽逢青雲士。（《安州般若寺水閣納涼喜遇薛員外義》）
身登青雲梯。（《夢遊天姥吟留別》）
天開青雲器。（《贈清漳明府姪聿》）
顧慚青雲器。（《獻從叔當塗宰陽冰》）
所以青雲人。（《送韓準裴政孔巢父還山》）

從數量上看，以中心辭「白雲」展開的詩句，辭序分布比較平均，而以「青雲」爲中心辭的詩句中，「青雲」在句中的居多。這樣，「青雲」一辭便很容易再與其他語辭結合，產生出新的語辭，「

青雲」一辭的「功能」也隨之進一步擴展，如「青雲士」、「青雲器」、「青雲人」等，在原辭基礎上增加了其他的專指意義。此外，在上述的分類中，我們還可以發現，以「白雲」爲中心辭的詩句在組合時顯得悠閑澹蕩，創作主體和「白雲」之間有一種共處的關係，結合動辭常有「來」、「望」、「弄」、「起」等。而以「青雲」爲中心辭的詩句則顯得局促不安，創作主體呈現出明顯的騷動感，與「青雲」之間存在著「望而不及」的關係。與「青雲」結合的動辭頗爲複雜，表述往往呈對立的矛盾狀態，如「直上青雲生羽翼」、「豈有青雲望」、「結樓青雲端」、「青雲之交不可攀」、「獻納青雲際」、「掩卻青雲關」。更有趣的是，作者敢向「白雲」發怒：「亂把白雲揉碎」，而對「青雲」的不滿僅僅限於自我退縮：「北闕青雲不可期。」

「白雲」指「白色的雲」，「青雲」指高闊的晴空，這是它們最基本的意義。當「白雲」由「清淨」之意引申，「青雲」由「高闊」之意引申，兩辭便具有更豐富的辭義和較強的隱喻功能。通常以「白雲」暗喻「山間隱士」或「隱士生活」，在道教術語中，「白雲」可以喻指「得道成仙」。「青雲」一辭則從「高闊」的本意中引申出「隱逸」和「高位」兩個意義，如「青雲士」，既可指德高位高的紳士，也可以指隱逸之士。因此，從某種意義上說，「白雲」和「青雲」二辭各自具有縱嚮的隱喻功能之外，在橫嚮的語義功能上也有互相類比的性質。

在李白的一部份詩句中，「白雲」、「青雲」在「隱逸」的意義上可以作等值轉換。例如：「四面生白雲」，「桑柘連青雲」。句中的「白雲」和「青雲」都喻指隱逸生活。

那麼，在「高位」的意義上，「白雲」與「青雲」能否作「等位」轉換呢？從「白雲」一辭的語源上看，似有這種可能……《莊子．天地》云：「乘彼白雲，至於帝鄉。」這也是後世道教的最高境界。可見，「白雲」的深層隱喻中確實涵有與「青雲」相通的「高位」意義。祇不過「白雲」喻指仙境中的「高位」，而青雲大多喻指人間的「高位」。試看下面詩句：「長吁望青雲」，「置酒望白雲」。詩中的「青雲」」顯然喻指「高位」，那麼，當詩中出現「白雲」以後，是否也表達了一種對「高位」的渴求呢？

李白的詩歌語言系統中，的確存在著「白雲」與「青雲」在「高位」意義上的互換。例如《古風五十九首》之四十：「幸遇王子晉，結交青雲端。懷恩未得報，感別空長嘆。」」歷代研究者均認爲此處「王子晉」喻指「長安中知己。」以仙人（隱逸高士）比喻朝中青雲之士，可證作者潛在意識中仙境「高位」與人間「高位」的概念等值。這種「仙」「仕」混同的情況又見於《在水軍宴贈幕府諸侍御》詩中：「霜臺降群彥，水國奉戎旗。繡服開宴語，天人借樓船。如登黃金臺，遙謁紫霞仙。」黃金臺用燕昭王事，但李白卻與謁奉仙帝之事聯繫起來，這令人讀到那些「隱逸」意義上的「白雲」、「青雲」時，都會想到「高位」意思上來。

顯然不能認爲每一句含有「白雲」的詩句都能在「高位」意義上與「青雲」轉換，但至少可以認爲，李白詩中的「白雲」一辭反復頻率極高，並不完全是道教思潮的影響或對隱逸生活的描述和追求，在某種意義上，「白雲」是作爲詩人實際生活中缺乏「青雲」「高位」的心理補償而出現的。因此，詩人作品含有「青雲」的詩句，常常表現出期望和渴求，如「假我青雲翼」、「洗拂青雲上」。而對「白雲」則沒有這種期望。

運用暗喻來表現詩人對實現自我價值的渴求，能使詩歌的語言更富有藝術魅方。「白雲」的運用，比起「青雲」來，更顯得不染塵埃，同時也使詩人的眞正意向具有隱蔽性。無論如何，「北闕青雲不可期」這樣的句子相比較「將船買酒白雲邊」，實在是太缺乏詩意了。

三

如果我們確認，語辭的有效選擇是李白詩歌形態的基本特徵之一，我們就能看到，某些語辭的頻繁出現，深深地烙上了作者的個性特徵，是構成作者鮮明的個人風格的重要標志。

在動賓結合的語辭裡，「拂衣」和「揮手」是出現頻率較高的兩個辭：

拂衣可同調。（《古風五十九首》之十）

拂衣歸林巒。（《贈參寥子》）

拂衣逃人群。（《贈僧崖公》）

拂衣向仙路。（《姑熟十咏·靈墟山》）

拂衣栖江濆。（《題元丹丘穎陽山居》）

事了拂衣去。（《俠客行》）

與君拂衣去。（《遊溧陽北湖亭望瓦屋山懷古贈同旅》）

明朝拂衣去。（《贈王判官時余歸隱居廬山屏風疊》）

偶來拂衣去。（《贈閭丘宿松》）

若待功成拂衣去。（《當塗趙炎少府粉圖山水歌》）

功成拂衣去。（《玉眞公主別館苦雨贈衛尉張卿二首之二》，又見《登金陵冶城西北謝安墩》）

揮手折若木。（《古風五十九首》之四十一）

飄然揮手凌紫霞。（《飛龍引》）

我欲一揮手。（《望九華山贈青陽韋仲堪》）

揮手遂翱翔。（《贈別舍人弟臺卿之江南》）

揮手凌蒼蒼。（《留別曹南群官之江南》）

揮手緬含情。（《留別金陵諸公》）

揮手謝公卿。（《聞李太尉大舉秦兵百萬出征東南懦夫請纓冀申一割之用半道病還留別金陵崔侍御十九韻》）

揮手杭越間。（《送王屋山人魏萬還王屋》）

揮手再三別。（《南陽送客》）

爾聞其聲但揮手。（《魯郡堯祠送竇明府薄華還西京》）

揮手自茲去。（《送友人》）

爲我一揮手。（《聽蜀僧濬彈琴》）

「拂衣」、「揮手」，這是兩個動作性很強的語辭。除了字面上的動作意義之外，「拂衣」常用的義項是指告別塵世——歸隱。謝靈運《述祖德詩》云：「高揖七州外，拂衣五湖裡。」這個意思在李白的詩句中表現得十分明顯。但李白詩中運用「拂衣」往往與另一個行爲動辭結合起來，表明「拂衣」的目的和去向，如「拂衣歸林巒」、「拂衣向仙路」、「功成拂衣去」。增加動辭之後，「拂衣」的「歸隱」功能便被轉移到由另一動辭爲中心的語辭上去了。如「歸林巒」、「向仙路」，而「拂衣」一辭突出了對拂衣這一動作的強調。當詩歌強調「拂衣」動作時，「拂衣」一辭便具有「與世不合」這一隱喩意義。此類隱喩意義的轉換，並未離開「拂」的本義，「拂」本身就具備「違逆」的義項。

「揮手」也是一個強調動作的語辭，「揮手」常用義項之一指演奏樂器。稽康《琴賦》云：「伯牙揮手，鍾期聽聲。」李白《聽蜀僧濬彈琴》中「揮手」也是這個意義，常用義項之二是指離別時的告別動作。李白詩中的大部份「揮手」都與告別有關。它們的用法，也是與另一動辭連用，以致「告別」的功能轉移，而突出強調「揮手」的動作。「揮手」之後的去向也與「歸隱」有關，如「我欲一揮手，誰人可相從？君爲東道主，於此臥雲松。」「道成本欲去，揮手凌蒼蒼。」「飄然揮手凌紫霞，從風縱體登鸞車。」由此可見，「揮手」一辭的語義隱喩功能與「拂衣」有相同之處，也有脫離塵世的意義。

李白詩歌中的「拂衣」及「揮手」，使其整個詩句在閱讀中產生與衆不同效果，例如，杜甫作品中曾有過一句出現「拂衣」的詩：「老大悲傷未拂衣。」（《曲江對酒》）此處「拂衣」當喻指「歸隱」，但沒有強調「拂衣」動作的跡像。於是，「拂衣」便不具有李白詩歌語言系統中那些複雜的意象，也不會產生企圖超脫世俗的藝術效果。又如「揮手」一辭也曾在杜甫的詩中出現過一次：「揮手灑衰淚。」（《別張十三建封》）此處「揮手」描寫告別，並沒有其它的隱喻意義，而李白的「揮手」則不像杜甫那樣充滿著惜別的戀情，我們完全有理由認爲，李白多次選擇這個語辭作爲詩句的中心詞，充分體現了他的個性特徵以及他嫉世憤俗的心態。

橫嚮層面上，「拂衣」、「揮手」在「歸隱」的意義上可以作等值轉換，而在動作意義上，兩辭也可作等值轉換。人類學家認爲，人們的各種下意識的姿勢或動作，是一種非語言性的情緒信號，常常無可挽回地暴露出人的內心秘密，試著生活中的「拂衣」和「揮手」，可以表示拒絕或拉開距離，那麼，李白的詩歌中以語言來轉述這類動作，恰好反映了作者拒絕與人群爲伍或希望拉開距離的心態——我行我素。

以「拂衣」、「揮手」爲中心辭的詩句在客觀閱讀效果中會產生強烈的藝術效果，讀者通過這些大幅度的動作感受創作主體的形像，留下高大、超邁、氣度恢宏的印象。當這一類中心辭和以中心辭展開的詩句多次重複出現時，便形成了作者表述方式的基本模式，並使他的作品展現出與衆不同的形態和興象風神。明人王世貞《藝苑巵言》比較李、杜特點時說：「李變化在調與辭，杜變化在意與格。」以此區分兩人的個性風格，其中的「調」與「辭」，正是指李白詩歌形態的基本要素。

作爲李白詩歌語言系統，還有許多如同「白雲」、「青雲」、「拂衣」、「揮手」的語辭。例如：有關日月星辰等隸屬於「天空」範圍裡的語辭，也是詩人經常反復使用的，這些語辭的深層意義似可被看作詩人理想中所追求、想往的最高境界的代名辭。又如李白詩中還經常選用「攀龍」一辭，有時可與「攀天」作等值轉換，表現他的遠大理想。當現實中的「攀龍」、「攀天」遭受挫折，他又以「攀崖」來反映「攀」的艱難。同樣，在表現「行路難」的主題時，詩人選用「萬壑」一辭描寫山川水色，以致「萬壑」一辭爲中心的詩句成爲李白詩中寫景的模式。諸如此類的模式，直接影響詩人風格和藝術特色的形成。

四

被選擇作爲中心辭的語辭，可按其語義功能及隱喻功能分成幾個大類。它們的隱喻功能與詩人的價值系統呈一致的趨勢。如前所述，「白雲」、「青雲」以及其他一些可供等值轉換的語辭，顯然與李白作爲士階層的一員，富有強烈的社會責任感有關，在「隱逸」的表面現像下，反映出干祿的渴望。「拂衣」、「揮手」一類的語辭從動作意義上反映了作者強烈的自我意識和對自我價值的肯定。這類動作的描繪。甚至可以追溯到先秦游俠的行爲上。「拂衣」、「揮手」的深層涵義裡，留存著「合則留，不合則去」的價值觀印記。而另一類語辭，如「攀崖」、「萬壑」等則又是詩人生活的記錄，這些對險山惡水的驚心動魄的描繪，正是作者在追求並企圖實現夢幻過程中的感受。如果說，李白的價值系統表現出詩人處於理想和現實、社會責任與獨立人格的兩難選擇之中，那麼，他的詩歌語辭形態也同樣表現出這種對立和矛盾。

李白的價值觀，個人經歷以及詩歌的語辭形態，可用下列公式展現出來：

表層意義　　　　深層意義

攀→萬壑　　　　入仕理想→社會現實

（社會責任感）　（失望、失敗）

白雲←拂衣←帝王師←高位←歸隱

青雲→揮手　（最高理想）→（士階層的獨立人格）

詩人通過這些語辭，用詩歌作品展現出他遊歷千山萬壑、攀援絕險的經歷和氣概，爲自己描繪出一個其妙無比的神仙世界。但另一面，他又時時展示自己的孤傲，表示不願屈從世俗的做法。在對立和矛盾的價值觀念下，詩人經歷了一條對立和矛盾的人生道路，每作一次實際的選擇，就會將這種選擇記錄和反映在他的詩歌語辭形態上。詩人在兩條矛盾而又有關聯的道路上徘徊，他的詩歌形態也留下了這種徘徊的軌跡。正如列出公式所表示的那樣，從對社會的終極關懷出發，成爲帝王之師，實現其自我價值，然後「功成身退」——這是李白的理想道路，但在實際條件下，他屢遭挫敗，不得不在自我設計的精神世界裡獲得部份滿足。這個過程反映在他的作品裡，便轉換成表層意義中的那個模式：攀登→青雲→揮手歸隱，或者：攀登→遇險→拂衣歸隱。

從詩歌語言系統的整體出發，可以較大限度地避免片面理解和評價這種對立和矛盾帶來的麻煩。揭示出詩歌作品的隱喻意義，不僅有助於對詩人及其作品的理解，還可以領略詩歌特有的藝術精華。很久以來，人們便認爲，充分地運用比喻是具有浪漫風格詩人的特點，今天，又有研究者指出，詩歌的轉喻功能幾乎能在所有的「詩歌」作品中存在。對於李白這樣一位善於運用想像和象徵手法寫詩的人，僅僅通過字面意義去闡釋他的作品，簡直不可思議。

從李白詩歌形態入手，逐層考察它們在詩人詩歌語言系統中的地位和作用，考察它們自身如何調節和完善，語辭形態的研究，祇是這項工作的一部份。在剖析過程中，我們可以看到，作品的「形式」和「內容」幾乎無法分割解析，那些具有複雜豐富「功能」的語辭，很難被劃歸到「內容」或傳統所指的「形式」中去。因爲從語辭一直到整首詩歌，都是具體的，而不是抽象的。我們可以將「平平仄仄仄平平」稱作「七律格律形式」，但決不能將「天門中斷楚江開」判斷爲「形式」或「內容」。詩歌的「形態」研究作爲一種嘗試，是希望不再糾纏於這些問題。此外，將語辭作爲李白詩歌形態研究的基礎，是因爲它們直接構成了詩句乃至整個作品，也直接構成詩人的「文體」和風格，甚至可以說，它們最終造就了李白的詩歌藝術，直到今天，它們還影響和左右著一批又一批的閱讀者。我們無法想像，如果李白對中心辭的選擇不是我們今天所能見到的狀態，那麼，李白的詩歌形態及其閱讀效果將會怎樣；而沒有李白那種與衆多唐人不相一致的價値理想、生活經歷作爲語辭選擇的基礎，無論是作爲「內容」還是作爲「形式」的李白詩歌將不復存在。

最後要說明的是，本文可引李白詩歌中的極個別作品，目前仍有眞僞之爭，因引文係用於排列資料，無關宏旨，所以不再作詳細標注。

韻律和意象組合

——李白詩歌形態論（二）

朱易安

宋代文人擅長於集句爲詩，這使人想到詩歌創作中一個允許存在的事實，即詩境的創造，可以來源於意象的拼接和組合，甚至拼接和組合有一定的隨意性。特別是近體詩的嚴整格律，使詩人們在表現方式上趨於同一，所以意象的重新組合很容易完成，並且不違犯詩歌的形式要求。事實上，近體詩歌的形式要求也不過僅僅兩項：第一，平仄諧調，當然還包括對仗。這在集句中幾乎不成問題，因爲被集的前人作品本身已經符合了這項標準；第二，集句成詩時必須用相同的韻腳。也就是說，押韻，是集句時主要注意的技術性問題。

由此想到這樣的嘗試，即詩境相同的詩歌，往往有相同或相似的意象出現，那麼，這類詩歌如果體制也相同，是否可以替換其中的詩句呢？例如李白集中第二三卷有兩首編排在一起的五絕：

衆鳥高飛盡，孤雲獨去閑。相看兩不厭，只有敬亭山。——《獨坐敬亭山》

對酒不覺暝，落花盈我衣。醉起步溪月，鳥還人亦稀。——《自遣》

這兩首詩都表現了作者的孤獨感。作爲一種「描述」的存在，前者用鳥盡雲閑，唯見敬亭山意象來襯托作者那種無人陪伴的寂寞，後者同樣也是如此，祇不過將「山」換成了「落花」和「溪月」。鳥盡雲閑，青山依舊，落花溪月，對酒獨步，這類意象作爲隱喩的存在——孤寂，幾乎可以互相替換。那麼，作爲「描述」的存在能否替換呢？回答是否定的，因爲這裡首先遇到的障礙是押韻。《獨坐敬亭山》用刪韻，而《自遣》用微韻。同樣的道理，另一首《月下獨酌四首》之一的前四句，雖然也是以月下獨飲的意象來表現孤獨：「花間一壺酒，獨酌無相親。舉杯邀明月，對飲成三人。」但仍無法與前兩首中的詩句替換，此詩的前四句用了眞韻。

韻腳的選擇，看起來很隨意，其實並非完全出於偶然，常常是由詩中某個中心辭或詩人首先捕捉到的意象所決定的。例如《獨坐敬亭山》一詩選擇了刪韻，很可能因末句中「敬亭山」一辭而決定的。詩人集中卷二二有「望木瓜山」詩云：

早起見日出，暮見棲鳥還。客心自酸楚，況對木瓜山。

此詩亦用刪韻，句式結構也與前首相似，可以佐證上述的推測並不是主觀臆斷。我們不能肯定詩人創作時必定首先寫出末一句，但至少可以認爲，「山」的意象在詩中有舉足輕重的作用，因而導致用「山」字押刪韻。

再如「自遣」一詩用微韻，很可能因「落花盈我衣」一句而起。這一意象幾乎是全詩的重心，表現了詩人獨坐甚久，落花鋪滿了他的衣襟，突出了周圍的寂靜和作者久坐不動的姿態，十分傳神，根據如此寂寥的氛圍，末一句「鳥還人亦稀」，本意似乎應當表現「鳥還人無跡」的意思，但礙於韻腳，祇能如是。從整體上看，遷就了押韻的需要而影響了意象組合的協調，因而藝術性便遠不如前一首。

韻腳一旦選定，便對詩歌其他語辭的選擇以及詩歌意象的組合，會產生相當程度的制約。如前所述，飛鳥藏盡的意象可以用來隱喻時間的流逝，也可以用來表現空間的寂靜，但在《望木瓜山》一詩中，卻並不是一個非要選用的意象。首句描繪日出，第二句承時間流逝的詩旨，還可以描述新月初昇。而詩人則選用了「暮見棲鳥還」，這使我們猜測到選擇「棲鳥還」這一意象，決定於押刪韻用「還」字的緣故。既用「還」字，當然也就不會選用月出的意象，可見韻腳對語詞的出現很有影響。李白創作中所形成的風格，李白的詩歌形態，都與韻律和意象之間這種相互影響，相互牽制的關係有密切的關聯。

一

傳統詩歌中韻的使用，與詩歌的體制有關。雖說自有詩歌創作起，就有押韻現象，但真正重視韻律在詩歌創作中的作用，不能早於漢魏六朝。目前大都承認七言句的「柏梁體」用連韻，是七言詩歌中講究用韻的範本，而五言古詩用韻的範本實例，已都是齊、梁時的作品。如《文鏡秘府論、天卷・八種韻》中的「連韻」，即引梁元帝蕭繹的詩：「嶰谷管新抽，淇園竹復修。作龍還葛水，爲馬嚮並州。」①以此說明一般押韻的規律。

詩歌用韻漸入規範，即有較嚴格的韻格，顯然是爲了合乎近體詩體制的發展。縱觀唐初有關詩格，聲律的論述，都是講究律體的諧調而兼及聲韻的，因而可以認爲，唐代古體詩用韻的規律，是受到近體詩創作的影響而逐漸形成規範的。

李白的時代，詩歌創作中對韻律的把握已較成熟，但李白的近體詩仍較少，特別是後代意義上的那種平仄很嚴格的近體詩。如一般認爲比較出色的作品，有時也不盡合律，《送友人》便是如此：

青山橫北郭，白水遶東城。此地一爲別，孤蓬萬里征。浮雲游子意，落日故人情。揮手自茲去，蕭蕭班馬鳴。

此作四韻，八句。頸聯對仗工穩，但第三句犯孤平，按後世的標準，仍不能算作完全合律。

李白集原編次並未分類，自蕭注起才有分類，王琦注本開始於每卷篇目前冠以「古賦」、「古詩」、「樂府」、「古近體詩」等。翻檢「古近體詩」一類，發現這一類，實際上並未細分體制，統稱爲「古近體詩」，而有些卷中幾乎沒有後代意義上的律絕之作。有些雖可算作近體，又多爲「齊梁格」。如卷十《贈崔秋浦三首》：

吾愛崔秋浦，宛然陶令風。門前五楊柳，井上二梧桐。山鳥下聽事，簷花落酒中。懷君未忍去，悁悵意無窮。——其一

崔令學陶令，北窗常晝眠。抱琴時弄月，取意任無絃。見客但傾酒，爲官不愛錢。東皐多種黍，勸爾早耕田。——其二

河陽花作縣，秋浦玉爲人。地逐名賢好，風隨惠化春。水從天漢落，山逼畫屏新。應念金門客，投

沙弔楚臣。——其三

此三首詩當爲同時所作，均爲四韻，八句。第一首中間兩聯，前一聯頗工，後一聯未對，且第七句「未忍去」三字皆仄。第二首中頸聯對仗，但「見客但傾酒」一句孤平。第三首中雖無平仄之病，但中兩聯的對仗都很勉強。「地逐名賢好，風隨惠化春」，拼湊痕跡顯而易見。

李白律詩平仄不諧之事早爲學人所注意，一般認爲李白不願受到太多的聲律拘束，如胡震亨說：「太白詩宗風騷，薄聲律。開口成文揮翰霧散，似天仙之詞。」②也有人認爲，近體詩在形成的過程中，不諧聲調是常有的事。盛唐之際詩人出韻之例，或使用齊梁格之例，唾手可得，不足爲奇。但是，這些解釋仍然不能說明聲韻對於李白詩歌形態的形成所起的作用。人們往往以爲李白不受聲韻拘束，因而常常出現病犯。事實上李白詩歌在用韻上體現了十分嫻熟的技巧和嚴謹性。以他的五言詩作統計，極少有押本韻而出韻的例子，甚至於七言詩，雜言詩中的通韻例子也不多。如果將之與其他同時代詩人相比，李白倒是有愛轉韻的習慣，他的五言詩也時常有轉韻的現象，即使是仿古的《古風五十九首》，也有轉韻的情況。例如其二《蟾蜍》，前四句用月韻，繼而轉成微韻。又如其二十《昔我》用冬、屑、刪、遇四韻。其五十《宋國》用陌、眞二韻等。

五言詩中轉韻，並沒有很嚴格的規定，《古風五十九首》中第二十首轉韻以平仄韻相間，這是一般的慣例，但在李詩中仍然看不出作者寫作時有什麼刻意的設計，如果《古風》是作者有意識的仿古作品，而詩中的頻繁轉韻恰恰與仿古形式不相一致。如《昔我》一詩，共三十句，十五韻：

昔我游齊都，登華不注峰。茲山何峻秀？綠翠如芙蓉。蕭颯古仙人，了知是赤松。借予一白鹿，自挾兩青龍。含笑凌倒景，欣然願相從。泣與親友別，欲語再三咽。勗君青松心，努力保霜雪。世路多險難，白日欺紅顏。分手各千里，去去何時還？在世復幾時？倏如飄風度。空聞《紫金經》，白首愁相誤。撫己忽自笑，沉吟爲誰故？名利徒煎熬，安得閑余步？終留赤玉舄，東上蓬萊路。秦帝如我求。蒼蒼但煙霧。

此詩《才調集》及宋本、繆本李集均作兩首，即「昔我」至「欣然願相從」爲一首；「泣與親友別」至末尾爲另一首。若按此說，則當計作前一首押冬韻，無轉韻；後一首用屑刪過三韻。後一首中轉韻頻繁，可以證明李白五言古詩轉韻的特色。

以李集「古近體詩」卷十爲例，其中五言詩轉韻的作品亦多。如《書情贈蔡舍人雄》，二十四韻，四十八句，用元、歌韻。《遊溧陽北湖望瓦屋山懷古贈同旅》，十四韻，二十八句，用刪、虞、陽韻。《敘舊贈江陽宰陸調》，二十韻，四十句，用豪、陌、陽、先韻。這些作品中，每韻句數不等，轉接時無一定的規律，而且轉韻次數也不與詩的長短爲比例。如卷十一《贈王判官時余歸隱居廬山屏風疊》：

昔別黃鶴樓，蹉跎淮海秋。俱飄零落葉，各散洞庭流，中年不相見，蹭蹬游吳越。何處我思君？天臺綠蘿月。會稽風月好，卻繞剡溪回。雲山海上出，人物鏡中來。一度浙江北，十年醉楚臺。荆門倒屈宋，梁苑傾鄒枚。苦笑我跨誕，知音安在哉？大盜割鴻溝，如風掃秋葉。吾非濟代人，且隱屏風疊。中夜天中望，憶君思見君。明朝拂衣去，永與海鷗群。

此詩共二十六句，十三韻，用尤、月、灰、葉文韻。分別爲四句一韻，四句一韻，十句一韻，四句一韻，四句一韻。從詩旨上看，前兩個四句，內容和句式都是相對的，敘述朋友間的聚散。中間十句，有三聯爲對仗，頗顯工穩：

雲山海上去，人物鏡中來。
一度浙江北，十年醉楚臺。
荊門倒屈宋，梁苑傾鄒枚。

這樣的詩例在李集中還能舉出許多。有人認爲轉韻的五言爲新式古風。但就詩而論，很可能是諧律的痕跡太重，於是用轉韻的方式來強調它的古體特性。但轉韻時仍具有很大的隨意性，選擇尤、月、灰、葉、文韻相接，句數的長短等都沒有定數，這與唐代興起的新式古風有比較明顯的不同。

那麼，轉韻的隨意性又是如何產生的？如若這種隨意的表象並不是作者故意造成的，那麼，轉韻的形式必然是由詩歌意氣的轉折或者意象的組合拼接而造成的。前面所引的詩例表明，轉韻的出現，往往是詩歌敘述方式、敘述角度或語氣的更換，而每一次更換，恰巧又常常是某個中心辭或意象凸現的需要。《贈王判官時余歸隱居廬山屏風疊》前八句由尤韻換爲月韻，關鍵很可能是「蹭蹬游吳越」，而月韻再轉爲灰韻，又因月韻頗窄，詩歌意象組合時太受限制，而灰韻較寬，可選擇的字與意象較多，這也是此詩中灰韻句數最多的原因。

由此可見，李白於詩律的應用，從詩歌形成發展的角度看，他與一般唐人沒有太大的區別。他同接受了漢魏古詩和六朝格律詩的影響，他對唐代逐漸成熟起來的新體詩格律也很熟悉，他的近體詩，特別是五言律，幾乎都被湮沒在近乎齊梁格的半古詩之中。諸多的五言詩的轉韻，又說明唐代古詩受到律化，七言詩對五言詩的影響。但這些祇能反映李白詩歌創作與唐詩發展趨於相同的一面，而他的詩歌創作中對具體韻律的選擇，以及由此形成的一系列詩歌表現形態，則取決於李白本人創作時的情緒變化，這是與其他詩人完全不同的另一面。

二

唐代人作品中，轉韻最多的，是七言和雜言的歌行。李白特別擅長此類詩體，他的樂府中這類作品尤被後人稱頌。高棅曾說：「太白天仙之辭，語多率然而成者，故樂府歌辭咸善。……今觀其《遠別離》、《長相思》、《烏棲曲》、《鳴皐歌》、《梁園吟》、《天姥吟》、《廬山謠》等作，長篇短韻，驅駕氣勢，殆與南山秋氣顯高也。」③「長篇短韻」，即指李白中轉韻的頻繁。關於「長篇短韻」的評價，並不一致。周紫芝便不很贊成詩歌中出現頻繁的轉韻，他說：「予嘗評諸家之作，李太白最高，而微短於韻。」④

詩歌中頻繁的轉韻，並不是傳統古詩所具備的特點，即使是七言詩，如傳統的「柏梁體」是句句韻，一韻到底，這樣音調節奏往往呆板。轉韻可以調節詩歌的節奏，而頻繁的轉韻，最短的可以兩句一韻。不過轉得太頻繁，句數太短，又往往缺乏押韻的感覺。周紫芝所謂「短於韻」的批評，大約是從此處著眼的。據《文鏡秘府論．天卷．八種韻》載「擲韻」，便是兩句一轉韻的極端例子。其舉詩例云：

不知羞，不肯留。集麗城，夜啼聲。出長安，過上蘭。指揚都，越江湖。念邯鄲，忘朝餐。但好去，莫相慮。

此詩均爲六字一意，分爲三字一句，兩句一轉韻。但是爲了避免換韻太頻而缺乏押韻的感覺，六字一分爲二，成了句句韻。這樣，每韻便有一次重複，如羞——留，都——湖，以此類推。所謂「擲韻」，「即擲去原韻，而別安韻，隨轉隨換，故曰擲韻也」。⑤這樣的處理方式，使轉韻的詩歌既保持著較強的節奏又不顯呆板。這種句式在唐人詩中並不多見，而李白則有類似的句式，如《夜坐吟》中：

……金釭滅，啼轉多。掩妾淚，聽君歌。歌有聲，妾有情。情聲合，兩相違。……

王琦注云，此詩始於鮑照之《夜坐吟》，其辭曰：

……霜入幕，風度林。朱燈滅，朱顏尋。體君歌，逐君音。不貴聲，貴意深。

但鮑照詩押侵韻，一韻到底，而李白詩則以歌韻轉成庚韻，又轉成微韻。雖然沒有前面所舉之例那樣句句押韻，但後四句當屬於「擲韻」了。

如果說，李白的五言古詩有轉韻的特點，那麼，七言及雜言詩便不僅僅是轉韻，而常常還夾雜著「擲韻」，韻律套節奏的疊宕起伏，大大增強了詩歌錯綜開闔，自然超逸的風貌。如《梁甫吟》（卷三）：

長嘯《梁甫吟》，何時見陽春？君不見，朝歌屠叟辭棘津，八十西來釣渭濱！寧羞白髮照清水，逢時壯氣思經綸。廣張三千六百鉤，風期暗與文王親。大賢虎變愚不測，當年頗似尋常人。君不見，高陽酒徒起草中，長揖山東隆準公！入門不拜騁雄辯，兩女輟洗來趨風。東下齊城七十二，指揮楚漢如旋蓬。狂客落魄尚如此，何況壯士當群雄！我欲攀龍見明主，雷公砰訇震天鼓。帝旁投壺多玉女。三時大笑開電光，倏爍晦冥起風雨。閶闔九門不可通，以額叩關閽者怒。白日不照吾精誠，杞國無事憂天傾。猰貐磨牙競人肉，騶虞不折生草莖。手接飛猱搏彫虎，側足焦原未言苦。智者可卷愚者豪，世人見我輕鴻毛。力排南山三壯士，齊相殺之費二桃。吳楚弄兵無劇孟，亞夫咍爾爲徒勞。《梁甫吟》，聲正悲。張公兩龍劍，神物合有時。風雲感會起屠釣，大人屼屼當安之。

此詩共用眞、東、遇、語、霰、庚、豪、支等互相承接，中間不乏句句押韻，如「高陽酒徒起草中，長揖山東隆準公」，連押東韻。又「我欲攀龍見明主，雷公砰訇震天鼓。帝旁投壺多玉女。」以遇、霰、語三韻通押。「白日不照吾精誠，杞國無事憂天傾」連押庚韻。「手接飛猱搏彫虎，側足焦原未言苦」又轉爲連押霰韻。錯雜紛陳，令人目不暇接。方東樹《昭昧詹言》釋云：「此是大詩，意脈明白而段落迷離莫辨。二句冒起，『朝歌』八句爲一段，『大賢』二句總太公。『高陽』八句爲一段，『狂客』二句總酈生。『我欲』句入己，以下奇橫，用騷意。『帝旁』句指群邪也。『三時』二句言喜怒莫測。『閶闔』句歸宿，如屈子意承上一束。『以額』句奇氣橫肆、承上一束。『白日』二句轉。『

猰㺄」句斷，言性如此耳。『騶虞』句再束上頓住。「手接」句續，『力排』二句解上『手接』二句。『吳楚』二句解上『智者』二句。此上十九句爲一大段。『梁甫吟』以下爲一段，自慰作收。」方氏對詩歌的分析，基本上是按轉韻的順序理解的。他所謂的意脈和段落，即詩人創作中通過轉韻而留下的痕跡。

李白七言詩用短韻，不限於樂府，而常常見於抒懷的歌行，從中可以見出詩人創作時思緒起伏的脈絡。如《答王十二寒夜獨酌有懷》（卷十九）：

昨夜吳中雪，子猷佳興發。萬里浮雲卷碧山，青天中道流孤月。孤月滄浪河漢清，北斗錯落長庚明。懷余對酒夜霜白，王床金井冰崢嶸。人生飄忽百年内，且須酣暢萬古情。君不能狸膏金距學鬬雞，坐令鼻息吹虹霓。君不能學哥舒，橫行青海夜帶刀。西屠石堡取紫袍。吟詩作賦北窗裡，萬言不直一杯水。世人聞此皆掉頭，有如東風射馬耳。魚目亦笑我，請與明月同。驊騮拳跼不能食，蹇驢得志鳴春風。《折楊》、《黃華》合流俗，晉君聽琴枉清角。巴人誰肯和《陽春》，楚地猶來賤奇璞。黃金散盡交不成，白首爲儒身被輕。一談一笑失顏色，蒼蠅具錦喧謗聲。曾參豈是殺人者？讒言三及慈母驚。與君論心握君手，榮辱於余亦何有？孔聖猶聞傷鳳麟，董龍更是何雞狗？一生傲岸苦不諧，恩疏媒勞志多乖。嚴陵高揖漢天子，何必長劍拄頤事玉階！達亦不足貴，窮亦不足悲。韓信羞將絳灌比，禰衡恥逐屠沽兒。君不見，李北海，英風豪氣今何在！君不見，裴尚書，土墳三尺蒿棘居！少年早欲五湖去，見此彌將鐘鼎疏。

此詩篇首出句用月韻，以庚韻承，「君不能」兩句起開始抒發不平，用齊韻：「雞」、「霓」連韻。下兩句「刀」、「袍」亦連韻，用豪韻。又下四句用紙韻，再以下承東、沃、庚、有、佳韻。至此，多爲四句一轉，平仄互接，「達亦不足貴，窮亦不足悲」，似極憤之詞，以未、灰、通押，亦連韻。「韓信」兩句以紙、支通押，亦連韻。「君不見李北海」兩句用賄韻，連韻，末四句用魚韻，但第三句「少年早欲五湖去」中「去」字押御韻，這就造成了末四句亦爲連韻。如此頻繁的轉韻，當然可算一種「短韻」的現象。加上經常出現的連韻，節奏上顯得很局促。至於詩歌結尾部份因用韻產生的特殊形態，充分體現了作者的激憤心緒。如果將此詩的末尾—頻繁的轉韻、連韻詩句，與詩歌篇首轉韻間隔較寬的句子相比較，詩人從舒緩平暢轉向激憤高昂的情緒變化，顯而易見。

短韻的產生，很難被認爲是詩人故意製作的技巧或手段，相反，恰恰正是創作過程中，某個中心辭或意象突然閃現在詩人腦海中的結果。如《答王十二寒夜獨酌有懷》詩末尾的賄魚兩韻，不正是「李北海」、「裴尙書」兩個語辭引出來的嗎？按照李白對韻律的嫻熟技巧，並不會產生使用寬韻而發生困難的情況，同時他也不同於杜甫那樣，以格律的拗救爲游戲。因此，「短韻」衹能認爲是李白創作過程中自然形成的一種現象，周紫芝認爲他「微短於韻」，幾乎是在其他詩人的創作基礎上總結出來的評價，並不適合李白的特殊性。李白「短韻」的形成及其產生的藝術效果，恰好造成了他詩歌具有的那種變幻莫測的特點。短韻的情況又與詩歌句式、長短並無直接關係，而取決於詩人情緒上的變化，每一次變化，便影響到詩歌的層次上的遞進，而轉韻的情況便隨之而來。如《宣州謝朓樓餞別校書叔雲》（卷十八）⑥：

棄我去者昨日之日不可留。亂我心者今日之日多煩憂。長風萬里送秋雁，對自可以酣高樓。蓬萊文章建安骨，中間小謝又清發。俱懷逸興壯思飛，欲上青天覽明月。抽刀斷水水更流，舉杯消愁愁更愁。人生在世不稱意，明朝散髮弄扁舟。

此詩共十二句，主押尤韻，而中間則有四句押月韻，而這四句恰好是詩人由謝朓樓聯想到六朝文學，並由此抒發胸臆，躊躇滿志。但當他從情緒的峰端滑落下來，便又回到原來的韻腳上。首尾在情緒上的呼應，同時也反映在詩人選擇的韻律上。

三

既然押韻的變化與詩人的創作思緒有關，這使人聯想到韻的選擇可能也與詩人的創作思緒有關。因為韻的組成既有聲調上的作用和意義，又有字面的意義和共同組合的意象。聲調上的作用和意義，往往又與字面上的意義以及意象的組合有一定的關聯。請看下面的詩例：

雲陽上征去，兩岸饒商賈。吳牛喘月時，拖船一何苦？水濁不可飲，壺漿半成土。一唱《督護歌》，心摧淚如雨。萬人鑿盤石，無由達江滸。君看石芒碭，掩淚悲千古。——《丁督護歌》

黃雲城邊烏欲棲，歸飛啞啞枝上啼。機中織錦秦川女，碧紗如煙隔窗語。停梭悵然憶遠人，獨宿孤房淚如雨。——《烏夜啼》

若耶溪旁採蓮女，笑隔荷花共人語。日照新妝水底明，風飄香袂空中舉。岸上誰家遊冶郎，三三五五映垂楊。紫騮嘶入落花去，見此踟躕空斷腸。——《採蓮曲》

胡關饒風沙，蕭索竟終古。木落秋草黃，登高望戎虜。荒城空大漠，邊邑無遺堵。白骨橫千霜，嵯峨蔽榛莽。借問誰陵虐？天驕毒威武。赫怒我聖皇，勞師事鞞鼓。陽和變殺氣，發卒騷中土。三十六萬人，哀哀淚如雨。且悲就行役，安得營農圃？不見征戍兒，豈知關山苦？李牧今不在，邊人飼豺虎。——《古風五十九首》其十四

以上詩作均押麌韻，或語、麌通押。如《丁督護歌》用麌韻，詩的內容和風格都表現了悲涼和痛苦的感受。麌韻各字爲上聲撮口呼，發聲的音調給人一種受阻塞，不能舒張的感覺。而麌韻的詞如「苦」、「雨」等，很容易構成悲涼的語境，又如「武」、「虎」等，可以構成威脅的語境，作者用以表現壓抑的心緒，也能給讀者造成相似的感覺。雖然這祇是一種傾向，並不能認爲凡是押麌韻就一定僅僅表現諸如此類的情緒。上述詩例中，《丁督護歌》是很典型的例子，《烏夜啼》以麌、語通押，比起前一首來，雖然沒有那麼沉重，而悲涼之意猶在。《採蓮曲》用語韻，後轉陽韻，轉韻後便顯出比較舒暢明朗的氣氛。《古風五十九首》之十四全用麌韻，詩歌所具有的沉重悲涼的格調則不亞於《丁督護歌》。

同韻所產生的這種傾向，除了聲調的原因，主要是同韻字的字面意義以及由它們構成的辭和意義造成的。正如前面已經提到的，麌韻中擁有古、苦、雨、虎之類的字，而這些字所構成的辭，以及這些辭組合起來的意象，大多爲令人壓抑的意象。有關的例子在李白詩中還可以找到很多，如《臨江王

節士歌》：

吳雲寒，燕鴻苦。風號沙宿瀟湘浦。節士悲秋淚如雨。

又如《遠別離》：

古有皇英之女（按語韻通押），乃在洞庭之南，瀟湘之浦。海水直下萬里深，誰人不言此離苦。

由韻的規定性到固定辭組的選用，常常使詩人在創作過程自然而習慣地將韻和意象組合融合在一起，甚至在用韻時，便已奠定了一首詩歌的基調。久而久之，就會成爲一種模式。以上引詩句爲例，押「雨」字時構成的辭，幾乎無一例外地寫成「淚如雨」：

心摧淚如雨。（《丁督護歌》）

獨宿孤房淚如雨。（《烏夜啼》）

哀哀淚如雨。（《古風五十九首》之十四）

節士悲秋淚如雨。（《臨江王節士歌》）

淚如雨一辭構成的意象與韻的選擇很有關係。形容眼淚如雨通常有「淚如雨下」的說法，但唐人詩中惟見李白用得最多，而淚如其他事物的比喻各式各樣，這些意象的組合，同樣也與其他詩人選韻有關。如王維《送別》：「送君南浦淚如絲」，全詩押支韻。又如李群玉《感興四首》之四「天邊無書來，相思淚成海」，也因此詩押賄韻。

李白詩中有時甚至將兩個韻連起來，組成相關的意象。如前面已引的詩中有「女」和「語」連韻，組合成相關的意象，這種做法也往往成爲一種模式：

機中織錦秦川女，碧紗如煙隔窗語。（《烏夜啼》）

若耶溪旁採蓮女，笑隔荷花共人語。（《採蓮曲》）

其次，詩人偏好某些韻中的某些字，也會成爲一種模式，反復使用。當然，所謂「偏好」，同樣是以詩人的思維方式和心理狀況爲基礎的。當詩人用某韻時，會反復使用同樣的幾個字，儘管其中一些韻屬於寬韻，但詩人的選擇仍是很限的，如歌韻：

白帝城邊足風波，瞿塘五月誰敢過？荊州麥熟繭成蛾。繰絲憶君頭緒多。撥穀飛鳴奈妾何？——《荊州歌》

起看秋月墜江波，東方漸高奈樂何？——《烏棲曲》

鏡湖流水漾清波，狂容歸舟逸興多。山陰道士如相見，應寫《黃庭》換白鵝。——《送賀賓客歸越》

飛燕皇后輕身舞，紫宮夫人絕世歌。聖君三萬六千日，歲歲年年奈樂何？——《陽春歌》

這些詩中，反復出現了「波」、「多」、「何」等字，更有趣的是，《烏棲曲》和《陽春歌》在描寫君王歡宴沉醉時，落句韻竟如此地相似。這自然不可能是偶然的巧合，而是詩人創作時潛在意識中的對歌韻辭彙把握的流露。經常使用一些較熟悉的字，就會在押此韻時，出現相同或相近的意象。而這些意象一旦組合起來，并以近似的方法或規則組合起來，又會產生相似的意境和風貌。如李集中的《

月夜江行寄崔員外宗之》與《宿白鷺洲寄楊江寧》二詩：

飄飄江風起，蕭颯海樹秋。登艫美清夜，挂席移輕舟。月隨碧山轉，水合青天流。杳如星河上，但覺雲林幽。歸路方浩浩，徂川去悠悠。徒悲蕙草歇，復聽菱歌愁。岸曲迷後浦，沙明瞰前洲。懷君不可見，望遠增離憂。——《月夜江行寄崔員外宗之》

朝別朱雀門，暮棲白鷺洲。波光搖海月，星影入城樓。望美金陵宰，如思瓊樹憂。徒令魂作夢，翻覺夜成秋。綠水解人意，爲余西北流。因聲玉琴裡，蕩漾寄君愁。——《宿白鷺洲寄楊江寧》

這兩首詩雖非同時同地所作，而同押尤韻，又都爲五言，因此意象的構成極爲相似，詩中的句子並未重複，但讀起來總覺得似曾相識，這種創作現象很可能連作者都未能意識到。又如《月夜江行寄崔員外宗之》中「月隨碧山轉，水合青天流」一聯，無論從句式，用韻以及意象的構成等，都與另一首名作《渡荊門送別》中的「山隨平野盡，江入大荒流」十分相似，其實兩詩描寫的並不是同一景色，但詩歌的形態卻呈現出了相同的模式，這不能不認爲是詩歌的韻律的某種作用了。

我們不能斷定，李白詩歌的意象組合最終都是由韻腳的選擇而決定的，但是，韻腳的選定確實形成了某些固定的辭組，或者構成了某些詩歌的意象，特別是在意象的拼接中起了重要的作用。由用韻引起一些連鎖效應，成爲詩人創作中貌似不經意的行爲。某些已經形成的辭組，或者用不同辭彙描述的意象，當它們被詩人用熟以後，即使不在韻腳時，也會在詩中出現，這些辭組或意象又會成爲某些詩作的中心意象，成爲詩人詩歌形態的特徵。

例如，《古風五十九首》之二十四中，詩人諷刺群小之豪奢：「路逢鬬雞者，冠蓋何輝赫！鼻息干虹蜺，行人皆怵惕！」而在《答王十二寒夜獨酌有懷》中則寫成：「君不見狸膏金距學鬬雞，坐令鼻息吹虹霓。」中心辭和意象均沒有變化，這種組合起來的意象隱喻著詩人對朝中權貴的蔑視，打下了李白的印記。

又如《蜀道難》：

日慘慘兮雲冥冥，猩猩啼煙兮鬼嘯雨。

這兩句詩的意象源出於《楚辭、惜誦》：「深林杳以冥冥兮，乃猨狖之所居。山峻高以蔽日兮，下幽晦以多雨。霰雪紛其無垠兮，雲霏霏其承宇。」李白的詩中，曾多次出現這種濃雲蔽日，猿聲哀鳴的意象：

淥水蕩漾清猿啼。……態咆龍吟殷巖泉，慄深林兮驚層巔。雲青青兮欲雨，水澹澹兮生煙。——《夢游天姥吟留別》

寂歷似千古，松颸颸兮萬尋。中見愁猿弔影而危處兮，叫秋木而長吟。——《幽澗泉》

許多的意象，在詩人的作品中，都不止出現一次，如《蜀道難》中「磨牙吮血，殺人如麻」，在《梁甫吟》中演繹成「猰貐磨牙競人肉。」又如《臨江王節士歌》中「安得倚天劍，跨海斬長鯨？」在同卷《司馬將軍歌》中則演繹爲「手中電曳倚天劍，直斬長鯨海水開。」

李白詩歌中的意象組合往往呈現出模糊的拼接和搭配，卻能產生氣勢非凡的藝術力量，這些意象組合反覆多次，則成了他具有的獨特風貌。特別是那些驚天動地的意象，組合拼接時常能出新出奇。如描寫狂濤，李白好用以濤連山的意象，如《古有所思》中「白波連山倒蓬壺」，進而在《橫江詞》中，波濤和高山這兩個意象的拼接，不斷富於變幻，而變幻得愈來愈模糊，愈來愈失實：

一風三日吹倒山，白浪高於瓦官閣。（其一）

白浪如山那可渡？狂風愁殺峭帆人。（其三）

浙江八月何如此？濤似連山噴雪來。（其四）

驚波一起三山動，公無渡河歸去來！（其六）

詩人從白浪高，高如山，山直變成波浪一起三山動，而僅憑著山與濤的意象組合，產生了數種神奇的新意象，詩人豐富的想象能力在模糊的不具體的意象選擇中發揮得淋漓盡致。

韻律與意象以至詩歌形態之間的微妙關係，存在於任何時代的任何詩人之間，而他們每個人的具體情況不相同，因而詩歌形態上也不會相同。而詩歌形態上的差異同樣也可以用來區別詩人風格的差異。形態上的差異愈明顯，詩人的風格特徵也就愈明顯。明人胡應麟在《詩藪》中指出：「太白《蜀道難》、《遠別離》、《天姥吟》、《堯祠歌》等。無首無尾，變幻錯綜，窈冥昏默，非其才力學之，立見顛踣」⑦又說：「公無渡河，長短句中，有絕類漢、魏者，至格調翩翩，望而知其太白也。」⑧其實，「望而知其太白」，便是有特徵，祇是李白的詩有其特殊的形態，而這一形態又與他的創作思緒以及由此形成的詩歌表現形式不可分割，所以又令人覺得「無首無尾」。從韻入手的探索，僅是論述李白詩歌形態的一種方法。韻律對語辭構成的制約，意象對韻律的制約，以及語辭對意象的制約，往往又是互爲條件，互爲因果的。因此，我們僅能指出它們之間的相互關聯，和可能產生的機會，並不能規定出劃一的模式或尺度，去做硬性的衡量。尤其是李白這樣具有豐富想象力的詩人，對他作品的分析，僅僅依靠某一種理論和方法，是不可能發生奇跡的。

【註　釋】

①見蕭繹《賦得竹詩》。此詩共十句，五韻，此處所引爲前四句。

②見《李詩通》

③《唐詩品彙、七言古敘目》

④《古今諸家樂府序》

⑤任學良《文鏡秘府論校注》，見王利器《文鏡秘府論校注》所引。

⑥此詩題當作《陪侍御叔華登樓歌》

⑦、⑧《詩藪》內編卷三。

莊周夢蝴蝶

——關於李白詩歌的用事

朱易安

古人詩話中討論李白詩歌用事的題目不多見，隨手摘來兩段，抄錄如下：

《復齋漫錄》云：太白《襄陽歌》云：「清風明月不用一錢買，玉山自倒非人推。」按《世說》：「山公、嵇叔夜巖巖若孤松之獨秀，至其醉也，若玉山之將崩。」戴逵《酒贊》云：「醇醪之興，與理不乖。古人既陶，至樂乃開。有客乘之，隗若山頽。」（《苕溪漁隱叢話》）

李太白《清平調》、《行樂詞》，皆用飛燕昭陽事，然予觀王少伯《宮詞》如「平陽歌舞新承寵，簾外春寒賜錦袍」；「斜抱雲和深見月，朦朧樹色隱昭陽」；「玉顏不及寒鴉色，猶帶昭陽日影來」。皆爲太眞而作，皆用昭陽事，蓋當時詩人之言多如此，不獨太白。（《池北偶談》）

胡仔所引，考李詩用事出處，後明人楊愼專爲之，有時還說明某字是「太白詩法」。王漁洋所引，旨在闡明「昭陽」事乃唐人使用的「大衆化」典放，並非李白的特色。

那麼，李白用事有無特色？若有，是什麼呢？前人幾無論及。現就平日所讀，爬梳幾例，供同好者玩味。

一、關於「巫山神女」

巫山神女一事出於宋玉「高唐賦」：

楚襄王與宋玉遊於雲夢之臺，望高唐之觀，其上獨有雲氣……王問玉曰：「此何氣也？」玉對曰：「所謂朝雲者也。昔者先王嘗遊高唐，怠而晝寢，夢見一婦人曰：『妾巫山之女也。爲高唐之客。聞君遊高唐，願薦枕席。』王因幸之。去而辭曰：『妾在巫山之陽，高丘之阻。旦爲朝雲，暮爲行雨。朝朝暮暮，陽臺之下。』旦朝視之如言，故爲玄廟，號曰『朝雲』。」

李白詩中用此典甚多，如《寄遠十二首》中，四首提到巫山陽臺：

相思不惜夕，日夜向陽臺。（其四）

遠憶巫山陽，花明淥江暖。（其五）

陽臺隔楚水，春草生黃河。（其六）

美人美人兮歸去來，莫作朝雲暮雨兮飛陽臺。（其十二）

巫山神女事多詠妓女或美女，而無詠妻之例。《寄遠十二首》雖非一時一地之作，但相思的對象都不是作者正式的妻子。這在《出妓金陵子呈盧六四首》中可以得到證實：

樓中見我金陵子，何似陽臺雲雨人。（其一）

巫山事又用於婚外的戀情，如《代寄情楚辭體》：

君不來兮徒蓄怨積思而孤吟。雲陽一去以遠隔，巫山綠水之沈沈。

巫山事的這些用法，在唐代其他詩人的作品中俯拾即是，例如：

莫怪常有千行淚，只爲陽臺一片雲。（駱賓王《憶蜀地佳人》）

陽臺千萬里，何處作朝雲。（皇甫冉《同李蘇州傷美人》）

此中一見亂人目，只疑行雲到陽臺。（劉長卿《觀李湊所畫美人障子》）

大概巫山神女鍾情於楚王之事在唐代士大夫看來，非良家婦人所爲，因此從不將自己的妻子比作「神女」。而婦人自道，卻可以將「旦爲朝雲，暮爲行雨」比作對丈夫的忠誠或思念。這種用法，李白在唐人中是較早的一位：

明年若更征邊塞，願作陽臺一段雲。（搗衣篇）

蕭士贇認爲，此詩「意爲滔滔不歸，則惟有托夢以從其夫于四方上下耳。此亦極其懷思之形容也歟！」

戴叔倫《相思曲》用此事與李白《搗衣篇》很相似：

妾身願作巫山雲，飛入仙郎夢魂裡。

此後，似乎也有用於正式婚姻的女子。不過是開玩笑的口吻：

不知今夕是何夕，催促陽臺近鏡臺。（賈島《友人婚楊氏催妝》）

李白集中還有兩首專詠巫山神女事的作品，一爲《古風五十九首》之五十八：

我行巫山渚，尋古登陽臺。天空綵雲滅，地遠清風來。神女去已久，襄王安在哉？荒淫意淪沒，樵牧徒悲哀。

樵牧悲哀，詩人感慨。詩境空靈而筆調嚴肅，一掃楚王會神女的纏綿。或許李白此刻並不眞正關心楚王的「荒淫」，而是悲嘆這個故事的創造者，他在《宿巫山下》一詩中寫道：

雨色風吹去，南行拂楚王。高丘懷宋玉，訪古一沾裳。

楚王尚有巫山雲雨照拂著呢，編故事的宋玉卻被拋棄了。除去李白這樣的文人，誰又會緬懷他呢？

另一首詠巫山神女的詩顯得更嚴肅了：

虛傳一片雨，枉作陽臺神。縱爲夢裡相隨去，不是襄王傾國人。（《係潯陽上崔相渙三首》之三）

如果題中不點明寫詩時的處境，恐怕後人很難讀懂詩中的寓意。詩中用事借題發揮，已經脫離了男女艷情的主旨，而成爲具有政治內容的作品了。詩中的比喻巧妙而恰當，可謂死典活用。詩人自比神女，楚王則暗指永王璘，繼然入暮，並不見寵，如今因此受累，冤哉枉也。當然，此詩將入永王幕比作一場春夢，除了企求脫去干係，也許還有更深一層的含義。

賦於巫山典嚴肅的政治意義，可以說是李白首創。很多年後，李商隱也用此典，辨白「背家恩」的指責：

神女生涯原是夢，小姑居處本無郎。（《無題》）

二、關於燕昭王與郭隗

燕昭事出《戰國策、燕策》：

> 燕昭王……往見郭隗先生。……郭隗先生曰：「臣聞古之君人，有以千金求千里馬者，三年不能得。涓人言於君曰：『請求之。』君遣之。三月得千里馬，馬已死，買其首五百金，反以報君。君大怒曰：『所求者生馬，安事死馬而捐五百金？』涓人對曰：『死馬且買五百金，況生馬乎？天下必以王爲能市馬，馬今至矣。』於是不能期年，千里之馬至者三。今王誠欲致士，先從隗始；隗且見事，況賢於隗者乎？豈能千里哉？」於是昭王爲隗築宮而師之。樂毅自魏往，鄒衍自齊往，劇辛自趙往，士爭湊燕。

又鮑照有詩云：「豈伊白璧賜，將起黃金臺。」《文選》李善注引《上谷郡圖經》曰：「黃金臺，易水東南十八里，燕王置千金於臺上，以延天下之士。」

宋人周密很早就發現，李白和唐朝的詩人們常用「黃金臺」的故實。（參見《齊東野語》）而唐人中較早以此入詩的，是陳子昂的《薊丘覽古贈盧居士藏七首》：

> 南登碣石坂，遙望黃金臺。（《燕昭王》）
>
> 隗君亦何幸，遂起黃金臺。（《郭隗》）

陳子昂此作的另一首詩詠鄒衍。李白《古風五十九首》之十五則把他們的名字放在一起了：

燕昭延郭隗，遂築黃金臺。劇辛方趙至，鄒衍復齊來。

李白的詩中用燕昭王事共有六、七處，約可分爲兩類。第一類是將禮遇賢才者比作燕昭王，例如：

灑掃黃金臺，招邀青雲客。（《寄上吳王三首》之三）

侍筆黃金臺，傳觴青玉案。（《南奔書懷》）

另一類歎惜生不逢時，抒發懷才不遇之感：

君不見昔時燕家重郭隗，擁篲折節無嫌猜。劇辛樂毅感恩分，輸肝剖膽效英才。昭王白骨縈蔓草，誰人更掃黃金臺？（《行路難》其二）

攬涕黃金臺，呼天哭昭王。無人貴駿骨，綠耳空騰驤。（《經亂離後天恩流夜郎憶舊遊書懷贈江夏韋太守良宰》）

唐人用燕昭事基本上都屬這兩類，其中「黃金臺」居多，例如，杜甫《承聞河北諸道節度入朝歡喜口號絕句》詩中，以「黃金臺」比喻朝廷納賢的政策：

紫氣關臨天地闊，黃金臺貯俊賢多。

羅隱《春日投錢塘元帥尚父二首》則是恭維的客套：

正憂衰老辱金臺，敢望昭王顧問來。

幕中同僚酬和，亦稱幕府爲「黃金臺」，既以賢才自詡，又贊頌了幕主禮賢的高尚，一舉兩得：

夜歸碣石館，朝上黃金臺。（李商隱《戲題樞言草閣三十二韻》）

唐人用燕昭事的詩雖多，但卻很少能見到李白那樣呼天搶地的悲憤，中、晚唐時，表現不遇之感的用法仍較前期減少。至於「市駿」、「擁篲」的用法，則更爲靈活了，「市駿」已成爲稱頌駿馬或贊揚畫馬的專門用語：

堆金買駿骨，將送楚襄王。（李賀《馬詩》）

當時若遇燕昭王，肯把千金買枯骨？（顧雲《蘇君廳觀韓幹馬障歌》）

這類細小的變化在詩歌修辭手段和技巧的發展中令人驚喜，但作爲故實的本身，卻被抽掉了實質性的意義，該如何評價呢？

三：關於魯仲連

魯仲連事出《戰國策》及《史記、魯仲連列傳》。魯仲連，戰國齊人。好奇偉倜儻之畫策，而不肯仕官任職。遊歷天下，適逢秦軍圍趙，秦意在迫趙尊秦爲帝。魯仲連以辨詞退卻秦軍，不受趙賞而去。後又以箭書助齊收復聊城，辭不受爵，逃隱於海上。

唐人用魯連事，大多喻指不慕功名、功成遁世的高風亮節：

漢業未興王霸在，秦軍才散魯連歸。（許渾《題衛將軍廟》）

唐人中較早咏魯連的，是陳子昂的《感遇詩》：

魯連讓齊爵，遺組去邯鄲。

李白是唐人中咏魯連事最多的一位，他的《古風五十九首》就有兩首寫到魯仲連：

齊有倜儻生，魯連特高妙。明月出海底，一朝開光曜。卻秦振英聲，後世仰末照。意輕千金贈，顧向平原笑。吾亦澹蕩人，拂衣可同調。（其十）

魯連及柱史，可以躡清芬。（其三十六）

李白用魯連事，首先贊賞他能以辨詞、箭書制服武力和強權，爲世人排憂解紛，并以此比擬自己爲國效力的願望。

君草陳琳檄，我書魯連箭。（《江夏寄漢陽輔錄事》）

魯連善談笑，季布折公卿。（《獻從叔當塗宰陽冰》）

仍留一枝箭，未射魯連書。（《奔亡道中五首》之三）

我以一箭書，能取聊城功。（《五月東魯行答汶上翁》）

哭何苦而救楚，笑何夸而卻秦？（《鳴皋歌送岑徵君》）

其次，李白贊賞他重義輕利的行爲，以示自己不圖富貴的胸襟：

魯連逃千金，珪組豈可酬？（《贈崔郎中宗之》）

魯連賣談笑，豈是顧千金！（《留別王司馬嵩》）

卻秦不受賞，擊晉寧爲功？（《贈從兄襄陽少府皓》）

再次，是對魯連「功成身退」處世方式的追慕：

所冀旄頭滅，功成追魯連。（《在水軍宴贈幕府諸侍御》）

岧嶢廣成子，倜儻魯仲連。卓絕二公外，丹心無間然。（《贈宣城宇文太守兼呈崔侍御》）

李白詩中用魯連事的熱情遠遠超過其他唐詩人，對魯連的基本看法也與唐詩人稍有差別。幾乎所有的作品都緊扣本意，使事沒有越出上述三類的範圍。尤其對不居功和拒賞兩事極爲執著。其他唐詩人似乎比李白「開通」一些，他們認爲魯連接受一個榮譽性的「精神獎勵」還是應該的，例如，在凌煙閣上圖一畫像，至少可以避免逃到海上去了。唐後期有兩首詩表達了這種看法：

功臣盡遣詞人贊，不省滄州畫魯連。（司空圖《有感》）

魯連未必蹈滄海，應見麒麟新圖畫。（鮑溶《淮南臥病聞李相夷簡移軍山陰以靖東寇感激之下因抒長句》）

也許他們沒想到，上了凌煙閣的魯連，已不再是司馬遷筆下的魯連了。

四、關於「泛五湖」和「上蔡鷹」

「泛五湖」事出於《吳越春秋，勾踐伐吳外傳》：趙國大夫范蠡佐越王滅吳復國後，辭官遠走，變名易姓，乘扁舟出三江、入五湖，人莫知其所適。「上蔡鷹」指李斯被誅事，見於《史記、李斯列傳》：秦二世立，趙高誣李斯謀反，具斯五刑論，腰斬咸陽市。斯出獄，與其中子俱執，顧謂其中子曰：「吾欲與若復牽黃犬俱出上蔡東門逐狡兔，豈可得乎！」遂父子相哭，而夷三族。

唐人用泛五湖事喻功成身退、隱逸江湖。通常只有隱逸、歸隱這一層意義，而不強調立功後辭官這一細節，例如：

明月東歸變姓名，五湖煙水覓何人？（劉長卿《贈秦系》）

頃來荷策干明主，還復扁舟歸五湖。（錢起《送褚大落第東歸》）

李白用五湖事則將安社稷與功成身退緊緊連在一起，似乎兩者互爲因果：

陶朱雖相越，本有五湖心。（《留別王司馬嵩》）

終與安社稷，功成去五湖。（《贈韋秘書子春二首》之一）

功成身退的原因之一，是爲免除殺身之禍，這樣，從五湖事便與李斯被誅時的歎息結合起來，成爲正反兩個典範。他在《古風五十九首》之十八寫道：

功成身不退，自古多愆尤。黃犬空嘆息，綠珠成釁讎。何如鴟夷子，散髮棹扁舟！

同樣的觀點反映在《留別于十一兄逖裴十三遊塞垣》詩中，只是范蠡被姜太公所替換：

太公渭川水，李斯上蔡門。釣周獵秦安黎元，小魚鵕兔何足言？

隱退的例子可以替換，同樣，李斯事也可以被替換或加強。如《行路難》之三：

吾觀自古賢達人，功成不退皆殞身。子胥既棄吳江上，屈原終沒湘水濱。陸機雄才豈自保？李斯稅駕苦不早。華亭鶴唳詎可聞？上蔡蒼鷹何足道？

唐人似乎很少有「功成」後再「歸隱」的事實。因此，用五湖事及李斯事常常表現爲一種失意或淪落後的解嘲。李白詩中肆意宣染多少帶有這種意味：

我縱五湖棹，煙濤恣崩奔。（《書情題蔡舍人雄》）

咸陽市中歎黃犬，何如月下傾金罍。（《襄陽歌》）

當然，最直率地承認這一點，莫過於《宣州謝脁樓餞別校書叔雲》一詩了：

人生在世不稱意，明朝散髮弄扁舟！

看來，李白並非眞怕「身殞」，而是怕「功未成」而身殞。難怪唐代詩人們「泛五湖」時，大多有點「心在魏闕」的酸澀之感：

日下未馳千里足，天涯徒泛五湖舟。（戎昱《秋日感懷》）

五湖煙網非無意，未去難忘國士知。（鄭谷《春暮咏懷寄集賢韋起居衮》）

五、關於「東山隱」

「東山隱」事出《世說新語》及《晉書、謝安傳》。謝安曾隱於會稽上虞西南之東山，蓄妓宴遊，朝命屢召而不出。簡文帝曰：「安石必出。既與人同樂，亦不得不與人同憂！」後出爲征西大將軍桓溫司馬，累遷至尙書僕射領中書令。淝水一戰，大敗苻堅。

唐人用東山典，包涵有隱逸、縱情山水、攜妓宴遊等多層用意，或單用，或合用。如白居易《醉戲諸妓》詩用攜妓歸逸之意：

不知明日休官後，逐我東山去是誰？

獨孤及《同徐侍郎五雲溪新庭重陽宴集作》則借此描繪宴遊的情趣：

已符東山趣，況值江南秋。

李白詩中也有攜妓的用法，如《攜妓登梁王栖霞山孟氏桃園》：

謝公自有東山妓，金屏笑坐如花人。

戲贈他人之作中有時也用攜妓事，例如：

攜妓東山去，春光半道催。（《送姪良攜二妓赴會稽戲有此題》）

君攜東山妓，我詠北門詩。（《宣城送劉副使入秦》）

但是，有時也會由攜妓引出東山典的其他寓意來，如《東山吟》：

攜妓東山土，悵然悲謝公。

悲謝公的隱義層面當然是悲自己了。因爲「東山隱」的全部意義均在於「東山起」。東山不起，也就不存在什麼「東山隱」。正如唐人詩中所說的那樣：

跡是東山戀，心惟北闕懸。（魏奉古《奉酬韋祭酒偶遊門北溪忽懷驪山別業因以言志示弟淑奉呈諸大僚之作》）

由此可見，李白詩用東山典的實質仍在於「東山隱」的根本意義：

謝安不徒然，起來爲蒼生。（《贈韋秘書子春》）

這類用法在作品中表現出作者對謝安隱逸的理解和敬慕：

安石在東山，無心濟天下。一起振橫流，功成復瀟灑！（《贈常侍御》）

想像東山姿，緬懷右軍言。（《登金陵治城西北謝安墩》）

東山高臥時起來，欲濟蒼生未應晚。（《梁園吟》）

這裡還有兩句詩值得玩味。一是《送梁四歸東平》：

莫學東山臥，參差老謝安。

看來，「東山隱」不能持續太久。隱而不出，謝安的價值便沒了。再者是《永王東巡歌十一首》之二：

但用東山謝安石，爲君談笑靜胡沙。

謝安一起，乃爲濟蒼生，安社稷而來，作用之大，勝過千軍萬馬。但機會未遇，自然只能臥於東山。出而不隱或不隱即出，同樣也無法顯示謝安的價值。

如此「全面」、「深刻」地理解並運用「東山」之事，有唐一代，恐唯李白一人而已。

六、關於「楚玉」和「燕珉」

楚玉事出於《韓非子》：楚人卞和得玉璞楚山中，奉而獻之厲王，王以爲石，令人刖其左足。及武王即位，和又獻之，仍以爲石，刖右足。文王即位，和抱其璞，泣血於楚山之下，得以獻，爲「和氏璧」。燕珉事見《太平御覽》引《闞子》：宋之愚人得燕石於梧臺之東，歸而藏之以爲大寶。周客聞而見之，告曰：「此燕石也，與瓦甓不異。」主人大怒，藏之愈固。

「楚玉」及「燕珉」爲唐人習用，前者多喻懷才不遇，後者則諷愚忠不辨。例如：

徒爲卞和識，不遇楚王珍。（李嶠《玉》）

抱玉三朝楚，懷書十上秦。（盧僎《途中口號》）

「燕珉」事在唐人詩中往往離其諷刺的本意，用於自謙，而將「楚玉」比作對他人的恭維。

楚材欣有適，燕石愧無功。（李嘉祐《酬于侍郎湖南見寄十四韻》）

只同燕石能星殞，自得隨珠覺夜明。（杜甫《酬郭十五受判官》）

齊竽混韶夏，燕石廁琳琅。（白居易《渭村退居寄禮部侍郎翰林錢舍人詩一百韻》）

李白詩也有用楚玉、燕珉事，但卻與唐人的習慣用法稍有異。《贈范金鄉二首》之一云：

我有結綠珍，久藏濁水泥，時入棄此物，乃與燕石齊。

如果說，此詩尙存「獻寶」之心，那麼《贈丹陽橫山周處士惟長》卻以擁玉獻玉爲恥事：

抱玉恥獻玉，沉泉笑探珠。

詩的後一句用《莊子、列禦寇》中的寓言，表示不得有貪婪之心。這裡引申的意思是說，擁有財寶往往招惹禍害，還不如沒有，卞和如果沒有和氏璧，自然不會有獻玉及刖足之禍了。

李白的這個看法曾明顯地流露在《古風五十九首》之三十六：

抱玉入楚國，見疑古所聞。良寶終見棄，徒勞三獻君。直木忌先伐，芳蘭哀自焚。盈滿天所損，沉冥道爲群。東海泛碧水，西關乖紫雲。魯連及柱史，可以躡清芬。

「流俗多錯誤，豈知玉與珉？」雖然「君子貴玉而賤珉」，但在玉珉不辨的世界裡，李白選擇什麼？從這首詩的情緒傾向來推斷，《古風》之五十用燕珉事，恐怕感慨要多於譏諷了。

由楚玉聯想到魯連，這是李白的一大發明。不過，也許卞和獻玉與魯仲連的另一種處世方式及遭遇存在著某種聯繫？

七、關於「莊周夢蝶」

「莊周夢蝶」事見《莊子・齊物論》：

昔者莊周夢爲蝴蝶，栩栩然蝴蝶也。自喻適志與！不知周也。俄然覺，則蘧蘧然周也。不知周之夢爲蝴蝶與？蝴蝶之夢爲周與！

「莊周夢蝶」的寓意究竟是什麼？哲學家們爭執不休。

唐人往往以夢蝶爲夢或夢境的借喻，如耿湋《寒蜂采菊蕊》謂蜜蜂與蝴蝶異，是因爲蜜蜂不得使人入夢：

終慚異蝴蝶，不與夢魂通。

武元衡《西亭題壁寄中書李相公》詩用「蝶夢」代指思鄉之夢：

空餘蝴蝶夢，迢遞故鄉歸。

又如崔涂《春夕》：

蝴蝶夢中家萬里，子規枝上月三更。

李白集中用此事共兩處。其一原詩已不得見，爲殘句：

野禽啼杜宇，山蝶舞莊周。

無上下文，不知其寓意。此句自《苕溪漁隱叢話》輯出。胡仔引《法藏碎金》云：

予記太白有詩云：「野禽啼杜宇，山蝶舞莊周。」後又見潘佑有《感懷》詩：「幽禽喚杜宇，宿蝶夢莊周。席地一樽酒，思與元化浮。但莫孤明月，何必秉燭遊。」余謂才思暗合，古今無殊，不可怪也。

儘管可以認爲潘、李無相襲之嫌，但潘的想法並不能替代李白的寓義，只是將夢蝶與啼鵑並用，兩人相似。事實上唐人也常常將兩者連用，如前引崔塗詩。這裡並用的詩作中，蝴蝶暗喻夢境，而鵑啼則往往指痛苦的現實。例如：

杜鵑魂厭蜀，蝴蝶夢悲莊。（張祜《華清宮和杜舍人》）

蝴蝶有情牽晚夢，杜鵑無賴伴春愁。（羅隱《下第寄張坤》）

如果這個夢並非明指思鄉或相思之內容，那麼，莊周夢蝶事往往與夢者的失意有關。羅隱詩中就有應舉不第的惆悵。此處的鵑啼作爲現實中失意的象徵，而蝶夢則構成失意發生前自我滿足的虛幻。唐人常常將爲之奮鬥而不果的失敗嘲爲莊周夢蝶，這使我們想起了李商隱的《錦瑟》：

莊生曉夢迷蝴蝶，望帝春心托杜鵑。

蝶夢既象徵著一時的迷茫，也表現人們對如煙往事的淡漠：

忽忽枕前蝴蝶夢，悠悠覺後利名塵。（齊己《感時》）

這些詩例，又使「夢蝶」一典回到莊子寓言的本題上去了：

千古是非輸蝶夢，一輪風雨屬漁舟。（崔塗《金陵晚眺》）

原來蝶夢悠悠，竟是黃粱一枕！

現在我們來看看李白另一首有關莊周夢蝶的詩—《古風五十九首》之九：

莊周夢蝴蝶，蝴蝶為莊周。一體更變易，萬事良悠悠。乃知蓬萊水，復作清淺流。青門種瓜人，舊日東陵侯。富貴故如此，營營何所求？

這裡所表現的算得上「齊物」思想嗎？好像不完全是。《昭昧詹言》認為此詩「言世事幻妄，不必營營富貴。」但是，儘管李白懂得「世事幻妄」的道理，還是願意做一次夢的。若是不夢的話，何以體驗「世事幻妄」呢？

八、贅言

限於篇幅，不可能羅列李白集中全部的用事，僅取一、二，但又都是李白反復應用，也是其他唐人詩作中最常見者。

唐人不贊成用事，卻提倡比興。但是比興與用事則有關聯，不能截然分開。用事必然含有比喻的成份，用事和比喻都具有象徵意義。皎然不贊成用事，所以他所說的「用事」是狹義的。他認爲「時人皆以徵古爲用事，不必盡然也。」他例舉前代詩例，指出孰爲比，孰爲事，（參見《詩式》），但是後代談詩歌作法的著作卻都混爲一談了。按皎然的分法，李白詩中的用事，有一些可入「比興」類，因爲李白用事相當一部分是正用、明用，加上他擅長樂府，不受字句約束，修辭手法與唐後期近體詩中的用事有很大的不同。尤其是他詩中的用事大都一眼能見，既不會令人覺得晦澀，也不影響其暢達的詩風。即使「堆砌」，似乎也沒人批評他「獺祭」、「吊書袋」或「點鬼簿」。

李白「堆砌」故事的作品爲數不少，他的酬勞之作幾乎少有不用典的。例如《贈潘侍御論錢少陽》詩，一氣用了繡衣、杜史、鐵冠、白筆、干將、四皓、調笑、禮賢等近十個典故，卻依然節奏奔放，語言流暢，給人渾成自然，不假雕飾之感。當然，詩中徵古有的純屬用事，而不是「比興」，可見，隸事並不一定會影響詩歌的自然風格。

李詩隸事的材料極爲廣泛，其中不乏收入《文選》的作品。但無論出於何典，都幾乎化爲他自己的語言，用來如同己出。杜甫說：「讀書破萬卷，下筆如有神。」這種融彙貫通的寫作方式對李白而言是輕而易舉的。許許多多的歷史會在一刹那之間涌向詩人的筆端流瀉出來，他不需要東拼西湊的苦吟，也不用精雕細琢的鑲嵌，一切都是鬼斧神工所造就，使事用典也是這樣。李白的用事在唐人詩歌修辭手段的研究極值得重視，同樣，由於李白用事比其他唐人更具有「天成」的特點，因此，他的用事以及用事的象徵便比別人更多地反映出作者的潛在意識。

本文所引的用事在一定程度上說明了這個問題。如果說，李白隸事有自己的特點，那就是他的個性特徵—他的比喻和寓意的對象往往即是自我。詩中經常出現的郭隗、魯連、謝安、范蠡，都是他本人在不同場合下自我形象的再現。這些歷史上的人物在李白的作品中並不是孤立的，而是被糾集到一起，通過互相映襯和補充，按李白的價值觀，塑造出一個理想的、完美的人生世界。

這些典故構成的模式傾向如下：

隱→出→隱

謝安　郭槐　范蠡

魯仲連

這個模式中的人物都有隱逸及濟世的經歷，每個人的側重點都是李白不同歷史時期虛幻的自我象徵：未出時、「謝公一起」是他的希望；渴求入仕，希冀有郭隗遇燕昭、魯連見平原那樣的運氣，並想像「安社稷」一事畢，則仿效范蠡歸棹五湖。

隸事中人物形像的替換，一定程度上反映了李白在出與隱問題上的矛盾和憂慮，因此，他找不到一個完整的人物形像來展示他的模式，而只能組合。

這個矛盾同樣也表現在咏楚玉和燕珉的詩中。本來，錯把石作玉，或者錯把玉當石，主旨在於譏諷時人不辨眞僞，而李白關心的，卻是卞和獻玉的悲哀。卞和的災難既起於楚玉不識，也起於獻玉者有求賞之心。於是得出了結論：

既然是玉，當被人識；若被人識，必受災禍——一典型的怪圈

李白脫不出這個怪圈，可以說，前面所引之故實，都是這個怪圈的延申。李白詩中的用事常常以此爲中心，而范蠡、魯連的形象有時被轉換成諸如四皓、廣成子、王子喬等個人的形象，成爲脫出凡塵，不受災禍的理想化身，有時也可以轉換成比干、屈平等忠賢的形象，強調君子的獻身品質。

李白有關「出隱」的人生設計始終是虛幻的，他的現實生活中祇發生過一件事，即他時時提防的「災禍」—因永王事而下獄。這個虛幻的人生設計似乎可以被解釋爲一場人生夢。他作品中那首咏巫山事的詩，以及那咏莊周夢蝶的詩，既有點像懺悔，也有點像讖言。

這似乎有點牽強，但最先把這些聯繫起來的，是唐人任華，他的《寄李白》寫道：

莊周方物外，范蠡五湖同。

這是說李白，也是說唐人。李白的人生夢在唐代最先是由陳子昂做起來的，李白的那些典，差不多都在他的詩中出現過。祇不過不及李白浪漫。李白之後，唐人詩中仍繼續做這樣的夢李商隱就是其中的一人。

大雅久不作

——李白的散文和開、天時期的文風

朱金城　朱易安

李白的散文，留存至今共七十一篇。①其中古賦八首，書表九首，序二十三首，記、頌、贊二十首，銘碑、祭文十首，題跋一首。這個數字幾乎包括了李白集中詩詞以外的全部作品，所以，這裡所指的「散文」，應從廣義上理解。

李白的作品，在唐時已經散失了許多，李陽冰作序時稱其「當時著述，十喪其九」。可見他的散文與詩歌一樣，今天能見到的，僅是其中的一部份，極個別的尚有眞僞難辨的爭議。但總的說來，這些散文與詩歌一起，代表著一個完整的藝術體系，它與唐代文學的發展，有著千絲萬縷的聯繫。研究它的存在與開元、天寶時期的文風，對認識唐代文學發展中的某些問題，有一定的參攷價値。

一

爲了敘述方便，現將李白的散文分爲三類：一、古賦；二、書表序記；三、頌贊銘碑祭文。這種分類並不一定十分合理，目的僅在於能比較清楚地說明李白散文與傳統散文之間的繼承和革新。

李白集中的古賦，有《大鵬賦》、《擬恨賦》、《惜餘春賦》、《愁陽春賦》、《劍閣賦》、《明堂賦》、《大獵賦》等，這些作品從題材、內容、形式到表現手法、藝術風格，都深受漢賦及六朝抒情小賦的影響。具體地說，古賦又可以分爲兩種：即摹擬大賦（漢賦）的作品和摹擬小賦（六朝俳賦）的作品。

《明堂賦》、《大獵賦》等篇幅較長，屬於小賦，從謀篇布局到遣詞鑄句，都大量借鑑了班固的《兩都賦》、司馬相如的《子虛賦》、《上林賦》、楊雄的《羽獵賦》、王逸的《魯靈光殿賦》等漢魏人的作品，氣勢磅礴，辭意暢達，打破了齊梁以後俳賦典麗精工的格局。這些大賦雖脫胎於漢賦，還廣泛吸收了先秦兩漢諸子的筆法，尤其是《莊子》、《山海經》、《淮南子》等在創作題材和手法上都啓發過作者。如《大鵬賦》取材於《莊子、逍遙遊》，而描繪大鵬的誇張手法則移用了《莊子、外物》中任公子爲大鉤的寫法，大鵬與大魚那種震撼山川，驚動神鬼的形象如出一轍：

任公子爲大鉤巨緇，五十犗以爲餌蹲乎會稽，投竿東海，旦旦而釣，期年不得魚。已而大魚食之，牽巨鉤陷沒而下，鶩揚而奮鬐，白波若山，海水震蕩，聲侔鬼神，憚赫千里。………——《莊子、外物》

（大鵬）脫鬐鬣於海島，張羽毛於天門。刷渤澥之春流，晞扶桑之朝暾。憚赫乎宇宙，憑陵乎崑崙。一鼓一舞，煙朦沙昏。五岳爲之震蕩，百川爲之崩奔。………斗轉而天動，山搖而海傾。怒無所轉，雄無所爭。………——李白《大鵬賦》

李白的大賦在唐人同類作品中享有很高的聲譽，與其同時的任華稱贊說：「古來文章有奔逸氣，聳高格，清人心神，驚人魂魄。我聞當今有李白，《大鵬賦》、《鴻猷文》，嗤長卿，笑子雲，班、張所作瑣細不入耳，未知卿雲得在嗤突限否？②清人何焯也認爲，「《明堂》、《大獵》二賦，晉、宋以降未有此作。」③

另一類賦，明顯地摹擬了南朝江淹、庾信等人的抒情小賦。據說李白前後曾三擬《文選》，不如意，輒焚之，唯留《恨》、《別》二賦。④現《擬別賦》已不得見，僅存《擬恨賦》一首。後人評價說：「太白諸短賦，雕脂鏤冰，是江文通《別賦》等步驟。」⑤其實並不盡然，李白小賦中已經全然不是那種沁人心骨的冷色調和精雕細琢的風格，儘管作者努力使自己的作品接近南朝的意境，而字裡行間仍時時透露出清新自然的氣息：

登九疑兮望清川，見三湘之潺湲。水流寒以歸海，雲橫秋而蔽天。余以鳥道計於故鄉兮，不知去荆吳之幾千。於時西陽半規，映島欲沒。澄湖練明，遙海上月。念佳期之浩蕩，渺懷燕而望越。荷花落兮江色秋，風嫋嫋兮夜悠悠。臨窮溟以有羨，思釣鼇於滄洲。無修竿以一舉，撫洪波而增憂。歸去來兮人間不可以託些，吾將採藥於蓬丘。

——《悲清秋賦》

在這類小賦中，作者較多地吸取了楚辭的風格，甚至可以說，是把楚辭與六朝小賦的藝術特色揉合在一起，去表現悵然有所失的感慨。這裡沒有辭藻的堆砌和典故的拼湊，一切都是自然的流瀉。

李白小賦與六朝小賦的重要區別還在於它具有後者所沒有的開闊氣象以及一貫到底的完整性和流暢性。雖然作者本人和後代的評論者都承認，這些作品有一定的摹仿現象，但所獲得的成功，已經從形似、神似達到了脫穎而出的地步了，漢賦與六朝駢賦的藝術特質，已在李白身上形成了一種新的質和新的藝術風格。元人祝堯《古賦辨體》指出，李白的大賦，與《子虛》、《上林》等賦「首尾布敘，用事遣辭，多相出入」，「但俳之蔓雖除，律之根故在。雖下筆有光焰，時作奇語，只是六朝賦爾」。「故雖以小賦亦自浩蕩而不傷儉陋」。祝氏按文體的正格要求去衡量李白的古賦，不免有些遍激，卻也佐證了這樣的一個事實，即李白的古賦實質上已經從漢魏六朝的辭賦演變成為唐人的辭賦。書、表、序、記一類，在李白散文中占的比重較大。辭賦體裁的作品偏重於文學欣賞，而書、表、序、記則偏重於實用。不過，這些應用文字中，仍然可以見出李白行文的一貫風格和他那縱橫馳騁於文學傳統之中的深厚功力。許多書序幾乎都用賦的方法寫成，如《代壽山答孟少府移文書》：

近者逸人李白自峨眉而來，爾其天為容，道為貌，不屈己，不干人，巢由以來，一人而已。乃蚪蟠龜息，遁乎此山。僕嘗弄之以綠綺，臥之以碧雲。嗽之以瓊液，餌之以金砂。既而童顏益春，眞氣愈茂。將欲倚劍天外，挂弓扶桑，浮四海，橫八荒，出宇宙之寥廓，登雲天之渺茫。俄而李公仰天長吁，謂其友人曰：「吾未可去也。吾與爾達則兼濟天下，窮則獨善一身，安能餐君紫霞，映君青松，乘君鸞鶴，駕君蚪龍，一朝飛騰，為方丈蓬萊之人耳，此則未可也。」

文中既有大賦的鋪張起伏，又不拘泥於辭賦的聲律典故，寫得酣暢淋漓，聲情並茂。

與辭賦相比，書、表、序、記不再是單純的寫景抒情，而是將抒情與敘事緊密地結合起來，那些小賦中令人難以捉模的惆悵，爲坦率直切的眞情實感所替代。作品中強烈的主體意識和主體形象給源出於六朝的抒情紀事小品體裁，帶來了一系列新的變化。

《春夜宴從弟桃花園序》歷來被認爲是李白此類文字中最傑出的：

夫天地者，萬物之逆旅也；光陰者，百代之過客也。而浮生若夢，爲歡幾何？古人秉燭夜遊，良有以也。況陽春召我以煙景，大塊假我以文章。會桃花之芳園，序天倫之樂事。群季俊秀，皆爲惠連；吾人詠歌，獨慚康樂。幽賞未已，高談轉清。開瓊筵以坐花，飛羽觴而醉月。不有佳詠，何伸雅懷？如詩不成，罰依金谷酒數。

嚴格地說，這是一首以駢文體裁寫成的作品，在聲律、駢對、詞藻等方面也都具有駢文的特點。但是，文中雄渾開闊的氣象，跌宕轉折的文勢，典贍高華的風態和清麗自然的語言，則綜合體現了盛唐文學的特色。大部份的書、表、序、記用駢散相間的文體，同樣，也突出地顯示了相似的特點，例如《與韓荊州書》的開頭：

白聞天下談士相聚而言曰：生不用封萬户侯，但願一識韓荊州。何令人之景慕一至於此耶？豈不以有周公之風，躬吐握之事，使海內豪俊奔走而歸之，一登龍門，則聲譽十倍！所以龍盤鳳逸之士，皆欲收名定價於君侯，願君侯不以富貴而驕之，寒賤而忽之。則三千賓中有毛遂，使白得穎脫而出，即其人焉！

《任城縣廳壁記》一文以敘事見長，仍不減雄俊流麗之風：

魯境七百里，郡有十二縣，任城其衝要。東盤琅邪，西控鉅野，北走厥國，南馳互鄉。青帝太昊之遺墟，白衣尚書之舊里。土俗古遠，風流清高，賢良間生，掩映天下。地博厚。川疏明。漢則名王分茅，魏則天人列土，所以代變豪侈，家傳文章。

在這些作品中，李白的字句結構尚帶有駢文的特徵，而他的章法則突破了駢文滯重、裝飾的框架，常常開門見山，急轉直下，給人簡潔爽暢，一氣呵成的感覺。他注重文字的抑揚頓挫，而不受聲律拘束，使事用典化而無跡，詞藻華美而毫無矯揉造作之態。《上安州裴長史書》、《春於姑熟送趙四流炎方序》、《秋於敬亭送從姪耑遊廬山序》等篇都很有代表性，正如明人楊愼所說，李白是「神於文者」，「非工於文者所能及」⑥

頌、贊、銘、碑、祭文一類，也屬於應用文作品。與前一類不同的是，有比較嚴格的體制要求。李白這類作品基本上遵守傳統的規範，注重韻律，追求工穩。只是文風一如其舊。像《溧陽瀨水貞義女碑銘》、《武昌宰韓君去思頌碑》等都以鋪陳誇張的手法敘事，豪氣逼人。《志公畫贊》曾以吳道子畫、李白贊、顏眞卿書刻石，世稱三絕。⑦其他如《金銀泥畫西方淨土變相贊》等，也獲得唐人「宏拔清厲」的評價。⑧

李白的三類作品，各自都有自己的特點，但從整體上看，它們具有一些共同的品性。首先是受到傳統文學，特別是漢魏六朝文學的深刻影響。把漢魏六朝作爲一個概念，是爲了強調李白所受到的傳統影響，並非僅僅是六朝文學中比較突出的崇尚駢麗、講究聲律詞藻的習氣，而是指古典文學經過長期的積澱和發展，在六朝重新形成的、獨立的文學意識和實踐的綜合影響。李白的散文還體現了典型的盛唐時代風貌和美學風格。盛唐氣象是盛唐的時代特徵，從文學角度著眼，盛唐氣象也是開、天時期文學作品的美學特徵，它不完全是昇平、繁榮景象的體現，更主要的是一種堅定的自信和奮鬥精神，並表現爲雄渾、高昂、開闊、明朗的格調，這些特點在李白身上是很突出的，雖然李白的作品並不歡快。此外，李白的散文有駢散相間，以詩爲文的現象。散文的功能也偏重於抒情和敘事，較少有議論的成份，缺乏嚴密的邏輯性和思辯性。所謂主氣、不主意，主情、不主理的藝術方法，直觀上增添了他的散文作品的文藝性。

二

李白散文的藝術特點和文風，固然與其本人的個性、氣質、思想意識、人生遭遇等分不開的，但也和開、天之際的文學風尚緊密相關。

李白受到傳統文學的深刻影響，並非偶然。唐人對前代文學創作的學習和摹仿，甚爲普遍。與李白同時的杜甫也說過「熟精《文選》理」之類的話。⑨《文選》一書在當時曾廣泛流傳，初唐時已出現了各種注本。唐顯慶三年（六五六），李善上表進呈他的注本，開元六年（七一八），呂延祚又進呈了五臣注本，《文選》受到朝野文人的重視，幾乎人手一冊，作爲學習的範本。

《文選》由梁昭明太子蕭統領銜輯纂，是南朝文人文學觀念變革以後的產物。齊梁的文學創作處於新舊交替時期，對文學當如何體現自己的藝術特質，看法並不一致。《文選》編纂者的態度是折中的：「事出於沉思，義歸於翰藻。」⑩從入選作品的分類來看，除了詩賦之外，大部份尚屬「筆」的範疇，是注重文綵的應用文字。《文選》中梁代作品收得很少，特別是文的部份，大多爲先秦兩漢兩晉的作品，其中不乏爲後世古文家所重視的散文名篇，如賈誼的《過秦論》、司馬遷《報任少卿書》、諸葛亮《出師表》，以及子夏《毛詩序》、孔安國《尚書序》杜預《春秋左氏經傳集解序》、干寶《晉紀總論》等。駢文體裁的作品也很少有綺靡軟滑的文字，而恰恰推崇像陶淵明《歸去來辭》那樣既有骨力又追求優美澹泊意境的小品。《文選》雖然不收經、史、子類，卻選入了不少史論和史贊，如班固《漢書·述高紀》、范曄《後漢書·二十八將傳論》，沈約《宋書·謝靈運傳論》。此外，碑銘、祭文之類也有些很素樸流暢的序文，如潘岳《楊仲武誄序》、《夏侯常侍誄序》、謝惠連《祭古冢文序》等。

《文選》的流行，某種意義上表明，唐人接受了蕭統等人的文學觀念。唐人在理性上鄙視六朝文學，「自從建安來，綺麗不足珍」，⑪自四傑、陳子昂到李白以及元結、韓愈、元白，都堅持這種看法。但是，唐人並不摒斥文學特有的藝術表現方式，除了像王勃那樣少數偏激的理論之外，大多數唐人反對齊梁以來的淫豔之辭，卻依舊對楚辭漢賦中華美的辭藻感興趣，祇是強調「文質因其宜，繁約適其變」⑫。盧藏用《陳子昂集序》說：「孔子殁二百歲而騷人作，於是婉麗浮侈之法行焉。漢興二百年，賈誼、馬遷爲之傑，憲章禮樂，有老成人之風。長卿、子雲之儔，瑰詭萬變，亦奇特之士也。

……其後班、張、崔、蔡、曹、劉、潘、陸，隨波而作，雖大雅不足，其遺風餘烈，尚有典型。宋、齊已來，蓋憔悴逶迤，陵頹流靡。至於徐、庾，天之將表斯文也。」盧氏所說，基本上反映了初盛唐之際對文學的流行看法和對中國文學發展的評價。他們否定了宋齊以後的文風，卻沒有表示杜絕「婉麗浮侈之法」，徹底回到經學的範圍裡去。這樣，《文選》所提供的先秦兩漢兩晉時期代表作家的作品，倒成了唐人擺脫齊，梁以後過分駢麗綺靡文風的武器。再者，從另一個角度看，南朝文學中追求辭藻、聲律、駢偶等文學表現形式的完美，並非毫無傳統根源，正如唐人指出的那樣，可以溯源到屈、宋。不過，南朝文學的弊病在唐人眼中，似乎不僅僅在於辭藻淫艷，文句駢麗，關鍵在於「骨氣都盡，剛健不聞」。⑬於是，唐人在反對六朝文風的同時，仍然注重對詩文藝術形式的追求，向漢魏作品汲取營養的同時，也向兩晉及以後的文學汲取營養。也就是說，在實踐中，並不像在理論上那樣，排斥六朝的具體文學作品。唐代社會的現實生活爲唐人的文學創作開闢了天地，激發了他們的創作熱情，經過初唐的努力，開、天時期的詩文從內容、形式到風貌，都呈現出新的局面。但這並不能看成是反對六朝文風形成的結果，相反，在這份收穫中，也有六朝文學影響的功勞。

開、天時期的文，除去少量應制之作，基本上脫去了梁、陳的雕鑿習氣。長篇巨制增添了寬博渾重的氣勢，小品也從輕靡的格調趨嚮清朗疏快，出現了崇尙高華、自然的美學風格。開元初，張說，蘇頲被稱爲「燕許大手筆」，享有盛名。《舊唐書、張說傳》稱他「爲文俊麗，用思精密，朝廷大手筆，皆特承中旨撰述，天下詞人咸諷誦之。」張說長於碑文墓誌，文風穩健，文辭壯麗，駢文與散文均相當出色，如他的《洛州張司馬集序》用駢文寫成，層次清晰，繁簡得當，頗有氣勢：

洛州司馬張公名希元，中山人也。族高辰象，氣壯河山。神作銅鉤，天開金印。孝友內植，禮樂外滋。勵行閨庭，鄉人謂之曾子；飛名都邑，諸儒號曰聖童。下帷覃思，穿牖嗜古。蓬山芸觀之書，群玉懸金之記，魯宮藏篆，汲冢遺編，無不日覽萬言，暗識三篋。博學吞九流之要，處盈若虛；雄辨敵四海之鋒，退藏於密。

張說的文章並不很古樸，但他具有用典少，流爽自然的特點，甚至駢偶極工的碑銘文字也能做到文氣一貫到底，如《齊黃門侍郎盧思道碑》：

銘曰：或或黃門，實天生德。才蓋一世，榮聞四國。文王既沒。文在人弘。公爲宗臣，當朝與能。龍躍春齊，鳳鳴朝昇。或頌或變，或雅或承。理以神合，聲以妙征。高視睢渙，與君代興。人之云亡，十有一紀。斯文未喪，施於孫子。新作豐碑，德音不已。

綜觀保存在《全唐文》中開、天時期的各類文章，已經可以看到一定數量比較質樸的文字，特別是天寶以後，除了李華、蕭穎士、梁肅、元結等人，還有一些不甚有名的短小作品，如張景《河南縣尉廳壁記》：

縣尉能禦盜，而不能使民不爲盜。盜賊息，非尉之能；盜賊繁，過不在乎尉矣。上失其平，下苦其情；弱者困死，強者偷生，道之常也，豈樂盜哉？無竭民力，民心安益；無盡民物，民利豐實。居鄉聚族，有良有睦；履詐跡僞，有責有愧，民之常也，孰肯爲盜哉？故曰：能與過，不在乎尉，在時政之失爾。

這篇記文採用論說文的寫法，語言明白如話。透露了唐文將以議論為主，以散文為主的趨向。不過，崇尚高華的風格依然占居當時的文壇上的主導地位。這個特點，後來在賈至、陸贄等人的文章中仍有所體現。皇甫湜說賈至之文如「高冠華簪，曳裾鳴玉」，⑭正是指這種高華雄渾的氣格而言的。

開、天時期的文風與詞賦創作的盛行有些關係。開元十三載，進士加試詩賦，可見賦，特別是律賦已經成為唐人很重視的體裁。⑮詩賦上的成就，被認為是有才華的表現，也是躋身於仕途的必要條件之一，所謂「開元以後，四海晏清，無賢不肖，恥不以文章達」。⑯此外，制諾奏章請狀諸文多用駢體，文體的制約使作品不可能過份拙樸，而總是偏於華美。當時著名的文章，流傳廣泛的作品，大多為辭賦，如李白的《明堂賦》、《大獵賦》，杜甫的三大禮賦，呂向的《美人賦》，李華的《含元殿賦》等。這一時期，人們對詞人和散文的評價，一般都要把有無文綵作為標準之一，如道士吳筠的文章就被譽為「辭理宏通，文綵煥發」。⑰當然，從開元初到天寶末，文學風尚也有一些變化，天寶中後期，文壇上重散尚質的審美要求正在漸漸形成，文體文風的改變也已成為一種必然趨勢。這在探索唐代散文發展的過程中值得重視，而就開、天時期本身的文學創作著眼，並不能因為這種走向日趨明朗，而忽視了盛唐時期的主導文風。在開、天時期的作品中，可以找到十分成熟的散文，同樣，在天寶以後乃至古文大發展的中唐，也可以找到典型的駢麗作品，但這些都不是代表時代風貌基本特色的東西。

盛唐詩歌的高度發展，對開、天時期的文風形成，有相當大的影響。如前所述，李白的散文與他的詩歌就有許多共同之處，以至後人說他的文簡直就是「歌詩」。的確，在他那裡，可以找出詩與文相對應的作品：

咸陽之南直望五千里，見雲峰之崔嵬。前有劍閣橫斷，倚青天而中開。上則松風蕭颯瑟颸，有巴猿兮相哀。旁則飛湍走壑，灑石噴閣，洶湧而驚雷。送佳人兮此去，復何時兮歸來？望夫君兮安極？我沉吟兮難息。——《劍閣賦》

噫吁嚱！危乎高哉！蜀道之難，難於上青天！……西當太白有鳥道，可以橫絕峨眉巔。……黃鶴之飛尚不得過，猿猱欲度愁攀援。……連峰去天不盈尺，枯松倒挂倚絕壁。飛湍瀑流爭喧豗，砅崖轉石萬壑雷。……劍閣崢嶸而崔嵬。……錦城雖云樂，不如早還家。蜀道之難，難於上青天，側身西望長咨嗟。——《蜀道難》

東風歸來，見碧草而知春。蕩漾惚怳，何垂楊旖旎之愁人？天光青而妍和，海氣綠而芳新。……魂與此兮俱斷，醉風光兮悽然。若乃隴水秦聲，江猿巴吟。明妃玉塞，楚客楓林。試登高而望遠，痛切骨而傷心。——《愁陽春賦》

燕草如碧絲，秦桑低綠枝。當君懷歸日，是妾斷腸時。春風不相識，何事入羅帷？——《春思》

這些辭賦和歌詩，不僅辭句有相似之處，風格情調也一脈相承。又如《觀佽飛斬蛟龍圖贊》用五言寫成，簡直就是一首排律：

飲飛斬長蛟，遺圖畫中見。登舟既虎嘯，激水方龍戰。驚波動連山，拔劍曳雷電。鱗摧白刃下，血染滄江變。感此壯古人，千秋若對面。

上述情況同樣反映在其他作家的身上，如王維的詩文也有很典型的例子：《山中與裴迪秀才書》與他《輞川集》中的寫景詩藝術手法和意境十分相近。又如高適《東征賦》與他的邊塞詩，陶翰《送孟大入蜀序》與他的寫景小詩……。與上述情況相反，獨孤及、李華、蕭穎士等擅長和提倡古文的作家，他們的詩歌創作則不甚著名，留下來的作品似乎都沒能達到盛唐詩歌那種藝術境地。

開、天時期的詩歌，歷來被認爲是唐詩的高峰，特別是七言歌行和近體詩這些在唐代發展成熟的詩歌樣式，在開、天時期出現了很高的藝術成就。七言歌行創作手法和藝術風格有敷陳恣肆的特點，而嚴格的駢偶聲律則是近體詩特有的藝術形式。在這個詩歌創作極爲普及的時代裡，詩歌創作手法不能不滲透到唐文的創作中去，體現在頗有成就的詩人身上則愈加明顯。當然，每個作家的個人風格與詩文之間影響的程度各不相同，就整體而言，唐詩對唐文的影響在開、天時期主要表現爲重抒情、重格律。此外，盛唐詩歌不事雕琢，一氣呵成的那種崇尚自然的特色，與唐文駢散相間，舒和高暢的風格基本一致。祇是由於盛唐詩歌的成就比唐文更加突出，又由於後世古文家的勢力大大增強，因而開、天時期的散文，便不很引人注目了。

三

李白的散文與開、天時期的文風的這種有趣關係，能給我們什麼啓示呢？筆者以爲有三個方面值得探討。

第一，唐代文學中，各種文學樣式的發展呈現出交雜錯縱的狀況，各種文學樣式之間，各種文學樣式中的各種類別之間，都在相互影響，趨向融合而又不斷產生新的分離。就詩歌與散文兩種樣式而言，兩者都在本身的發展中不斷相互影響，如果說，李白以詩爲文是受到詩歌的深刻影響，那麼，杜甫的以文爲詩是否能說明散文對詩歌產生了作用呢？事實上各種文學樣式之間在這種相互影響、相互融合的過程中，對各自的功能和表現方式進行互補，起了豐富藝術表現能力的促進作用。例如，以詩爲文，將詩歌的抒情特色移植到散文中，不僅增強了散文的抒情功能，還能使散文具有詩歌般的語言和意境，以文爲詩，則擴充了詩歌中的敘事和議論成份，對於深化詩歌的主旨，開闊氣度也不無俾益。這樣的情況同樣也會出現在某個文學樣式的各種類別之間，例如，古人把詩賦歸爲一類，詩賦兩者的文體也始終存在著相互影響、相互融合的趨勢。又如駢散文之間也很難各自嚴守門戶，駢文不免用散句來調節，而散文中也總會出現一些偶對的辭句。有時這種影響所產生的效果非常明顯，尤其是當某一種文學樣式具有強大的生命力的時候。因此，在研究某一類作品時，不應忽視這種影響。開、天時期的詩文發展，詩強於文，但詩與文也並非互不干擾；駢文發展盛於散文，但也並不意味著散文發展沒有影響駢文。開、天時期出現了駢散融合的散文創作方法，各類文體之間的相互影響是一個重要因素。例如，唐代的史學以及史傳文體就直接影響了散文的發展。這在書、表·記、序一類中十分突出。當時的這類作品，大都已看不出什麼固定的格式，不僅駢散隨意，而且文章的結構，步驟都信手爲之。碑銘之類多用韻文，但章句法都趨於簡潔、質實。如張說的許多碑銘，都採用記傳的作法，顯得自然生動；以後散文大家韓愈也採用這種方法作碑文。因此研究唐代文學的發展，不僅要注意各種文學樣式的縱向發展線索，同時也應注意各類文學樣式的橫向聯繫。

第二，唐代文學與文學批評的發展不是完全同步和緊密相關的。唐人創作與文學理論在處理情與理、文與質的矛盾時，往往受到多方面的制約，有許多創作與理論不一致，動機與效果不一致的地方。文學理論對社會政治、歷史文化諸因素比較敏感，常常因時代的變革或某種政治觀念的需要，迅速提出新的主張，而文學創作則較多地受到前代風尚與傳統的影響，需要經過一段時間，才能逐漸地轉變以適應新的文學主張。此外，作品本身的影響也與理論主張不同，理論可以提綱挈領，觀點鮮明，一個比較完整的文學理論體系對基本觀點的闡述，一般不會產生理解上的分歧，而文學作品則不同，作品是具體的，多義的。同一個文學作品文本，可以產生不同的閱讀效果。讀者常常不去在乎作者的創作環境和意圖，而僅憑他們自己的經驗和需要，從不同的角度各取所需。唐人對漢魏六朝文學的態度便是如此。唐人對六朝文學的具體作品，接受角度很不一致。《文選》的流行，很能說明問題。唐初李善注《文選》，用訓詁的方法，目的爲了使人們能掌握運用作品中的詞匯和典故，豐富自己的文學創作。開元初，呂延祚集五臣注，則是出於對李注的不滿。他斥李注爲「末學」，認爲《文選》的作品含有教化作用：「鳳雅其來，不之能尚，則有遺激切，揆度其事。宅心隱微，晦滅其兆，飾物反諷，假時維情，非夫幽識，莫能洞究。」⑱而《文選》在唐代文學發展中所起的雙重作用，則是李、呂二人所沒有料到的。至於後世文人從《文選》中汲取了大量的藝術素養，而不是教化的方法，更是《文選》的編著者所沒有能料到的。唐代文學發展中這些錯綜複雜的關係，使尙文尙質的兩大派不可能涇渭分明，這是闡述和評價流派和作家時應當注意的。

第三，唐代文學的發展，是與某種特定政治文化氣候之間產生矛盾和統一的結果。六朝文學演變成爲唐代文學，一般認爲，這個發展說明文學本身的發展與時代的要求是相一致的。事實上，唐代文學，特別是近體詩的高度發展以及駢文的盛行，與從隋、初唐就已經顯露出來的提倡復古的理論傾向，存在著尖銳的矛盾。從開、天時期的創作中也可以看到，文學本身仍然不斷地、強烈地表現出自己與其他學科不同的特徵，而儒家文化，哲學思想的再度強盛，卻希望把文學重新納入經學的軌道，唐代文學的發展，是與之不斷鬥爭，不斷調和，力求統一的結果。堅持儒家文學觀念與實踐，常常以排斥文學所具有的獨特的表現方式爲前提，甚至視文學特性較強的「文人之詞」等而下之。如尙衡曾經說過：「君子之作，先乎行，行爲之質；後乎言，言爲之文。行不出乎言，言不出乎行，質文相半，斯乃化成之道焉。」「詞士之作，學古以攄情，屬詞以及物。及物勝則詞麗，攄情逸則氣高。高者求淸，麗者求婉。耶乎質，貴乎情，而忘其志，斯乃頹靡之道焉。」⑲他把「文」分爲三等：君子之文爲上等，志士之文爲中等，詞士之文爲下等。這種政治文化氣候一定程度上阻礙了文學發展藝術性，可是，文學本身卻不斷地進行掙扎，其中以不斷地豐富和完善自己的藝術表現形成最突出。天寶後期至大歷時期，復古尚質的文學思潮日趨嚴重，而文學創作中追求藝術形式完美的仍大有人在，杜甫的律詩拗體便是一例。這種鬥爭的結果，往往以調和與統一——即「文質並重」而得到暫時的緩和。有趣的是，提倡「文質並重」，往往又會掩蓋著注意藝術形式發展的創作傾向，這種傾向，又往往是文人們不自覺的行爲，一種與流行的文學主張相違背的行爲，如開、天時期詩文創作的巨大成就，中唐時韓柳散文的大發展等等。唐代儒學的再度振興，對文學發展影響極大，甚至包括創作手法和創作風格的變化。開、天以後，唐代詩文都失去了主情、主氣的特點，而轉向主意主理，唐代中後期詩文以外的文學樣式的興起，在某種意義上說，不能不是因爲限制了詩文的抒情功能和藝術特性，而迫使文學另尋生路。

唐代文學的發展和發展方式、發展方向的形成，是個極爲複雜的問題，由李白的散文聯繫到開、天時期的文風，又由文風聯繫到唐代文學的發展，旨在探求李白在中國文學史上的特殊地位和作用，但本文似乎提出的問題要比解答的問題多，因爲筆者以爲，問題的提出，往往要比問題的解答更有參攷的價值。

【註　釋】

① 本文統計數及所引李白作品均據《李白集校注》（一九八〇年上海古籍出版社）

② 任華《雜言寄李白》

③ 見《李白集校注》評箋所引《陸本李集校評》。

④《酉陽雜俎》
⑤《古賦辨體》
⑥參見《升庵全集外集》
⑦見葉奕苞《金石錄補》。
⑧參見《苕溪漁隱叢話》。
⑨杜甫《宗我生日》
⑩參見周勛初《梁代文論三派述要》（《中華文史論叢》第五輯）
⑪李白《古風五十九首》第一。
⑫令狐德棻《周書·王褒庾信傳論》。
⑬楊炯《王勃集序》
⑭皇甫湜《諭業》
⑮參見《唐會要》及徐松《登科記考》。
⑯沈既濟《詞科論序》
⑰參見《舊唐書、吳筠傳》
⑱《進集注文選表》
⑲《文章元龜》

元稹引出的公案

——關於「李杜優劣」

朱易安

自從元稹《唐檢校工部員外郎杜君墓系銘》書成之後，李白與杜甫的比較研究，便成爲唐代文學研究中令人注目的專題了。雖然齊名並不意味著必須分出優劣，但「李杜優劣」的爭論一直存在於文學史論的發展中，成爲一個很有趣的文學現象。有學人已經做過一些歸納工作，羅列出某些人楊李抑杜；某些人揚杜抑李，所以筆者不再打算作重複的勞動，祇是想通過「李杜優劣論」的變遷來思考一些問題。既是論述「變遷」，總要先從實例入手。於是選擇了明代，這是因爲有明一代詩宗盛唐，對唐詩的熱情又相對集中在藝術表現方式上，他們把李白、杜甫等盛唐大家的作品當作楷模，悉心摹擬，並企圖通過對唐人詩歌體制聲律，興象風神細緻入微的比較分析，去把握唐詩的特質及其藝術表現規律。對李白杜甫進行比較研究，是明代唐詩研究的重要組成部份，它的深度和廣度，都超過了宋元時期。

一

明人李杜比較的範圍很廣泛，涉及李杜的生平、爲人、品行等等，不過，最集中的仍是他們的詩歌創作本身。首先是李白與杜甫創作手法和藝術風格上的差異。明人論李杜詩風及表現方式的異同，有比較抽象的概括性描述，也有十分瑣屑的詞語韻律分析。雖然某些點已爲前人點到，而明人的論述則往往更加精細。如他們比較李杜詩歌創作中遣詞鑄句、體制聲律上的差別就很有獨到之處：

子美五言絕句皆平韻，律體景多而情少；太白五言絕句平韻，律體兼仄韻，古體景少而情多。——《四溟詩話》卷二

太白不成話者少，老杜不成語者多，如「無食兒」、「舉家聞」、「若欵」之類。——《藝苑卮言》卷四

李杜二人各有所長，也是明人比較的集中點，如：

太白詩「天山三丈雪，豈是遠行時。」又云「水國秋風夜，殊非遠行時」。「豈是」、「殊非」，變幻二字，愈出愈奇。孟蜀韓琮詩「晚日低霞綺……」亦是太白句法。

五言律，八句不對，太白、浩然集有之，乃是平仄穩貼古詩也。——《昇庵詩話》卷二

子美《遣意》二首，皆偏入格：「四更山吐月，殘夜水明樓。」突然而起，似對非對，而不失格律。——《四溟詩話》卷三

明人辨析李杜詩歌創作中體制聲律、選辭用韻的差別，不完全限於單純的詩格詩法研究，而是通過兩人在詩格詩法上的變化，來說明他們藝術風格上的明顯差異，這樣，李杜兩家細微的區分便逐一被揭示出來：

杜之律，李之絕，皆天授神詣。然杜以律爲絕，如「窗含西嶺千秋雪，門泊東吳萬里船」等句，本七言律壯語，而以爲絕句，則斷錦裂繒類也。李以絕爲律，如「十月吳山曉，梅花落敬亭」等句，本五言絕妙境，而以爲律詩，則駢拇枝指類也。——《詩藪》內編卷六

太白五言軼蕩處多似明遠，而矯逸過之。……太白五言古多轉韻體，其聲調彷於劉孝綽、薛道衡諸子。蓋太白往往乘興，一掃而就，轉韻甚便耳。——《詩源辯體》卷十八

子美五言古……皆苦心精思，盡作者之能，非率然信筆所能辦也。子美五言古凡涉敘事，紆回轉折，生意不窮；雖有結屈之失，而無流易之病。——同上卷十九

明人把詩人的才情、風格和詩歌的格調看作相互聯繫的整體，因此，在比較李杜藝術風格的同時，也力圖將兩人的特長與他們的創作方法和風格聯繫起來，並用以說明李杜風格差異的原因：

太白筆力變化極於歌行，少陵筆力變化極於近體。李變化在調與詞，杜變化在意與格。然歌行無常矱，易於錯綜；近體有定規，難於伸縮。調詞超逸，驟如駭耳，索之易窮；意格精深，始若無奇，繹之難盡。此其稍不同者也。

太白五言沿洄魏、晉，樂府出入齊、梁，近體周旋開、寶，獨絕句超然自得，冠古絕今。子美五言《北征》、《詠懷》，樂府《新婚》、《垂老》等作，雖格本前人，而調出己創。五七言律廣大悉備，上自垂拱，下逮元和，宋人之蒼，元人之綺，靡不兼總。故古體則脫棄陳規，近體則兼該眾善，此杜所獨長也。——《詩藪》內編卷四

從詩歌的字句、聲律著眼，尋求唐代詩歌中所顯現的興象風神，辨析各家藝術風格的異同，這就是明人比較李白杜甫的主要方法，在比較李杜藝術風貌及創作手段的淵源與影響時，也採用了這種方法。

明人認爲，李杜詩歌的表現手法源於《詩經》、《楚辭》和漢魏六朝文學傳統，但各人擅長和具體的繼承則不盡相同，如他們普遍認爲李白繼承了《國風》的藝術手法，而杜甫則更多地得力於《雅》、《頌》。①又如李白偏好謝脁，杜甫則欣賞庾信。②在李杜作品的字裡行間均可找到他們對傳統詩歌繼承創新的痕跡：

徐陵詩「竹密山齋冷，荷開水殿香」。太白詩「風動荷花水殿香」，全用其語。——《昇庵詩語》卷二

陳後主曰：「日月光天德，山河壯帝居。」氣象宏闊，辭語精確，爲子美五言句法之祖。——《四溟詩語》卷二

「春風宛轉入曲房，兼送小苑百花香。白馬金鞍去未返，紅妝玉筋下成行。」此詩緣情綺靡，漸入唐調。李太白、王少伯、崔國輔諸家皆效法之。——《昇庵詩話》卷十四

李太白終始學選詩，杜子美好者亦多是效選詩。後漸放手，初年甚精細，晚年橫逸不可當。——同上卷十三

七平七仄詩句：「吐舌萬里唾四海」（宋玉《大言賦》），「七變入臼米出甲」（緯書），「

一月普見一切水，一切水月一月攝」（佛經），「離袿飛髾垂纖羅」（《文選》），「梨花梅花參差開」（崔魯），「有客有客字子美」（杜甫）。——同上卷一

明人認爲，傳統詩歌對李杜的影響只是他們藝術風格及創作手法迥異的原因之一，兩位大家在形成自己獨特的藝術風貌時對傳統的變革，才是主要原因。他們對李杜詩歌淵源的追尋并不滿足於某字某句出於何處這樣一些細故末節，而是通過對個別的歸納，找到李杜異同的一般規律：

> 太白五言古，七言歌行，多出於漢魏、六朝，但化而無跡耳。若子美五言古，雖亦源於古選，而以獨造爲宗，歌行又與漢魏、六朝迴別。——《詩源辯體》卷十八

> 少陵苦於摹情，工於體物，得之古賦居多，太白長於感興，遠於寄衷，本於十五《國風》爲近。——《詩鏡總論》

> 江淹有《古離別》，梁簡文、劉孝威皆有《蜀道難》，及太白作《古離別》、《蜀道難》，乃諷時事，雖用古題，體格變化，若疾雷破山，顛風簸海，非神於詩者不能道也。——《四溟詩話》卷一

> 少陵不效四言，不仿《離騷》，不用樂府舊題，是此老胸中壁立處。然《風》、《騷》、樂府遺意，杜往往深得之。太白以《百憂》等篇擬《風》、《雅》，《鳴皋》等作擬《離騷》，俱相去懸遠，樂府奇偉，高出六朝，古質不如兩漢，較輸杜一籌也。——《詩藪》內編卷二

這些說法，雖然都有一定的片面性，但其中卻不乏對李杜兩家某些藝術特點精闢而簡潔的概括。明人

還指出，李杜兩家在繼承與革新上的差別，不僅導致兩人本身詩歌創作風貌的不同，而且對後世的影響也千差萬別，正如胡應麟所說的那樣：

李杜二公，誠爲勁敵。杜陵沈鬱雄深，太白豪逸宕麗。短篇效李，多輕率而寡裁；長篇法杜，或拘局而靡暢。——《詩藪》內編卷三

他還指出，李杜的差別直接影響了中晚唐詩風的形成：

太白幻語，爲長吉之濫觴，少陵拙句，實玉川之前導。——同上內編卷三

杜之《北征》、《述懷》，皆長篇敘事，然高者尚有漢人遺意，平者遂爲元、白濫觴。——同上內編卷二

明人還意識到宋人受杜甫的影響要超過李白，這是因爲杜甫詩歌創作的某些藝術傾向對宋詩有開風氣之先的功績，如謝榛指出：

七言絕、律，起句借韻，謂之「孤雁出群」，宋人多有之。寧用仄字，勿借平字，若子美「先帝貴妃俱寂寞」、「諸葛大名垂宇宙」是也。——《四溟詩話》卷一

通過上述的具體比較，明人對李杜詩歌藝術有了系統的認識，雖然這些局限於詩歌外在的藝術表現形式，而相對於宋、元兩代，卻顯得豐富、周詳。在這個基礎上，他們評價李白、杜甫在文學史上歷史地位也較爲公允，如論述李杜并重，往往不像宋元人那樣籠統，而能十分具體地說明李杜在唐代詩歌發展中的地位和作用，論述李杜各有所擅，也不停留在「太白有一二妙處，子美不能道，子美有

一二妙處，太白不能作」③的結論上，而是窮追兩人的妙處，並竭力詮釋「不能道」的原因：

闔闢縱橫，變幻超忽，疾雷震霆，淒風急雨，歌也，位置森嚴，筋脈聯絡，走月流雲，輕車熟路，行也。太白多近歌，少陵多近行。——《詩藪》內編卷三

李杜才氣格調，古體歌行，大概相埒。李偏工獨至者絕句，杜窮變極化者律詩。——《詩藪》內編卷四

太白有大家之材，而局量稍淺，故騰踔飛揚之意勝，沈深典厚之風微。昌黎有大家之具，而神韻全乖，故紛拏叫噪之途開，蘊藉陶熔之義缺。杜陵氏兼得之。——同上

王世貞在《藝苑巵言》中曾經比較了李杜的差別，並指出差異的根本所在：

李杜光焰千古，人人知之。滄浪並極推尊，而不能致辨。元微之獨重子美，宋人以爲談柄。近時楊用脩爲李左袒，輕俊之士往往傳耳。要其所得，俱影響之間。五言古，選體及七言歌行，太白以氣爲主，以自然爲宗，以俊逸高暢爲貴，子美以意爲主，以獨造爲宗，以奇拔沈雄爲貴。其歌行之妙，詠之使人飄揚欲仙者，太白也，使人慷慨激烈，歔欷欲絕者，子美也。《選》體，太白多露語率語，子美多雅語累語……五言律七言歌行，子美神矣，七言律，聖矣。五七言絕，太白神矣；七言歌行，聖矣；五言次之。太白之七言律，子美之七言絕，皆變體，間爲之可耳，不足多法也。

王世貞的這段話，本意在於李杜不可優劣，對李杜的評價，也帶有王氏的主觀色彩，但它卻總結了有

明一代的李杜比較研究，不僅從風格、體裁上詳細辨析了李杜異同，而且指出李杜不可磨滅的歷史作用不是在於繼承漢魏古詩的質樸，而在於他們對唐代歌行及近體詩的貢獻。王氏認爲，李杜的差異，在李白主氣，而杜甫主意，這就爲明代李杜比較研究理出了一條清晰的脈絡。明人標舉盛唐，而盛唐諸家之中，又專崇李杜，但是，從字句、聲律到興象風神，李白與杜甫都有明顯的分界，而這種分界，又是盛唐與中唐詩歌的分界，甚至是唐詩與宋詩的分界。這些認識，使明代的李杜比較不滿足於李杜優劣的爭論，以及李杜本身異同的比較，而把作家與作家、作品與作品之間的單嚮研究引入更高的層次——唐詩發展史的研究。

二

明人已經有了比較完整的「初」、「盛」、「中」、「晚」唐的概念，把唐詩劃分成四個階段，是承認唐代詩歌存在著流變的表現。標舉盛唐，從某種意義上說，是認爲盛唐詩歌最能體現唐詩的特質。明人對唐詩的這些看法，一方面是受到前代人的影響，另一方面是通過對唐代各個時期作家作品的比較而自己得出的結論。李杜比較，正是在考察唐詩流變的背景下進行的，同時，李杜的異同，也反過來說明唐詩的流變。

胡應麟指出：「李（白）才高氣逸而調雄，杜（甫）體大思精而格渾。超出唐人而不離唐人者，李也；不盡唐調而兼得唐調者，杜也。」這就是，李白詩歌的藝術風貌雖然超邁致極，基本上仍然體現了唐詩最典型的格調，而杜甫雖然集唐詩各體之大成，而體式體貌都發生了「新變」，成了與唐詩主導風格不完全一致的「別調」。

明人認爲，李白的古風及歌行，受到漢魏六朝傳統較深的影響，他將能出自漢魏六朝的古調融進自己的藝術裡，「化而無跡」，成爲「太白已調」。④所以，李白的歌行「雖出自古樂府、齊、梁，而高暢俊逸，觀者知爲太白，不知爲古樂府、齊、梁也。」⑤杜甫則不同，他的樂府歌行，雖然與前代詩歌有因承關係，而突出了以「獨造爲宗」，因此，「五七言樂府，太白雖用古題，而自出機軸，故能超越諸子，至子美則自立新題，自創已格，自敘時事。」⑥李杜的近體詩，呈現出各自不同的風貌，也與他們的「化」和「變」有關：「太白五七言絕，多融化無跡，而入於聖。」原因是「太白中多古調，故又超絕」。⑦王世貞曾經說過：「七言絕句之源出於樂府，貴有風人之致，其聲可歌，其趣在有意無意之間，使人莫可捉著。盛唐唯青蓮、龍標二家詣極。李更自然，故居王上」。杜甫長於五七言律，但他的創作「命意創句與諸家不同」，「盛唐諸公，唯在興趣，故體多渾圓，語多活潑。若子美則以意爲主，以獨造爲宗，故體多嚴整，語多沉著耳。」這樣，李杜之間的區別，就不僅是作家個人藝術風格之間的差異，而是唐詩發展中某一階段與另一階段之間的差異了。那麼，李白與杜甫是否能成爲盛唐詩歌風格的代表呢？顯然，在與盛唐主導藝術風格進行比較中，李杜與盛唐的其他作家都是有同有異的，而李白與杜甫的「異」又不相一致。與盛唐「體多渾圓，語多活潑」，一味雄渾秀麗的特點相比，李白展示了他個人的才華和個性特徵—「超越」，如他的五七言律，「以才力與興趣求之，當知非諸家所及，若必於句格法律求之，殆不能與諸家爭衡。」「太白才大興豪，於五七言律太不經意，故每失之於放，蓋過而非不及也。」⑧儘管如此，李白仍然保留了盛唐藝術風格中「渾圓」的一面。杜甫則突出了「變」，「盛唐一味秀麗雄渾，杜則精粗、鉅細、巧拙、新陳、儉易、淺深、濃淡、肥瘦，靡不畢具。參其格調，實與盛唐大別。其能會萃前人在此，濫觴後世亦在此。」⑨杜甫的「變」，主要表現在他的詩風不夠「渾圓」，「盛唐句法渾涵，如兩漢之詩，不可以一字求。至老杜而後，句中有奇字爲眼，才有此，句法便不渾涵。」⑩因此，相對於盛唐的主導風格，不是「超越」，而是一種新風格的開端。當然，杜甫本身體現對於盛唐的「變」並不十分明顯，因爲他仍有一部份作品兼有盛唐的「渾圓」。明人對他的評價是「杜公諸作，眞所謂心中有變，大而能化。」⑪稱他爲「集大成者」自然是很恰當的。不過，杜甫的「集大成」並非僅僅集前代之大成，而是「上自垂拱，下逮元和，宋人之蒼、元人之綺，靡不兼總」。⑫這又是杜甫「不盡唐調」的一面。明人宗盛唐，崇李杜，而李杜異同與唐詩流變的聯繫則引起他們的注目：

> 唐人才超一代者，李也；體兼一代者，杜也。李如星懸日揭，照耀太虛；杜若地負海涵，包羅萬匯。李唯超出一代，故高華莫並，色相難求；杜唯兼總一代，故利鈍雜陳，鉅細咸畜。──《詩藪》內編卷四

明人認爲，唐代的詩歌創作於不同時期有著不同的體式體貌：「唐詩之變漸矣，隋氏以還，一變而爲初唐，貞觀垂拱之詩是也。再變而爲盛唐，開元、天寶之詩是也。三變而爲中唐，大歷貞元之詩

是也。四變而爲晚唐，元和以後之詩是也。」⑬各種時期的主導風格也有差別，以七律爲例，「初唐體質濃厚，格調整齊，時有近拙近板處。盛唐氣象渾成，神韻軒舉，時有太實太繁處。中唐淘洗清空，寫送流亮，七言律至是，殆於無可指摘。而體格漸卑，氣運日薄，衰態畢露矣。」⑭明人認爲，唐詩的流變，表現爲各個時期主導風格的變化，而這些變化首先在不同時期詩人作品的體制、聲律以及不同的創作手法上反映出來，如「七言絕句，盛唐主氣，氣完而意不盡工，中晚唐主意，意工而氣不甚完。」⑮以這些標尺來衡量李白與杜甫之間的異同，如李白的近體主情主氣，而杜甫的詩主意，李白的詩化而無跡，杜甫的詩句中有眼等等，不正是從唐詩的分期著眼，說明李白的超越與杜甫的新變嗎？

在明人的眼裡，李白較多地體限了唐詩從形成到成熟這一發展階段的主導風格。高棅的《唐詩品彙》在各體詩歌編選中，把李白列爲「正宗」，他引朱熹的話說：「太白詩如無法度，乃從容於法度之中，蓋聖於詩者。」⑯高棅稱李白的七言古詩是「天仙之詞，雖少陵尤有讓焉。」⑰至於七絕，評價更高：「盛唐絕句，太白高於諸人。」⑱李白的詩幾乎渾然天成，無跡可尋。所謂「大小短長，錯綜無定，然自是正中之奇。」⑲杜甫的創作手法多與盛唐詩人不同，高棅認爲杜甫藝術成就很高的七律作品「律法獨異諸家」。⑳明人在考察杜甫「獨異諸家」方面做了許多努力。如他們發現杜甫喜歡用仄聲字和虛字：「五七言古詩仄韻者，上句末字類同平聲，唯杜子美多用仄。」㉑「子美《和裴迪早梅相憶》之作，兩聯用二十二虛字，句法老健，意味深長，非鉅筆不能到。」㉒杜甫還善用「倒字倒句法」，而這些恰恰是中晚唐詩人及宋代詩人的創作特色。因此，明人認爲李白的詩「想落意外，局自變生」，「其殆天授，非人爲也」。杜甫的詩「作意好奇，則於天然之致遠矣」。㉓相比之下，杜甫的風格更接近中晚唐的主導風格，在盛唐詩歌轉向中唐的過程中，杜甫擔負了承前啓後的作用。

李杜異同在唐詩的發展史中得到了比較圓通的解釋，同樣，李杜異同也被用以說明唐詩的流變。

明人把唐詩的流變劃分成初盛中晚四個階段，並認爲初盛唐是唐詩逐漸形成自己藝術特質的階段，而中晚唐則是唐詩逐漸失去盛唐之音所代表的唐詩藝術特質的過程，他們十分注重唐詩特有的「唐調」以及唐詩的興象風神，反對宋人以文爲詩，指出「宋人主理，作理語」，混淆了詩與文的區別。李夢陽曾經說過：「詩有七難：格古，調逸，氣舒，句渾，音圓，思衝情以發之。七者備而後詩昌也。然非色弗神，宋人遺茲矣，故曰無詩。」㉔如果我們撇開他的復古意識和對宋人的偏執來理解，不難看出，李夢陽的詩歌美學觀，正是對盛唐詩歌那種渾然無跡的藝術特色的崇尚。中唐以後，唐詩漸漸失去這種特色，特別元和年間，韓孟的奇崛，元白的平暢，張王的恣肆，盧劉的險怪，呈現出與盛唐迴然的新詩風，被認爲「快心露骨」、「專尚理致，於是意見日深，議論愈切」、「氣格頓衰」。㉕唐詩的這些變化，並非成於一朝一夕。他們注意到盛唐詩人已經孕育著中唐的新詩風：

> 唐律由初而盛，由盛而中，由中而晚，時代聲調，故自必不可同。然亦有初而逗盛，盛而逗中，中而逗晚者。何則？逗者，變之漸也，非逗，故無由變。如《詩》之有變《風》變《雅》，便是《離騷》之祖。子美七言律之拗體，其猶變《風》變《雅》乎？……子美全集，半是大曆以後，其間逗漏，實有可言。——《藝圃擷餘》

王世懋的這段話，把高棅已經注意到的杜甫「律法獨異諸諾家」的看法，引入對盛、中晚唐詩風轉變的詮釋，按照他的觀點，逗開中唐詩風的主要詩人，當推杜甫，何況他的作品相當一部份完成於大曆以後。

明人開始將杜甫的「異」與元和的「變」聯繫在一起，並把他看作中唐詩歌新風貌的濫觴。如許學夷指出，杜甫的一部份七言律詩「以歌行入律，是爲大變」。他認爲「律詩詣極者，以圓緊爲正，駘蕩爲變」。杜作「雖通篇對偶而淋漓駘蕩，遂入小變。機趣雖同，體制則異也。」㉖基於唐詩向宋詩發展爲「漸變」的認識，明人把宋詩詩風產生的根源從元和詩人上溯到杜甫：

子瞻多用事實，從老杜五言古排律中來，魯直用生拗句法，或拙或巧，從老杜歌行中來。介甫用生重字力於七言絕句及頷聯內，亦從老杜律中來。——《藝苑卮言》卷四

（杜甫）五言古如《柴門》、《杜鵑》、《義鶻》、《彭衙》，用韻錯雜，出語豪縱，七言如《魏將軍歌》、《憶昔行》，用韻險絕，造語奇特，皆有類退之矣。《茅屋爲秋風所破》亦爲宋人濫觴，皆變體。——《詩源辯體》卷十九

韓公（愈）……始漸涉議論，……亦宛似宋人口語。予嘗與方翁恬論詩，予曰：元和諸公始開宋人門户。翁恬曰：杜子美已開宋人之門户矣。此語實不爲謬。——同上

將李杜比較與詩歌發展歷史聯繫起來，不僅有助於加深李杜差異的認識，也有助於解釋詩歌發展史上一些根本性的問題，通過對李杜兩人詩歌藝術風格和創作手法的辨析，指出杜甫創作與宋代詩歌

之間某些內在的聯繫，說明杜甫作品的藝術風格較之李白，更合乎宋人的美學趣味，這也是宋代對杜甫的熱情大於李白的原因之一。從作品與作品的比較、作家與作家的比較，發展到從詩歌發展史的角度來認識李杜之間的異同，這使明代的李杜比較研究從零打碎敲走嚮整體的宏觀，明代的李杜比較研究不再是單純的文學技巧的比較，或是個人的藝術風格比較，而成爲明代唐詩學的有機組成部份。在論證唐詩發展中李杜所處的不同地位以及李杜對唐詩流變影響的同時，也相當具體而客觀地描述了唐詩的發展。通過李杜比較，明人不斷地修正和補充對唐詩分期、唐詩流變的傳統看法和評價，使之趨於合理和公允。通過李杜異同的辨析，明人清晰地理出了盛唐詩歌過渡到中晚唐、唐詩逐漸轉化爲宋詩的線索，并指出了貫穿這條線索的關鍵所在。使有關唐宋詩發展的論述和評價不再顯得對立和突兀，對後世唐詩研究或文學史研究都具有一定的參考價值。

三、

李杜比較，不免要帶有品評的意味，也不免要牽涉到「優劣」的問題。明代的李杜比較，總體上算李杜並尊，但不同時期、不同流派，由各人的偏好及論述角度的變化，仍有軒輊。這些細微的差別，一定程度上反映了明代文學思潮的變遷。

明初至成化、弘治之際，文人論及唐詩，一般都以李杜並舉，普遍認爲「詩盛於唐，尚矣。盛唐之詩稱李太白、杜少陵而止。」㉗《唐詩品彙。總敘》稱「開元、天寶間則有李翰林之飄逸，杜工部之沈鬱」，批評元人楊士弘《唐音》「李杜大家不錄」，「每一披讀，未嘗不歎息於斯。」繼之而起的臺閣體領袖楊士奇、茶陵派盟主李東陽等人。也都是李杜並尊：

> 杜少陵渾涵博厚，追蹤《風》、《雅》，卓乎不可尚矣。一時高材逸韻如李太白之天縱，與杜齊驅。—楊士奇《玉雪齋詩集序》

> 唐詩李杜之外，孟浩然、王摩詰足稱大家。作山林詩易，作臺閣詩難。……唯李杜能兼二者之妙。—李東陽《麓堂詩話》

仔細推敲，無論高棅，還是李東陽，都沒將這碗水端平。如高棅就有李優於杜的意向，《唐詩品彙》列李白爲正宗，入杜甫爲大家，雖然都是尊重至極的表示，但高氏似乎已經注意到杜甫詩歌中的「別調」，主張學詩當以李白爲「正宗」。《唐詩品彙》卷首引「歷代名公敘論」說：

> 自《選》體以上皆純乎正。唐陳子昂、李太白、韋應物之詩猶正者多而變者少，杜子美則正變相半。

高棅的這種傾向首先爲明中葉尊杜的顧璘所不滿，他說：「至唐，陳、李崛起，蘇州繼之，眞可謂大雅。工部及王、岑諸公格律，當孟氏泰山之巖巖，謂非聖人之徒哉！高氏《品彙》既題李杜曰大家，而別於正宗，未盡是也。」㉘楊士奇則比較偏好杜甫，後人認爲他的詩「亦學杜詩」㉙楊氏推崇杜甫是從道學家立場出發的，他說：「李杜正宗大也。太白天才絕出，而少陵卓然上繼。三百十一篇之後，蓋其所存者唐虞三代大臣君子之心。」「其學博而識高，才大而思遠，雄深閎偉，渾涵精詣，天機妙用，而一由於性情之正。所謂詩人以來，少陵一人而已。」㉚李東陽十分注重杜甫的集大成及其格律聲調運用的不同凡響，認為「漢魏以前詩格簡古，世間一切細事長語，皆著不得。……賴杜詩一出，乃稍為開擴，庶幾可盡天下之情事」。㉛同時，他對李白的愛慕之情則溢於言表，詩歌作品中屢屢寫道：「我愛李太白，金鑾供奉回。……明月千載恨，謫仙千古才。」㉜而他學詩，則又從杜甫的格調入手。㉝

弘、正、嘉、隆年間，前後七子稱霸文壇，「詩必盛唐」之勢日漸熾烈。文人學士的詩歌創作也多以李杜為宗。如李夢陽，「七古及近體專倣少陵，七絕則學供奉」。㉞名重一時的陳沂、王韋、朱應登、顧璘學杜。㉟李杜優劣的狀況，也隨著各人著眼處的不同而變異。何景說明：「詩雖盛稱於唐，其好古者自陳子昂後莫若李杜二家。」㊱但他對杜甫的七言頗有微詞，認為「子美辭固沈著而調失流轉，雖成一家語，實則詩歌之變體也。……子美之詩，博涉世故，出於夫婦者常少，致兼雅頌而風人之義或缺」。㊲何景明不滿意杜甫的七古，是因為杜甫詩中缺乏比興，直陳其意，詩中有了議論的成份，所以是「調失流轉」。他稱杜為「變體」，當然也不會將杜奉為學詩的「正宗」，所以顧璘得出了「李（夢陽）主杜，何（景明）主李」的結論。㊳此時詩歌創作中的摹擬風氣對李杜評價有很大的影響，如陳沂學杜，他對杜甫的看法就與何景明相反：「少陵七言，聲洪氣正，格高意美，非小家妝飾。但才大不拘，後學茫昧，特拾其粗爾。」㊴縱觀這一時期的詩壇，摹擬杜詩的人較多，正如鄭善夫所說的那樣：「大哉杜少陵，苦心良在斯。末流但叫噪，古意漫莫知。」㊵因此，尊杜抑李的傾向就稍稍明顯一些。當七子之潮漸漸退下，茶陵派別張壁壘，楊愼等人則又偏於尊李：「唐則陳子昂海內文宗，李太白爲古今詩聖。」㊶又說：「謂詩歌至杜陵而暢，然詩之衰颯，實自杜始。」㊷

嘉靖、隆慶時期，後七子承前七子之餘緒，又掀起了復古浪潮，襲杜之風盛行，尊杜的傾向也隨之而起，李攀龍輯選《古今詩刪》，認爲：「七言古詩，唯子美不失初唐氣格，而縱橫有之；太白縱橫往往強弩之末，間雜長語，英雄欺人耳。」當然，李攀龍仍高度評價了李白的絕句，而從選詩的數量上看，終有些重杜輕李。後七子中的宗臣，有《讀太史公杜工部李空同三書序》，聲稱生平最愛讀《史記》及杜甫、李夢陽詩集。「未嘗一時去吾之手」。他說：「余採藝林，抽繹千古，蓋史遷其至哉，詩則工部。」可見對杜甫推崇之至。據清人朱彝尊《靜志居詩話》記載，當時明之詩家「學杜者多，學李者少，學李絕句多，學李古風少。」有些人偏好李白的飄逸俊爽，而又拘泥於杜詩的體格聲律，如嘉靖時的孫宜，詩學杜甫，可他的論詩絕句卻說，「我愛風流太白豪，萬言珠玉在渾毫。」王世貞評他的詩說：「華容孫宜得杜肉。」後人也說他「運筆凝重，斯與謫仙不類。」㊸這一時期，詩論與創作摹擬有相違的現象，即詩歌創作宗杜，而詩論則李杜並重，逗露出仰慕王孟的空靈，李白天然渾成氣象的意向。這在謝榛、王世貞等人的詩論中可以見到：

> 《金針詩格》曰：「內意欲盡其理，外意欲盡其象。內外涵蓄，方入詩格。若子美『旌旗日暖龍蛇動，宮殿風微燕雀高』是也。」此固上乘之論，殆非盛唐之法。……然格高氣暢，自是盛唐之法。太白曰：「剗卻君山好，平鋪湘水流。巴陵無限酒，醉殺洞庭秋。」迄今膾炙人口。

謂有含蓄，則鑿矣。——謝榛《四溟詩話》卷

吾嘗謂太白之絕句與杜少陵之七言古詩歌當爲古今第一。少陵之五七言律與太白之七言詩歌、五言律次之。當時微覺於摩結魯莽，徐更取讀之，眞是三分鼎足，他皆莫及也。——王世貞《書李白王維杜甫詩後》

萬曆年間，隨著性靈派的崛起，提倡寫性靈的詩人把興趣轉向中晚唐詩和宋詩，李杜優劣的看法也稍有變化。袁宏道對李白頗有好感，雖然他李杜並舉，承認「至李杜而詩道始大」。㊹而卻十分稱贊李白的品行：「以生觀之，若晉之陶潛，唐之李白，其識趣皆可大用，而特無能用之者。」㊺《詩境總論》也有揚李抑杜的傾向，如「杜少陵《懷李白》五古，其曲中之凄調乎？苦意摹情，遇於悲而失雅。《石壕吏》、《垂老別》諸篇，窮工造景，逼於險而不括。二者皆非中和之則，論詩者當論其品。」「七言古……太白其千古之雄乎！氣駿而逸，法老而奇，音越而長，調高而卓。少陵何事得與執金鼓而抗顏行也？」陸時雍還對宋人宗杜抑李不滿：「宋人尊杜子美爲詩中之聖，字型句矱，莫敢輕擬。如『自鋤稀萊甲，小摘爲情親』，特小小結作語。『不知西閣意，更肯定留人』，意更淺淺。而一時何贊之甚？」萬曆、崇禎年間，有些原來宗杜的人，漸漸轉向學李白。如魏壁，「其中年專學子美。末年專學太白」。㊻當公安、竟陵派的性靈思潮逐漸消退，人們對李杜的評價似努力做到沒有高下之分，如許學夷《詩源辨體》，就力圖平衡李杜並重的定論·「太白以天才勝，而人無太白之才，子美以人力勝，而人無子美之力。故必李杜兼法，乃能相濟，豈必盡兼二公所至，始爲盡善哉。」

明代李杜優劣在不同歷史時期的細微變化，是隨著文學思潮的發展變化而變化的，從某種意義上說，揚李或揚杜，是明代各個文學派別文學主張的體現。從高棅的閩中詩派到李東陽的茶陵詩派，明代詩壇正逐漸走上主格調的道路。他們既講求詩歌的體制聲律，又注重詩歌的神采，因此，杜甫詩律的精細以及李白詩風的渾成都受到重視。人們希望通過綿密精深的體格聲律去尋求李白那種化而無跡的興象風神。於是李白的作品被認為是盛唐詩歌的典型。當格調派理論體系進一步完善，明人愈來愈拘泥于唐詩的體格聲律，也就更加把注意力集中在「各體兼備」、「有跡可尋」的杜甫身上，這便造成了前後七子時期詩壇上崇李而更重杜的局面。自公安，竟陵起來反對七子，提倡「性靈」，打破了格調派的一統天下，人們不再斤斤於杜律，宗唐的明人開始重視抒寫性靈的唐代詩人和作品，如王維、韋應物以及中晚唐的即興作品，也崇尚李白自然天成的風韻，於是，重杜的風氣也逐漸改變。

格調派是李杜比較研究的主力，對明代詩壇的影響極為深遠，但格調派的李杜優劣之論前後並不一致，因此，李杜優劣也反映了格調派本身唐詩觀的形成和發展。格調派理論體系的形成時期，含有較多的注重性情的成份，希望通過詩歌外在的體格聲律去尋求內在的興象風神直至把握詩人的性情。評價唐詩除了格調之外，還要考慮其他構成詩歌藝術特質的因素，比較看重詩歌的「神秀」。因此，高棅、李東陽等人有偏於李白的意向。當格調派的理論體系進一步嚴整周密，無法統一性情與格調的矛盾，於是就把體格聲律當作尋求唐詩藝術特質的唯一入口，僅憑格調來評品詩歌，把法度看作學唐的最根本的手段，這就是前後七子時期重杜的原因。萬曆以後，格調派受到性靈派的衝擊，逐漸解體，它的理論體系中又滲入了性靈的因素，於是，李白詩歌中的「神韻」再次受到重視。出現了李杜不可軒輕的觀點。儘管如此，許多堅持格調的詩人，仍然不很願意接受，如李維禎就曾聲稱「余不能贊太白一詞」，「詩家稱唐李杜……取其語便耳，非以前後爲高下也。」㊼

明人李杜優劣，同是崇杜或崇李，實質卻不盡相同。如格調論者崇李，著眼於李白更能體現唐詩的「正格」，而性靈派崇李，則是崇尚李白詩歌中的性情和神韻。同是崇杜，亦各取所需，如格調論者尊杜，因爲杜詩「章法，句法、字法咸備」，㊽便於摹擬，而理學家首先看重杜詩忠君愛國的思想意義。都穆《南濠詩話》指出，「後之人作詩，乃多學杜而鮮師太白，豈非以太白才高難及，而愛君憂民，可施之廊廟者」，不是太白，而是杜甫。實際上，後人偏重杜甫，還與傳統的審美意識有關。傅振商《杜詩分類敘》說：「自詩盛於唐而李杜集其大成，迄於今即三尺童子談及，無不知有李杜云。……就李以權杜，雖工力悉敵，厚行古今，然青蓮意興所至，吐納風雲，讀之飄飄欲仙，雅號謫仙，第格不能變，屢讀覺易盡耳。孰與少陵恣雄悲壯，意觸景生，情隨象造，工苦入微，極才盡變，無所不備，愈讀愈覺雋永之爲至也。」可見，明代的李杜優劣之爭是在一個複雜的文化背景下產生的，李杜優劣之爭展現出一些縱橫交錯的軌跡，這種李杜並舉而不可能並重的現象同時也說明，李杜優劣之爭並非無聊的話題，它與所有的文學現象一樣，是我們把握文學發展規律所必須掌握的環節。

四、

明人對李杜差異的認識，以及李杜優劣的評價有一定的歷史根源，歷代李杜優劣之論，並非僅僅出於個人的偏好，揚李或揚杜，必定與一定歷史時期的文化氣候、文學思潮有關，也往往是某個特定階段創作傾向的反映。

李杜的比較與優劣之爭，起於唐中葉元稹的看法：「是時山東人李白，亦以奇文取稱，時人謂之李杜，余觀其壯浪縱恣，擺去拘束，模寫物象，及樂府歌行，誠亦差肩於子美矣。至若鋪陳終始，排比聲韻，大或千言，次猶數百，辭氣豪邁而聲調情深，屬對律切而脫棄凡近，則李尚不能歷其藩翰，況堂奧乎！」不難見出，元稹的態度是揚杜抑李。元稹從兩個角度比較李杜的創作：一是認爲李白的古體詩不如杜甫能「擺去拘束」，尤其是樂府，沒有杜甫「即事名篇」的新題創作。此外，李白詩歌中所表現的主觀色彩濃厚，不像杜甫那樣側重於「客觀」地「模寫物象」。二是認爲李白在律詩和排律創作上不如杜甫，杜甫擅長鋪陳排比，精於屬對和聲韻，而李白則不受聲律的拘束，多爲散體，超邁不羈。應該說，元稹對李杜二人創作特點的分析，深得其中之三昧。至於他本人推崇杜甫並引起後世的李杜優劣之爭，則與當時的詩風有關。元和時期，處在中唐詩歌革新之中，元、白「新樂府」創作，雖然打著「復古」的旗號，實際上卻是對古樂府歌行的反動。「新樂府」直接繼承了杜甫「即事名篇」的傳統，在體制、題材以及表現手法上都更加接近杜甫，而與李白所沿襲的漢魏傳統格格不入。元稹對杜律的崇尚，有著「詩到元和體變新」的創作背景。祇要讀一讀「元和體」作品，就不難理解元稹對杜律「鋪陳終始，排比聲韻，大或千言，次猶數百」的贊美了。由此可見，元稹一派的李杜優劣，以豐富自己的詩歌創作的需要爲基點，並非是對李杜藝術成就高下的實際評價。元氏的揚杜抑李，也是唐詩產生新變，唐音轉向宋聲在詩歌理論上的反映。

宋代有關李杜優劣的變化，基本上與宋詩特質的逐漸形成和完善，呈現出相一致的趨勢。北宋前中期的歐陽脩偏好李白，王安石，蘇軾、蘇轍等人則開始推崇杜甫。蘇軾認爲「詩至於杜子美，文至於韓退之，書至於顏魯公，畫至於吳道子，而古今之變，天下之能事畢矣。」㊾至黃庭堅和江西詩派，宋代的詩歌已經顯示自己獨特的風貌，在藝術表現手法上也脫出了唐詩的影響，日趨成熟。劉克莊論宋詩說：「國初詩人，如潘閬、魏野、規規晚唐格調，寸步不敢走作。楊、劉則又專爲崑體，故優人有尋扯義山之誚。蘇梅二子，稍變以平澹豪俊，而和之者尙寡。至六一、坡公，巍然爲大家數，學者宗焉。然二公亦各極其天才筆力之所至而已，非必鍛煉勤苦而成也。豫章稍後出，會萃百家句律之長，究拯歷代體制之變，搜獵奇書，穿穴異聞，作爲古律。自成一家，雖隻字半句不輕出，遂爲本朝詩家宗祖，在禪學中比得達摩。」㊿江西詩派的出現，正是宋人宗杜規模最大，聲勢最大的一次，影響也十分深遠。黃庭堅推崇杜甫，並不貶斥李白的藝術成就，而是認爲杜甫的詩精於修磨，更合乎宋人的趣味．「好作奇語，自是文章病，但當以理爲主，理得而辭順，文章自然出群拔萃。觀杜子美到夔州後詩，韓退之自潮州還朝後文章，皆不煩繩削而自合矣。」51江西詩派宗杜大盛，又將宋詩創作引入歧途。黃庭堅等人拘泥於杜詩的格律，追求「無一字無來歷」，「拾遺句中有眼」之類的法度，終於引起了後人的不滿，於是，「跳出少陵窠臼外」52的創作要求，帶來了重新認識李白詩歌藝術價值的「

李杜不可優劣」，其中最突出的，便是南宋後期的嚴羽。嚴羽曾反覆重申：「李杜二公，正不當優劣。太白有一二妙處，子美不能道，子美有一二妙處，太白不能作。」⑬爲了說明這些「妙處」，他將李杜的藝術特點作了粗略的比較：「子美不能爲太白之飄逸，太白不能爲子美之沉鬱。」「少陵詩法如孫吳，太白詩法如李廣。少陵如節制之師。」在揚杜學杜空氣甚濃的時候，重新擡出李白，當然不可能有嚴格的李杜並重。事實上，嚴羽的理論中，逗露了崇尙李白及盛唐詩歌中興象玲瓏的意向：「盛唐諸人唯在興趣，羚羊掛角，無跡可求，故其妙處透徹玲瓏，不可湊泊。」李杜同屬盛唐，而嚴羽卻看到了杜甫與盛唐「透徹玲瓏」特點的距離：「五言絕句，衆唐人是一樣，少陵是一樣，韓退之是一樣，王荊公是一樣，本朝諸公是一樣。」⑭清人許印芳說他：「名爲盛唐，準李杜，實則偏嗜王孟沖澹空靈一派，故論詩唯在興趣。」⑮那麼，在李杜之間，似乎也更傾心於李白的「興趣」了。嚴羽在《答吳景仙書》中指出：「又謂盛唐之詩，雄深雅健。僕謂此四字，但可評文，於詩則用『健』字不得。……坡、谷諸公之詩，如顏魯公書，既筆力雄壯，又氣象渾厚，其不同如此。」這裡雖然沒有直接批評杜甫，但「雄健」卻是後人評價的特色之一，如李東陽說杜詩「勁健」、「矯健」，⑯何況蘇、黃又學杜詩。從嚴羽偏好於盛唐的渾圓來看，他的「李杜不可優劣」畢竟有些軒輊了。嚴羽的這種意向，不過是對學詩者「非子美不道」的反感，他贊賞漢魏詩歌的渾厚，盛唐的雄壯和空靈，無非是要扭轉宋人以文爲詩的風氣。從元稹的崇杜，到嚴羽的「李杜不當優劣」，揚此抑彼，基本上取決於不同時期詩歌創作的需要，以文學思潮的演變爲中心而轉移的。元稹崇杜，爲的是使元和時期的詩歌能擺脫盛唐詩風的羈絆，而在體裁和風格等多方面開闢新的路子。嚴羽重估李白的價値，則是爲了突破宋詩藝術風格的樊籬，因而想往盛唐詩歌氣象，重新把盛唐詩人的作品奉爲圭臬。唐宋時期的一場「李杜優劣」之論，貫穿於宋詩的形成、成熟和流變，元明兩代詩歌創作的興起，漸漸蛻化了宋詩的藝術特質，重新追求唐詩的藝術風貌，終於，在「李杜不當優劣」的主觀意識下，仍然出現了《唐詩品彙》列李白爲「正宗」，杜甫爲「大家」的事實。

如前所述，明代的「李杜優劣」也隨著文學思潮的發展而變化，同樣，也受到明代詩歌創作美學追求的影響。但明代的詩歌創作中存在著嚴重的摹擬風氣，這使明代「李杜優劣」的態度陷入了深刻的矛盾之中。明人宗盛唐，崇尚漢魏盛唐詩歌的渾厚和自然，而鄙視宋人辭語艱澀的理學詩，甚至反對宋詩的立意：「宋人謂作詩貴先立意。李白斗酒百篇，豈先立許多意思而後措詞哉？蓋意隨筆生，不假布置。」[57]對於江西詩派講究的詩法、句法，明人持否定態度，認爲以此爲詩，「有斧鑿之功，無熔煉之妙。矜持於句格，則面目可憎；架疊於篇章，則神韻都絕」。[58]他們把盛唐詩人和李的的詩歌當做達岸之「筏」，因爲這些作品更能體現盛唐詩歌的藝術特質，而杜甫的「偏格」、「別調」與宋詩有聯繫，與「正格」多少有些差別。這就形成了明人李杜並舉而將李杜分別的狀況。但是，明人的詩歌創作非但沒能破除宋人的詩格詩法，相反，更斤斤拘泥字句聲律的摹擬，他們苦於李白及盛唐「正格」諸家無跡可求，於是又回過頭來到杜甫的詩歌裡去尋找「法度」和聲律運用的規律。「工部體裁明密，有法可尋，青蓮興會標舉，非學可至。又唐人特長近體，青蓮缺焉，故詩流習杜者衆也。」[59]明人在詩歌創作摹擬中，似乎有點「身在曹營心在漢」，評價李杜的意向，也往往是「崇李而重杜」，或「虛李而實杜」。

明人對李杜的矛盾態度，卻促使他們把精力集中在李杜差異的比較上。從體制、聲律及興象風神等方面一一細辨李杜的異同，希望通過杜甫這一兼有各體各代之大成的作品來學習盛唐的神韻。在李杜的比較以及李杜與盛唐詩人的比較中，明人抽繹出許多構成盛唐詩歌藝術特質的因素，在李杜與宋詩的比較中，歸納出宋詩創作的某些特徵。明人從事比較的目的，主要是爲了識別杜甫詩中保存下來的「盛唐之音」，以及李白與漢魏傳統相通的藝術風貌，以保證明人的詩歌創作嚴格地宗漢魏、宗盛唐而不染宋詩習氣，而客觀上卻爲李杜比較研究和唐宋詩的發展史研究添上了精彩的一頁。明人崇尙李白的地方，正是元稹以爲不如杜甫的地方，明人的李杜比較以及李杜優劣的重心，在探尋詩歌的藝術特質，雖然常常局限於詩歌的外在形式，但對於把握藝術發展的內在規律，卻是極有價値的，從某種意義上說，明人的李杜比較，是對始作俑者元稹藝術眼光的一種理解。而宋人雖持揚杜抑李的論調，卻不能理解元稹的苦心，認爲「杜子美李太白，才氣雖不相上下，而子美獨得聖人刪《詩》之本旨，與「三百五篇」無異，此則太白所無也。……鄙哉，微之之論也，鋪陳排比，曷足以爲李杜之優劣？」⑥⓪完全曲解了元稹的原意。明人的李杜比較，得出了與元稹相反的結論，但卻殊途同歸，相輔相成地詮釋了唐詩向宋詩的流變，分別勾勒唐宋詩發展的兩個環節，前者以李白爲代表，後者以杜甫爲淵源。至此，李杜的異同或李杜的優劣之爭，已經遠遠超出了它們本身的意義了。

【注　釋】

①參見《白雲稿》卷四《羽庭稿序》。
②參見李維楨《大泌山房集》卷九《選詩補序》。
③參見《滄浪詩話》。
④《詩藪》內篇卷三。
⑤、⑥《詩源辯體》卷十八。
⑦同上卷十九。
⑧《詩源辯體》卷十八。
⑨《詩藪》內篇卷四。
⑩同上卷五。
⑪《詩藪》內篇卷五。
⑫同上卷四。
⑬見《唐詩品彙、五言古敘目》。按關於初盛中晚唐的劃分明人說法不一，此處依高氏之論。
⑭《詩藪》內篇卷五。
⑮《藝苑卮言》。
⑯《唐詩品彙、五言古敘目》。

⑰《唐詩品彙、七言古敘目》。
⑱《唐詩品彙、七言絕敘目》。
⑲《詩源辯體》卷十八。
⑳《唐詩品彙、七言律敘目》。
㉑《麓堂詩法》。
㉒《四溟詩話》。
㉓《詩鏡總論》。
㉔《空同子集》卷四十八《潛虬山人記》。
㉕參見《詩源辯體》。
㉖《詩源辯體》卷十九。
㉗《清江貝先生文集》卷一《乾坤清氣序》。
㉘《憑几集續編》卷二《寄後渠》。
㉙參見《列朝詩集小傳、乙集》。
㉚《東里續集》卷十四《讀杜愚得序》。
㉛《麓堂詩話》。
㉜《懷麓堂集》詩前稿《再贈彭民望》。

㉝ 參見《列朝詩集小傳、丙集》。

㉞《靜志居詩話》卷十。

㉟ 同上。

㊱《何大復集》卷三十四《海叟集序》。

㊲ 同上卷十四《明月篇序》。

㊳《息園存稿》卷九《與陳鶴論詩》。

㊴《靜志居詩話》卷十。

㊵ 同上。

㊶《昇庵全集》卷二《周受庵詩選序》。

㊷ 同上卷二《答重慶太守劉嵩陽書》。

㊸ 參見《列朝詩集小傳》及《靜志居詩話》。

㊹《袁中郎集》卷二十一《與李龍湖》。

㊺《袁中郎集》末編之一《摘發鉅姦疏》。

㊻《靜志居詩話》卷三十二。

㊼《大泌山房集》卷一二七《李供奉集跋》。

㊽ 同上卷一二九《蔡伯達七言律詩引》。

㊾《書吳道子畫後》。
㊿《江西詩派小序》。
(51)《與王觀復書》。
(52)見《詩人玉屑·吳可〈學詩詩〉》。
(53)《滄浪詩話》。
(54)《滄浪詩話》。
(55)《滄浪詩話跋》。
(56)參見《麓堂詩話》。
(57)《四溟詩話》卷一。
(58)《詩藪》外編卷五。
(59)《詩藪》外編卷四。
(60)《歲寒堂詩話》卷上。

湘妃竹淚爲誰彈

——《遠別離》新釋

朱金城

遠別離，古有皇英之二女。乃在洞庭之南，瀟湘之浦。海水直下萬里深，誰人不言此離苦？日慘慘兮雲冥冥，猩猩啼煙兮鬼嘯雨。我縱言之將何補？皇穹竊恐不照余之忠誠；雷憑憑兮欲吼怒。堯舜當之亦禪禹。君失臣兮龍爲魚，權歸臣兮鼠變虎。或云：堯幽囚，舜野死。九疑聯綿皆相似。重瞳孤墳竟何是？帝子泣兮綠雲間，隨風波兮去無還。慟哭兮遠望，見蒼梧之深山。蒼梧山崩湘水絕，竹上之淚乃可滅。

李白的名篇《遠別離》與他的《蜀道難》並稱爲「精金美玉」，爲明代李東陽《麓堂詩話》所激賞。但這首詩的解釋，歷來衆說紛紜，莫衷一是，綜合起來，不外以下幾種意見：

㈠刺玄宗、肅宗父子間事。如王世懋《藝圃擷餘》云：「太白《遠別離》篇……其太白晚年之作邪！先是肅宗即位靈武，玄宗不得已稱上皇，迎歸大內，又爲李輔國劫而幽之，太白幽憤而作此詩。因今度古，將謂堯、舜事亦有可疑。曰堯、舜禪禹，罪肅宗也。曰魚龍鼠虎，誅輔國也。故隱其詞，託興英皇，而以《遠別離》名篇。……然「幽囚」，「野死」，則已露本相矣。」沈德潛《唐詩別裁》云：

「玄宗禪位於肅宗，宦者李輔國謂上皇居興慶宮，交通外人，將不利於陛下，於是徙上皇於西內，快快不適時而崩。詩蓋指此也。太白失位之人，雖言何補？故托弔古以致諷焉」。

㈡指玄宗入蜀事。如陳沆《詩比興箋》云：「此篇或以爲肅宗時李輔國矯遷上皇於西內而作，或以爲明皇內任林甫，外寵祿山而作，皆未詳繹篇首英、皇二女之興，篇末帝子湘竹之淚托興何指也。本此以繹全詩，其西京初險，馬嵬賜死時作乎？『海水直下萬里深，誰人不言此離苦』，言天上人間訣別也。「我縱」以下，乃追痛禍亂之源。方其伏而未發，忠臣志士，結舌吞聲，人人知之而不敢言，一旦禍起不測，天地易位，『六軍不發無奈何，宛轉蛾眉馬前死』，『君失臣兮龍爲魚，權歸臣兮鼠變虎』之謂也。或云以下乃倉皇西幸，傳聞不一之詞，故有『幽囚』、『野死』之議。『帝子』以下乃又反覆流連以哀痛之，……『蒼梧山崩湘水絕，竹上之淚乃可滅』，『天長地久有時盡，此恨綿綿無絕期』也。故《長恨歌》千言不及《遠別離》一曲。」

㈢諷刺權歸李林甫、楊國忠。如蕭士贇注云：「此詩前輩咸以爲上元間李輔國矯制遷上皇於西內時太白有感而作，余曰非也。此詩大意謂無借人國柄，借人國柄則失其權，失其權則雖聖哲不能保其社稷妻子，其禍有必至之勢。詩之作其在天寶之末乎！按唐史《高力士傳》曰：天寶中，帝嘗曰：海內無事，朕將吐納導引，以天下事付林甫，若何？力士對曰：天下大柄不可假人，威權既振，誰敢議者？自是國權卒歸於林甫、國忠，兵權卒歸於祿山、舒翰，太白熟觀時事，欲言則懼禍及己，不得已而形之詩，聊以致其愛君憂國之志，所謂皇、英之事，特借之以隱喻耳。曰『日』曰『皇穹』，此其君也。曰「雲」，比其臣也。『日慘慘兮雲冥冥』，喻君昏於上而權臣障蔽於下也。『猩猩啼煙鬼嘯雨』，極小人之形容而政亂之甚也。『堯、舜當之亦禪禹』而下，乃太白所欲言之事，權歸臣下，禍必至此。詩意切直著明，流出胸臆，非識時憂世之士，存懷君忠國之心者，其孰能與於此哉？」胡震亨《李詩通》云：「此篇借舜二妃追舜不及淚染湘竹之事，言遠別離之苦，並借《竹書》雜記見逼舜禹南巡野死之說點綴其間，以著人君失權之戒。使其詞閃幻可駭，增奇險之趣，蓋體干於楚騷，而韻調於漢饒歌諸曲，以成爲一家語。參觀之當得其來源所自。」王琦注引蕭注及胡震亨語，則必然是贊同第三種意見。拙著《李白集校注》屬稿時因未敢輕下結論，所以在評箋中指出：「諸說之中，似以一二兩說爲近。」近年來出版的一些選本，解釋基本沒有超越上述的三種說法。如復旦大學中文系古典文學教研組編選的《李白詩選注》云：「天寶、後期，玄宗荒廢政治，大權歸於奸臣李林甫、楊國忠之手。李篇通過娥皇、女英及堯幽囚、舜野死的傳說，以迷離惝怳的文章，表現了詩人對當時人君失權，政治混亂的憂慮。」又如中國社會科學院文學研究所編注的《唐詩選》云：「據《通鑑》，天寶中，唐玄宗貪圖享樂，荒廢政事，兩次向宦官高力士表示，要把國家大事交給李林甫、楊國忠，邊防委托安祿山、哥舒翰。事實上大權也逐漸落入了這批人的手裡。李白深以國家安危爲憂，但又沒有進諫的機會，因而借古代傳說，抒發憂憤。」又如上海古藉出版社出版《李白詩選注》云：「這首詩從娥皇、女英的故事引出『堯幽囚』，『舜野死』的傳說，說明人君失權的後果。『君失臣兮龍爲魚，權歸臣兮鼠變虎』，形象地表現了詩人對唐王朝前途的憂慮。」祇有安旗《李白詩新箋》說：「《遠別離》是李白天寶十二年，從「幽州之行」歸來，又將南游宣城之作。他感到唐王朝政治昏暗，危機嚴重，雖然憂心如焚，可是無能爲力。在無可奈何的情況下，祇有遠走高飛，以避禍亂。但在臨行之際，卻又感慨萬端，既對蒼生社稷命運無限憂慮，又對自己理想落空而抱恨無窮。此情此景，難以直言。因此李白學習和繼承楚辭「遠遊」之意，言志抒懷，又借用古代神話湘妃的故事托古喻今。此次南遊，從時間上來說，是去朝十年，從路程上來說，是千里以遠；從思想感情來說，是和他心目中的「聖明天子」和「太平盛世」訣別，故曰「遠別離」。這是偉大詩人理想破滅的悲歌，也是李白唱給行將大亂的唐王朝的一首挽歌。」安說雖較前人有所突破，但仍不免失之空泛。近年來我通過深入研究，感到前人臆測之說都難以成立，認爲《遠別離》一詩乃有感於韋堅冤獄及其好友崔成甫被放逐湘陰而作。

唐玄宗天寶五載（七四六），京都長安發生了一起震動全國的大獄。事因是由於皇位的繼承問題而引起的。肅宗李亨當時還是太子，而宰相李林甫則千方百計地企圖阻止他繼承帝位，於是，有預謀地組織了一場對東宮近臣和親友的大屠殺。以太子妃的兄長韋堅爲首的一批朝臣遭到了殺身之禍，坐貶者達數十人，最後李林甫又恣意羅致，廣泛株連，鬧得罪人「溢於牢獄」，連船夫都不能幸免。雖然太子李亨想盡辦法，勉強保全了儲君的地位，但朝中大權旁落，政治更加黑暗，皇位岌岌可危，已經暗伏安史之亂即將爆發的前兆。這件大獄的始末，《資治通鑑》卷二一五天寶五載記載說：「初，太子之立，非林甫意。林甫恐異日爲己禍，常有動搖東宮之志，而（韋）堅又太子之妃兄也。皇甫惟明嘗爲忠王友，時破吐蕃，入獻捷，見林甫專權，意頗不平。時因見上，乘間微勸上去林甫。林甫知之，使楊愼矜密伺其所爲。會正月望夜，太子出游，與堅相見，堅又與惟明會於景龍觀道士之室。愼矜發事，以爲堅戚里，不應與邊將狎昵。林甫因奏堅與惟明結謀，欲共立太子。堅、惟明下獄。……癸酉，下制，責堅以平進不已，貶縉雲太守。惟明以離間君臣，貶播川太守。……將作少匠韋蘭、兵部員外郎韋芝爲其兄堅訟冤，且引太子爲言，上益怒。太子恐，表請與妃離婚，乞不以親廢法。丙子，再貶堅江夏別駕，蘭、芝皆貶嶺南。然上素知太子孝謹，故譴怒不及。李林甫因言堅與李適之等爲朋黨，後數日，堅長流臨封，適之貶宜春太守，太常少卿韋斌貶巴陵太守，嗣薛王琄貶夷陵別駕，睢陽太守裴寬貶安陸別駕，河南尹李齊物貶竟陵太守，凡堅親黨坐流貶者數十人。……贊善大夫杜有鄰女爲太子良娣，良娣之姊爲左驍尉兵曹柳勣妻。勣性狂疏，好功名，喜交結豪俊。淄川太守裴敦復薦於北海太守李邕，邕與之定交。勣至京師，與著作郎王曾等爲友，皆當時名士也。勣與妻族不協，欲陷之，爲飛語，告有鄰妄稱圖讖，交構東宮，指斥乘輿。林甫令京兆士曹吉溫與御史鞫之，乃勣首謀也。溫令勣等連引曾等入臺。……有鄰、勣及曾等皆杖死，積尸大理，妻子流遠方，中外震栗。……別遣監察御史羅希奭往按李邕，太子亦出良娣爲庶人。……六載春，正月辛巳，李邕、裴敦復皆杖死。……林甫又奏分遣御史即貶所賜皇甫惟明，韋堅兄弟等死。……李適之憂懼，仰藥自殺。」這是當時震動全國的大獄，《舊唐書》卷一〇五《韋堅傳》及《新唐書》卷一三四《韋堅傳》都有記載。但不及《資治通鑑》詳細。這裡充分反映了李亨做太子時，他的地位相當不穩定，最後以恐懼上表，與太子妃（韋堅妹）離異，才勉強保全了儲君的地位，所以安史之亂一發生，李亨立即接受李輔國的建議，策劃馬嵬之變，並分兵北走，自取帝位。永王璘的興兵叛亂，欲與李亨爭奪帝位，都是內禪鬥爭的繼續。

在韋堅事之大獄中，受株連的有幾個人是李白的摯友，如李邕、崔成甫等。李邕慘遭殺害，崔成甫則被放逐到湘陰，最終死於沅湘澤畔。李白《澤畔吟序》云：「《澤畔吟》者，逐臣崔公之所作也。公代業文宗，早茂才秀。起家校書蓬山，再尉關輔，中佐於憲車，因貶湘陰。從宦二十有八載，而官未登於郎署，何遇時而不偶耶？所謂大名難居，碩果不食。流離於沅湘，摧頹於草莽。同時得罪者數十人，或才長命夭，覆巢蕩室。崔公忠憤義烈，形於清辭，慟哭澤畔，哀形翰墨，猶風雅之什，聞之者無罪，睹之者作鏡。書所感遇，總二十章，名之曰《澤畔吟》。懼奸臣之猜，常韜之於竹筒，酷吏將至，則藏於名山。前後數四，蠹傷卷軸。……」此文，黃錫圭《李太白年譜》謂作於天寶十三載夏，詹鍈《李白詩文繫年》謂作於天寶十二載，都缺少根據。郁賢皓《李白叢考》中所引《有唐通議大夫守太子賓客贈尚書左僕射崔孝公（沔）墓誌》後崔佑甫附記云：「孝公長子成甫，服闋授陝縣尉，以事貶黜。乾元初卒於江介。」可知崔成甫卒於乾元元年，李白《澤畔吟序》當作於乾元元年或稍後。崔祐甫附記中「服闋授陝縣尉，以事貶黜」等語，及《舊唐書、韋堅傳》關於天寶元年崔成甫任陝縣尉的記載，則與《澤畔吟序》中所說「再尉關輔」、「因貶湘陰」完全相符。《澤畔吟序》又說：「同時得罪者數十人，或長才命夭，覆巢蕩室。」很明顯，崔成甫是韋堅的「黨與」，天寶五載正月韋堅初貶謫，崔成甫也無疑是被放逐的「數十人」之一。

李白與崔成甫的交誼非常深厚，李白集中現存酬崔成甫的詩有《贈崔侍御》（卷九，據拙著《李白集校注》編次）、《贈崔侍御》（卷九）、《贈宣城宇文太守兼呈崔侍御》（卷十二）、《宣城九日聞崔四侍御與宇文太守游敬亭余時登響山不同此賞醉後寄侍御二首（卷十四）》、《寄崔侍御》（卷十四）、《游敬亭寄崔侍御》（卷十四）、《酬崔侍御》（卷十九）、《玩月金陵城西孫楚酒樓達曙歌吹日晚乘醉著紫綺裘烏紗中與酒客數人棹秦淮往石頭訪崔四侍御》（卷十九）、《登敬亭北二小山余時客逢崔侍御並登此地（卷二一）等十首之多，其中都流露出極其誠摯的友情。在韋堅大獄中，崔成甫悲慘的遭遇，激起了剛被排擠出長安的詩人的無比憤怒，他對朝中權臣的專橫跋扈深惡痛絕，憂國憂民之心油然而生，於是，他借著一個古老的神話傳說，仰天長嘆，唱出了那悲憤的心聲—《遠別離》》。

詩中描寫了帝堯將兩個女兒—娥皇和女英嫁給了舜，舜南巡，死在蒼梧之野。於是二妃溺於湘水，神游洞庭之淵，出入瀟湘之浦，生離死別的痛苦，如同湘江直下萬里，深不見底。湘江上籠罩著一派淒惻幽晦的氣象，日色無光，蒼冥晦暗，夾岸傳來猩猩淒慘的呼叫聲，風嘯雨襲如同鬼哭一般，令人不寒而慄。通過對環境的渲染，娥皇女英的傳說顯得更淒楚動人。但是不難看出，作者的筆墨側重寫二妃遠別離的痛苦，爲詩中有感而發的議論作了鋪墊，並沒有具體交代舜在蒼梧的細節，他巧妙地用第一人稱來爲好友崔成甫鳴不平。議論是用無法挽回的口吻起句的：「我縱言之將何補」—事到如今還有什麼可說的呢？我的遭遇不是同當年的屈原一樣嗎？朗朗上蒼根本沒有體察到我的一片赤誠之心，你看天上雷電轟鳴，武斷地阻止我的泣訴。接著，議論漸漸轉入正題。天寶五年的事件，關鍵是帝位的繼承問題，因此，儘管詩人的筆調撲朔迷離，卻依然將禪位、君臣、政權等作爲議論的中心：他側重上古時的典範「堯舜當之亦禪禹」，聖明的君主解決接班人的問題是那樣地堅定，而大權旁落將會出現多麼可怕的局面！現在李林甫等權臣已經如此猖獗，難道不足以警覺嗎？聖明的君主一旦失去了我們這些忠臣，就如同蛟龍變成了蟲魚一般，一籌莫展，而那些奸臣一旦大權在握，就會從鼠變爲猛虎，這是千古的教訓。但是，我訴說了這麼多的忠言，又有誰來聽呢？據說帝舜被囚禁了，帝舜後來也葬身於蒼梧之野，聖明的君主又在那裡呢？舜的眼珠有兩個瞳孔，人稱重華，傳說他死於湘南九嶷山，但九座山峰聯綿相似，怎麼才能找到這位聖明君主去訴說衷腸呢？這裡，詩人巧妙地把堯舜比作自己寄托希望的聖明君主，辛辣地諷刺當時朝廷政治的黑暗和玄宗昏庸無能，而讓李林甫等人擅權專橫的局面。然後，又借描寫二妃繼續追尋重華孤憤的堅貞行爲來象徵逐臣崔成甫堅定的鬥志和悲憤的心情，帝子隨風往來於綠雲清波之間，淒厲地慟哭和呼喚，回答他的卻祇是蒼梧山的一片翠綠，然而湘水間將永遠籠罩著這淒慘的哭泣之聲，而二妃的淚痕也永遠留在湘竹之上。「蒼梧山崩湘水絕，竹上之淚乃可滅」，充分體現了詩人對崔成甫冤情的無限同情和憤懣。

《遠別離》是樂府別離十九曲之一，李白這首詩是有政治寓意的古題樂府，思想性和藝術性結合得天衣無縫，這種高度完美的統一，簡直是一則美麗的神話傳說。但是詩人賦於詩作的情感都無時不在敲擊著讀者的心弦，使人感到詩人並不是單純地敘述一個大家已經聽膩了的傳說，而是和當年的屈原一樣，以香草美人來寄寓豐富的政治情懷，尤其是詩人那種跳躍行進的詩段，短長不一的句式，有效地烘托出詩人內心的激憤。范梈《李詩選》選取此詩的評論說：「此篇最有楚人風，所貴乎楚言者，斷如復斷，亂如復亂，而辭意反復行乎其間者，實未當斷而亂也。使人一唱三嘆，而有遺音。」這首詩在寫法上確實模仿了楚騷，然而，詩人的獨到之處則首先在於構思和立意上。他將帝子溺於湘水的神話作爲描寫的主要對象，但詩中卻又套用了曾經被放逐於沅湘之間的屈原的「離騷」，表面上是寫二妃的遠別離，實質上卻嵌入了「皇穹竊恐不照余之忠誠」——與朝廷的「遠別離」，這當然不是偶爾的巧合，和詩人的好友崔成甫被貶的地點——湘陰聯繫起來，我們就不難理解詩人的匠心所在了。但由於當時涉及駭人聽聞的政治事件，很難公開地爲朋友鳴不平，於是，詩人以虛實相生，議敘結合的方法，充分施展了自己的藝術才華，酣暢淋漓地把鬱積在心頭的不平之憤傾泄出來。即使是不明歷史背景的人讀後，也將爲之一掬同情之淚。

由於此詩主旨較隱晦，而湘妃之典又多用於男女之間，因此，各家之說均有不同，但多屬牽強附會。李白之寫《遠別離》，除了政治原因之外，追求傳說中神秘的藝術效果也是一個因素，正如翁方綱所說的那種：「太白《遠別離》一篇極盡迷離，不獨玄、肅父子事難顯言，蓋詩家變幻至此，若一說煞，反無歸處也。惟其極盡迷離，乃即其歸著處。」（《小石帆亭詩話》）這裡是說藝術作品不必要求字字與史實落實，可是弄清一首作品的主題和歷史背景，從而有助於對原詩的深刻了解，無疑更加可以增強和發揮它具有的藝術魅力。此詩亦收入《河岳英靈集》，可證必作於天寶十二載以前無疑，現繫於天寶五載或六載，似較接近於史實。

蜀道難於上青天

——從《蜀道難》看詩歌的興寄

朱金城　朱易安

一

巴蜀地處西南，素有天險之稱。東漢班固《蜀都賦》曾經描繪過那裡崎嶇壯麗的風光：山阜相屬，崗巒錯雜。巍巍峨峨的陡峻高山，直插雲天；波濤洶湧的湍急江流，一瀉千里。幽晦的叢林中，穴宅奇獸，窠宿異禽；翻天的白浪裡，遊魚躍濤，中流相忘。在這氣象森嚴環境險峻的地方，還流行著許許多多神奇的傳說，伴隨著古老的歷史和風俗，更增添了瑰秘的色彩。但蜀地又是一個令人嚮往的地方，那裡是沃腴的天府之國，商賈雲集的大都會，環繞穿行的幾股江流形成了發達的水上交通，而陸上蜀道之艱難，則使人生畏。這樣，歌詠蜀道難行，就成了文人墨客筆下的題材。據《古今樂錄》記載，劉宋詩人王僧虔曾有《蜀道難行》，可惜早已失傳。宋人郭茂倩《樂府詩集》中所收較早的有梁簡文帝和劉孝威等的作品，其中藝術成就最高、流傳最廣的，當屬李白的七言古體——《蜀道難》。

這首詩與其他詩人的同題之作相比較，有三個特點：結構句式上的新穎，風格上的奇特和遺詞造意的驚心動魄。

與李白的許多詩歌相似，作者對樂府古題又作了一次創新的改革，他衝破了通篇五言的格局，採用長短句式，錯落有致，使詩歌的關節顯得十分靈活。他又以一唱三嘆的方法來渲染主題，不僅有語詞上的重複，更多的是意義的重複和文氣上的重複，使得詩歌從首句起即達到高潮，而結尾處仍維持著高潮，並在中間時時掀起一些波瀾，不斷刺激這個高潮的興奮點，維持著，不讓它低落下去。構思和藝術處理都顯得那麼新穎，同時，又是那麼和諧與完整。

讓我們來看看詩人是怎樣在巴山蜀水中發揮自己的藝術才華的。一聲長嘆：「噫吁嚱，危乎高哉！蜀道之難，難於上青天！」即把讀者的心懸了起來，借用心理學上的說法，叫做「引起注意」。接著，切入正題。然而詩人並不立刻描寫蜀地的實景，而是開始「尋根」，追溯起歷史和神話來了：據說，秦惠王設置蜀郡以前，有過蠶叢、柏灌、魚鳧等許多代政權，經歷了好幾萬年，眞是說不清究竟何時就有了這個都城。可是，在那漫長的年代裡，卻與世隔絕，直到秦惠王嫁女時，五丁開山，地崩山摧，化爲五嶺，才有今天如此險峻的天梯石棧。這段不見人跡的歷史，不正證實了蜀道除了鳥道之外，高不可攀之「難」嗎？

詩人似乎並不滿足於「尋根」，筆鋒一轉，開始勾勒蜀地的風貌，聳入雲霄的高峰，高得擋住了太陽的龍車（傳說日御羲和每天駕著六條龍，拉著太陽座車運行，走到蜀地，爲高標所阻，祇好把車子倒回去）；①衝波逆折的急流，回漩改變了流向。你看那青泥嶺（在今甘肅徽縣東南，是甘、陝入蜀要道），懸崖萬仞，令那些入蜀行人心驚膽戰地在山路上蹣跚，似乎他們一伸手，就可以捫觸到星辰。衹得仰首摒氣不敢呼吸，坐下來撫胸長嘆行路難。如果你去訊問他們，什麼時候能夠從蜀地返迴？他們將異口同聲地回答你：道路如此艱難，誰能說得準歸期呢？啊，展望前程，滿目淒涼，衹有林鳥在山間不斷地穿梭啼鳴，特別是子規的鳴聲悲切，從夜叫到天明，好像在說「不如歸去」。

這就是蜀地的現實，一幅多麼有氣勢的山水人物圖畫，然而，從歷史到現實，蜀道之難的意義又進一步加深了。歷史階段是「西當太白（太白山，在今陝西郿縣、太白縣一帶）有鳥道，可以橫絕峨眉（峨眉山，在今四川峨眉縣西南）巔」，而現實中的蜀道竟是「黃鶴之飛尚不得過，猿猱欲度愁攀援」、「蜀道之難，難於上青天」，詩人由衷發出了嘆息，可是他並不就此罷休，更有令人戰栗的景色，「使人聽之凋朱顏」。請看，那最高的山巒，幾乎碰到了天；那倒挂的枯松，在絕壁懸崖邊延伸；那飛湍瀑流和岩山撞擊，轟響喧豗，如同萬壑雷鳴……還有那由漢中通向蜀地的必經之途——劍閣（在四川劍閣縣北，又名劍門關，是大、小劍山之間的一條棧道），更是無法用筆墨形容了。在描繪險惡的環境時，詩人還嫌不夠，連說帶勸，入蜀之人，眞有朝不保夕之危，雖然錦城（今四川成都市，又稱錦官城）是個好地方，還不如早早還家。你不信嗎？請看，那些在鳥道上攀援的人，正在「側身西望長咨嗟」：「蜀道之難，難於上青天！」

三次嘆息，三次反覆，突出了一個「難」字，而「難」的程度則在這重複中一次次向縱深發展，從較單純的敘述向夾敘夾議發展。而在這些發展中，我們體味到了創作主體—作者本人的風格，一種超俗的，變幻無窮的，豪放不羈的奇特風格。

清人沈德潛說，李白「筆陣縱橫，如虬飛蠖動，起雷霆乎指顧」，正因爲如此，「太白所以爲仙才也」。李白的風格豪邁、奔放，充滿著激情，所以他的奇是一種壯麗的想像和誇張，通過瑰麗的神話傳說，天馬行空式的馳騁想像，詩人的筆下展現出一連串奇麗峭峻的蜀地風光，令人目不暇接。詩中的歷史神話傳說富有悲劇的崇高美，而描繪景色則用大幅度的跳躍手法，忽而山，忽而木，忽而峰巔，忽而深淵，猶如一組組驚險的電影鏡頭拼接在一起，在我們的眼前快速掠過，讀者的心爲之震蕩！李白的奇，並不表現在用僻辭泛字來做文章，而是一種壓倒一切的氣勢，一種行氣如虹，走雲連風的藝術境界。這首詩遺辭造句自然流暢，如同大江一瀉千里。它有一種感染力，緊緊地攫住讀者的心，它駕馭著讀者的情感脈搏，使之和作者一起跳動。這樣，作者、作品和讀者常常融爲一體，當我們欣賞這首詩的時候，似乎和詩人一同體驗了蜀道的艱難，對於那些險峻的蜀地山川，竟會有身臨其境之感。

遺辭造句用平常的字，並不等於詩境的平澹，有時恰恰能收到相反的藝術效果。這首詩雖然用字不奇，但藝術效果卻是驚心動魄的。首句，詩人就按照蜀人的習俗，用了當地的驚嘆詞「噫吁嚱」，接著一句「危乎高哉」，又一句「蜀道之難，難於上青天」，語雖平常，但此時此地，烘托著一種氣氛，使全詩一開卷就進入了高潮。又如「蜀道之難，難於上青天，使人聽此凋朱顏」，句中也沒有奇字，但後一句卻令人毛骨悚然。詩人不直接寫蜀道之難，而是說人們一聞「蜀道」二字，立即老去幾十年，蜀道之難，可想而知了。這樣的處理，簡略概括，而藝術效果卻又十分強烈。蜀道的劍閣是一條三十餘里長的棧道，群峰如劍，連山聳立，削壁中斷如門，地勢極險，爲天然要塞。詩人寫道：「

劍閣崢嶸而崔嵬，一夫當關，萬夫莫開。」句中點化了左思《蜀都賦》中描寫劍閣的句子：「一人守隘，萬夫莫向。」自然而不露痕跡，眞可謂「天然去雕飾」了。

二

《蜀道難》約作於唐玄宗開元時期（七一三—七四一），殷璠的《河嶽英靈集》收入此詩，所以詩歌的寫作不得晚於天寶十二載。很可能是詩人開元末年第一次入長安時的作品。殷璠贊揚這首詩「奇之又奇，自騷人以還，鮮有此體調」。自此以後，不少人開始探索詩的本事和寓意，歷來的說法大約有四種：

一、罪嚴武說。杜甫晚年與房琯同爲劍南節度使嚴武的部下，嚴武爲人暴虐，李白作詩勸他倆早日離蜀。這種說法見於唐李綽《尙書故實》、范攄《雲溪友議》等。

二、諷玄宗說。安史亂後，玄宗奔蜀，李白認爲蜀地不宜久居，作詩諷諫。此說首見蕭士贇評注本。

三、刺章仇兼瓊說。章仇兼瓊於開元天寶之際出爲劍南節度使，因其不受中央節制，故李白作詩以諷。此說始於五代王定保《唐摭言》。

四、認爲此詩純屬歌咏蜀地山川，即事成篇，別無寓意。此說見於胡震亨《李詩通》。

前三種說法，學術界目前大多認爲不太可靠，因爲詩作不得晚於天寶十二載，「罪嚴武」及「諫玄宗幸蜀」兩說便不能成立。又據史料記載，章仇兼瓊並無跋扈不受中央節制的情況，而李白另有《

答杜秀才玉松山見贈》詩，詩云：「聞君往年遊錦城，章仇尚書倒屣迎。飛箋絡繹奏明主，天書降問回恩榮。」這樣的描繪，衹能說明在李白的印象中，章仇兼瓊對朝廷的態度是很恭謙的，因此第三種說法也不甚可信。

近年來，學術界提出了新的見解；認爲或是送友人入蜀之作，或是嗟嘆仕途的坎坷。持前一種意見的理由是：李白集中另有《劍閣賦》和《送友人入蜀》詩，當爲《蜀道難》同時之作。《劍閣賦》題下有小注云：「送友人王炎入蜀」，而賦中寫劍閣天險與《蜀道難》有許多相似之處；《送友人入蜀》一詩中「見說蠶叢路，崎嶇不易行」與《蜀道難》中「蠶叢及魚鳧，開國何茫然」同出一典。他們還說《蜀道難》「不與秦塞通人煙」，「錦城雖雲樂，不如早還家」、「側身西望長咨嗟」等詩句中分析證明，詩人寫此詩時必在秦地，寫詩的目的是勸入蜀的友人早日歸來。這些分析有一定的道理，但由於沒有可靠的史料作旁證，仍有可懷疑的地方。如《劍閣賦》題下小注，王琦本有「自注」二字，而繆本、兩宋本均無此二字，②小注是否與《劍閣賦》同指一人，也很難確定。所以「送友人」說也只是推測而已。持後一種意見的人認爲，《蜀道難》爲樂府古題，陰鏗《蜀道難》詩已有功名難求之意，唐詩中寫蜀道難的作品大都感慨仕途失意。李白此詩或作於開元年間第一次入長安時，或作於天寶初尚未取得功名之時，詩中流露出的情緒正和詩人當時的心境相合，因此也有同樣的寓意—嗟嘆仕途坎坷，況且後代也有評論者認爲是「失聲橫涕之作」。③這種推論也有破綻：如果就字面而論，說《蜀道難》通篇皆爲象徵之詞，也未嘗不可。但從古題樂府《蜀道難》中有嗟嘆仕途坎坷之作，推斷出李白的《蜀道難》也有功名難求的寓意，顯然是行不通的。如若依憑後人對《蜀道難》的評論來裁斷詩歌的主題，那就更無說服力了。以李綽、范攄的「罪嚴武」說到姚合的「李白《蜀道難》，蓋爲無成歸」，④唐人便已有好幾種理解，又怎能判別孰是孰非呢？

《蜀道難》是一首膾炙人口的著名詩篇，它以獨特的藝術風格和藝術感染力震撼著讀者的心。詩歌的語言也極爲生動流暢，但由於詩歌的表述並非單純的敘事，也非單純的抒情，而且敘事部份又夾雜著神話和歷史，這就使讀者懷疑作者寫作時一定有一個具體的託諷對象，也就是長期以來，古典文學批評中常常強調的「興寄」。

我國古代文藝批抨中有「比興」的概念，最早見於《周禮．春官》，後成爲《詩大序》中六義的兩義。鄭玄箋云：「比，見今之失，不敢斥言，取比類以言之；興，見今之美，嫌於媚諛，取善事以諭勸之。」鄭玄的解釋，實際上是將詩歌中原有的比喻手法與儒家傳統的詩教結合起來，這樣，「比」、「興」這類辭修手段便漸漸被認爲是有深刻的寄托和寓意的。所以，後人對「比興」的解釋常常有兩種說法。一種認爲比興是詩歌創作中所運用的藝術手法，而且修辭方式有點差別：「比者，以彼物比此物也」；「興者，先言他物以起所詠之詞也」。⑤另一種則把比興看作是寄託：「所謂比興者，皆託物寓情而爲之者也。」⑥劉勰在《文心雕龍．比興》中說：「比者，附也；興者，起也。」「比則畜憤以斥言，興則環譬以記諷，蓋隨時之義之一，故詩人之志有二也。」劉勰的解釋，基本上是鄭玄說過的那個意思，所以當時人們仍然將比興看成一種簡單明了的修辭手段，詩歌通過這種手法來達到

「美刺」的目的。但唐代以後，「比興」的實際意義不再是強調藝術手法，而是強調詩教的作用，如陳子昂爲矯正齊梁的詩風，提出了「興寄」的概念。「興寄」的概念與先前所說的「比興」不同，因爲它不能解釋爲一種修辭的手段，而是直接指詩歌的內容是否有「美刺」的成份。「興寄」的提出，唐人似乎不再清楚地區分「比」和「興」，而將「比興」理解爲不直說的「美刺」，除「興寄」之外，尚有「興會」、「興諷」的說法。這樣「比興」與「興寄」，幾乎成了詩歌中政治寄託和諷諭的代名詞。「詩貴寄託」也成了評論作品優劣的標準之一。

唐以前的詩歌中，比興的運用常常是幾句詩歌，無論「比」或「興」，被比事物和陳述事物之間，都有明顯的聯繫，基本上是明諭和類比。但唐代的詩歌意象複雜起來，比興也不再是簡單的明諭和類比，有些詩作往往是通篇象徵，其實，象徵這一修辭手段要比前者更爲靈活，詮釋的餘地更廣闊。象徵的事物之間並沒有必然的聯繫，完全可由詩人自由選擇，每個詩人用作象徵的事物也不可能完全相同。所以提倡「興寄」以後，人們閱讀時探求寓意時，往往困難重重，因爲詩人們用作象徵的事物，並不像後世牽強附會者想得那麼單純：旅雁孤飛，必定是「喻獨客之飄零不定」；閑鷗戲水，必定是「喻隱者之徜徉肆志」；松樹不見根，「喻君子之在野」；雜樹崢嶸，「喻小人之昵比」等等。

從比興到興寄，說明詩歌創作的豐富性。「興之託諭，婉而成章」，也能成爲好作品。但是，無論是比興，還是興寄，還是象徵，作者的表達與讀者的領悟，總是有距離的。有的時候，讀者以爲有寓意的作品，往往是沒有寓意的，也有可能認爲沒有寓意的作品，又恰恰是賦有寓意的作品，因此，考證詩歌本事的工作還是很有必要的。例如朱慶餘的《近試上張籍水部》以及張籍的和詩《酬朱慶餘》，若是沒有本事的記載，也許誰也不會猜到科試能否及第的意義上來：

洞房昨夜停紅燭，待曉堂前拜舅姑。妝罷低聲問夫婿，畫眉深淺入時無？——《近試上張籍水部》

越女新妝出鏡心，自知明艷更沈吟。齊紈未足人間貴，一曲菱歌敵萬金。——《酬朱慶餘》

羅大經說，有寓意的詩，「言在於此而意寄於彼，玩味乃可識。」⑦但朱慶餘與張籍的酬和之作靠「玩味」是無法識的，也許「玩味」至今，還以爲是記述當時的民俗呢？所以，沈德潛認爲：「凡斯托者，往往有之，但不如「三百篇」之有小序可稽，在讀者以意逆之耳。」⑧事實上「三百篇」小序中也有不少附會之詞，而這些附會之詞又恰恰是讀者以己之意「逆」出來的。可見，讀者與作者的本意之間的誤解，時時存在，而有寓意的作品，如果詞旨晦澀，又無確實可信的史料作旁證，是很難弄清作者究竟是想說明什麼，或象徵什麼。唐人一部份閨怨、宮詞，究竟是寫實，還是暗有象徵，很難判斷。如李白的《玉階怨》、王昌齡的《長信宮詞》，或能認爲有一定的象徵意義和身世之嘆，那麼元稹的「白頭宮女在，閑坐說玄宗」呢？迄今尚無人用這種類比推斷，所有的宮怨作品都寓有作者的身世之嘆，因而某類意象必定諭指某些事物的說法，也是不能成立的。

古典詩歌自《詩經》、《楚辭》起，就已經出現了有寄興、象徵的作品，特別是屈原的《離騷》，以香草美人諭君子，以男女之愛論君臣之合，開風氣之先。古往今來，這類作品確實爲數不少，但這不等於所有詠香草美人之作都有寄託，更不是每一位作家的每一首成功的作品，都有深刻的具有政治色彩的寓意。白居易是唐代第一個提出詩歌要起「補察時政，泄導人情」作用的詩人，寫過許多諷諭詩，其中不乏寓意深刻的作品，但仍然有一些諷諭詩沒有用比興手法，更有許多沒有興寄的即事作品。強調比興作用，並不排斥「賦」的手法。唐人常常是賦、比、興三者並用或兼用。詩歌遍重於抒情，詩人主觀情感的流瀉是極為明顯的，但這和有無興寄是兩回事，不能因為詩人感情特別豐富就認為定有託諷。如李商隱擅長比興，也並非事事皆有託諷，皆有寓意。他本人對胡亂猜疑別人作品的寄託頗為憤怒，曾經諷刺說：「一自《高唐》賦成後，楚天雲兩盡堪疑。」儘管如此，李商隱作品的本事和寓意，仍是被猜測得最多的一人。似乎那些作品一旦變成了即興的作品，便立即失去了光澤，這恐怕也是受了傳統詩教的影響。

三

如果算上近人對《蜀道難》寓意的探討，應該是六種，除去「即事成篇，別無寓意」之外，都認為詩人此作是因某些特定的歷史事件而做的。這種猜測的方式幾乎是一致的，那就是與詩中所涉及的「蜀地」有關。「罪嚴武說」、「諷玄宗說」、「刺章仇兼瓊說」、「送友人說」等都因涉及的託諷歷史和對象與蜀地有關。包括姚合所說的李白「羞為無成歸」，也是由李白自蜀中出而想到功名未就，不得西歸。可見探討者深究作品的寓意常常陷入對字面意義的具體落實。《蜀道難》的題名也許已經決定了詩人作品必須描寫蜀地之事，正如《蜀道難》的題名已經規定了作品闡述必定是「蜀道難」而不是「蜀道易」一樣。所以，有關《蜀道難》寓意的說法，是一種讀者憑據歷史材料的聯想，甚至完全脫離了作者及其作品的聯想。

與上述情況不同，「嗟嘆仕途坎坷說」，是一種通過詩人其他作品進行類比的推論。「蜀道難」之難，自然說的是「蜀道之行」的難，而李白又有「行路難」之嘆，所以，行路之難的寓意都屬「仕途之行」的艱難。從作品本身去尋找根據，或許能比較貼近作者的本意。但是，作品中的「行路」意象是否都能剖析出「仕途之行」來呢？山行之難，衆所周知，水行舟行，難不難呢？如果這樣推論下去，李白的作品除了對「仕途」的關心，再也沒有其它東西了。可見，「仕途坎坷說」雖然換了探討詩旨的角度，仍然遵循著傳統的方法，要求作品的主旨落實到具體的歷史事件上。

由此想到文學作品鑑賞的索隱習慣，也許正與傳統的比興、興寄的批評方法，以及要求字字落實的思維方式有關。應該承認文學創作中的主觀色彩很強烈，特別是像李白這樣的詩人，以詩證史的方法很難行得通，那麼，在沒有確鑿史料的情況下，又怎能推斷出詩歌必有本事可索呢？況且從比興的角度看，如果眞有什麼需要「美」或「刺」的，用比興的方法託物寓情，欣賞起來，賞心悅目，不是更好嗎，何必苦苦追究那些隱匿起來的不能直言的忌諱。「比興」的方法，實際上是我們祖先發現的一種能夠將文學作品與非文學作品區分開的最簡單而有效的辦法。可惜的是，批評家們又每每不能理解藝術家們的良苦用心。不斷地去揭示「比」和「興」或者「象徵」背後的「眞實」和「具體」。於是，每一個解釋，每一次新的揭密，都給批評家帶來一種新的快感。於是又豐富了閱讀創造，甚至不斷地豐富了作品本身。不過有時候的字字落實，毫不留情地破壞了作品的美感，並把作家打得支離破碎，這就很難讓人接受了。

《蜀道難》有沒有寓意，如果有的話，到底是什麼，按照傳統的思維模式，這個問題可以永遠爭論下去，就像探索李商隱的《無題》，蘇軾的《中秋》詞一樣。筆者並不反對這樣的爭論，只是希望爭論的思維方法能夠有所拓展，離開那種字字落實而又找不到史證的老路。

【註釋】

①見《初學記·天部》三引《淮南子》。

②見瞿蛻園、朱金城《李白集校注》（一九八〇年上海古籍出版社）

③陳沆《詩比興箋》。

④《送李餘及第歸蜀》。

⑤見朱熹《詩集傳》。

⑥李東陽《麓堂詩話》。

⑦《鶴林玉露》。

⑧《說詩晬語》。

商山四皓的背後

——《山人勸酒》等三詩考釋

朱金城

李白的樂府詩中有一首《山人勸酒》詩云：

「蒼蒼雲松，落落綺皓。春風爾來爲阿誰？蝴蝶忽然滿芳草。香眉霜雪顏桃花，骨青髓綠長美好。稱是秦時避世人，勸酒相歡不知老。各守麋鹿志，恥隨龍虎爭。欻起佐太子，漢皇乃復驚。顧謂戚夫人，彼翁羽翼成。歸來商山下，泛若雲無情。舉觴酹巢由，洗耳何獨清。浩歌望嵩岳，意氣還相傾。」

又一首《商山四皓》詩云：

「白髮四老人，昂藏南山側。偃蹇松雲間，冥翳不可識。雲窗拂青靄，石壁橫翠色。龍虎方戰爭，於焉自休息。秦人失金鏡，漢祖昇紫極。陰虹濁太陽，前星遂淪匿。一行佐明兩，欻起生羽翼，功成身不居，舒捲在胸臆。窅冥合元化，茫昧信難測。飛聲塞天衢，萬古仰遺跡。」

又一首《過四皓墓》詩云：

我行至商洛，幽獨訪神仙。園綺復安在？雲蘿尚宛然。荒涼千古跡，蕪沒四墳連。伊昔煉金鼎，何年閉玉泉？朧寒唯有月，松古漸無煙。木魅風號去，山精雨嘯旋。紫芝高詠罷，青史舊名傳。今日並如此，哀哉信可憐！」

這三首詩中的後兩者，歷來都認爲是李白經過四皓墓時的一般懷古之作，詹鍈《李白詩文繫年》繫於天寶四載，黃錫珪《李太白年譜》繫於天寶十一載。第一首《山人勸酒》則有兩種不同的解釋。第一種意見認爲，這是有感於唐玄宗欲廢太子瑛而作。蕭士贇補注說：「……初，瑛母以倡進，鄂、光二王母以色選。及武惠妃寵幸後宮，生壽王，愛與諸子絕等。而太子、二王以母失寵頗怏怏。惠妃女婿楊洄揣妃旨，伺太子短，華爲醜語。惠妃訴於帝，且泣，帝大怒，召宰相議廢之，張九齡諫得不廢。俄而九齡罷，李林甫專國，數稱壽王美以探妃意，妃果德之。二十五年，洄復構瑛、瑤、琚與妃之兄薛輔有異謀，惠妃使人詭召太子二王曰：『宮中有賊，請戒以兵入。』太子從之，妃白帝曰：『太子、二王謀反，甲而來。』帝使中人視之如言，遽召宰相林甫議，答曰：『陛下家事，非臣所宜豫。』帝意決，乃詔廢爲庶人，尋遇害。天下冤之，號三庶人。……明皇之時，盧鴻、王希夷隱居嵩山，李元愷、吳筠之徒皆以隱稱，或召至闕庭，或遺問政事，從爾高議闊論，然未有能如四皓之一言而太子得不易也。」（城按：「妃之兄薛輔」應作「太子妃之兄薛鏽」，蕭氏所引有誤。）《唐宋詩醇》的解釋也和蕭氏相同。第二種意見認爲，這首詩是泛詠四皓，王琦注反駁蕭士贇說：「此詩大意美四皓當暴秦之際，能避世隱居，及漢有天下，雖一出而輔佐太子，及功成身退，曾不繫情爵位，眞可以希風巢，許者矣。箕山，潁水是二子洗耳盤桓之地，俱在嵩山，故望之而概焉生慕。巢，由如在，意氣可以相傾，此正尙友古人之意，初無譏評獨清之說。明皇一證，其見左矣。」詹鍈《李白詩文繫年》繫此詩於天寶四載，今人解釋這首詩，多半同意王琦的說法。

我認爲解釋李白《山人勸酒》、《商山四皓》、《過四皓墓》三首詩，應該聯繫起來共同考慮，不能孤立地分別對待。從詩意和李白生平的交遊來考證，這三首詩決不是什麼空泛的懷古之作，也不是如蕭士贇所解釋的「太白蓋爲明皇欲廢太子瑛，有所感而作是詩」，歷來對它的注釋都是不正確的。

唐肅宗李亨是玄宗的第三個兒子，由於皇太子瑛得罪被廢，他於開元二十六年被立爲皇太子。因爲議立時遭到李林甫的反對，林甫恐懼李亨繼位後對自己不利，所以千方百計地企圖阻止李亨繼承帝位，天寶五載有名的韋堅、柳勣冤獄就是李林甫一手製造的一次大陰謀。有關這件事情的全部經過，《資治通鑑》卷二一五天寶五載記載說：「初，太子之立，非林甫意。林甫恐異日爲己禍，常有動搖東宮之志，而（韋）堅又太子之妃兄也。皇甫惟明嘗爲忠王友，時破吐蕃，入獻捷，見林甫專權，意頗不平。時因見上，乘間微勸上去林甫，林甫知之，使楊愼矜密伺其所爲。會正月望夜，太子出遊，與堅相見，堅又與惟明會於景龍觀道士之室。愼矜發其事，以爲堅戚里，不應與邊將狎昵。林甫因奏堅與惟明結謀，欲共立太子。堅、惟明下獄，……癸酉，下制，責堅以干進不已，貶縉雲太守。惟明以離間君臣，貶播州太守。……將作少匠韋蘭、兵部員外郎韋芝爲其兄堅訟冤，且引太子爲言，上益怒。太子恐，表請與妃離婚，乞不以親廢法。丙子，再貶堅江夏別駕，蘭、芝皆貶嶺南。然上素知太子孝謹，故譴怒不及。李林甫因言堅與李適之等爲朋黨，後數日，堅長流臨封，適之貶宜春太守，太常少卿韋斌貶巴陵太守，嗣薛王琄貶夷陵別駕，睢陽太守裴寬貶安陸別駕，河南尹李齊物貶竟陵太守，凡堅親黨坐流貶者數十人。……贊善大夫杜有鄰女爲太子良娣，良娣之姊爲左驍尉兵曹柳勣妻。勣性狂疏，好功名，喜交結豪後。淄川太守裴敦復薦於北海太守李邕，邕與之定交。勣至京師，與著作郎王曾等爲友，皆當時名士也。勣與妻族不協，欲陷之，爲飛語，告有鄰妄稱圖讖，交構東宮，指斥乘輿。林甫令京兆曹吉溫與御史鞫之，乃勣首謀也。溫令勣等連引曾等入臺。……有鄰、勣及曾等皆杖死，積尸大理，妻子流遠方，中外震栗。……別遣監察御史羅希奭往按李邕，太子亦出良娣爲庶人。……六載春，正月辛巳，李邕、裴敦復皆杖死。……林甫又奏分遣御史即貶所賜皇甫惟明、韋堅兄弟等死。……李適之憂懼，仰藥自殺。」最後李林甫恣意羅致，株連廣泛，罪人「溢於牢獄」，連船夫都不能幸免。這實在是當時震動全國的一次大獄，《舊唐書》卷一〇五《韋堅傳》、《新唐書》卷一三四《韋堅傳》都有記載，但不及《資治通鑑》詳細。這裡充分反映出李亨做太子時，他的地位是非常不穩定的，最後恐懼上表，與太子妃（韋堅妹）離異，才勉強保全了儲君的地位。所以後來安史之亂一發生，李亨立即接受了李輔國的建議，分兵北走，自取帝位，開唐代內禪的另一新局面。再聯繫到後來永王璘的興兵叛亂，欲與李亨爭奪帝位，更是不足驚異的了。

這次大獄雖與李白本人無關，但卻爲我們解釋李白這三首作品提供了重要線索。從李白自己作品中考知，韋堅、柳勣冤獄中所牽連的許多重要人物都是他的好友，現分述如下：

㈠李白集中涉及李邕的詩有《上李邕》、《陪從祖濟南太守泛鵲山湖》三首等，又《題江夏修靜詩》詩自注：「此寺是李北海舊宅。」可知他們兩人有深厚的交情。又《答王十二寒夜獨酌有懷》詩云：「君不見李北海，英風豪氣今何在？君不見裴尚書，土墳三尺蒿棘居。」詩中非常沈痛地悼念李邕和裴敦復的慘遭殺害！

(二)據王琦輯注本，李白集中現存與「崔侍御」有關的詩有《贈崔侍御》（卷九）、《贈宣城宇文太守兼呈崔侍御》（卷十二）、（宣城九日聞崔四侍御與宇文太守遊敬亭余時登響山不同此賞醉後寄崔侍御二首）（卷十四）、《寄崔侍御》（卷十四）、《遊敬亭寄崔侍御》（卷十四）、《聞李太尉大舉秦兵百萬出征東南懦夫請纓冀中一割之用半道病還留別金陵崔侍御十九韻》（卷十五）、《酬崔侍御》（卷十九）、《玩月金陵城西處楚酒樓達曙歌吹日晚乘醉著紫綺裘烏紗巾與酒客數人棹歌秦淮往石頭訪崔四侍御》（卷十九）、《登敬亭北二小山余時客逢崔侍御並登此地》（卷二一）等十一首，其中除了《聞李太尉大舉秦兵百萬……留別金陵崔侍御十九韵》一首外，其餘都是酬崔成甫之詩。除詩以外，李白還有一篇《澤畔吟序》，也是替崔成甫作的。《澤畔吟序》說：「《澤畔吟》者，逐臣崔公之所作也，公代業文宗，早茂才秀。起家校書蓬山，再尉關輔，中佐於憲車，因貶湘陰。從宦二十有八載，而官未登於郎署，何遇時而不偶耶？所謂大名難居，碩果不食。流離乎沅、湘，摧頹於草莽。同時得罪者數十人，才長命夭，覆巢蕩室。……」據今人郁賢皓《李白詩中崔侍御考辨》一文（《文史哲》一九七九年第一期）所引《有唐通議大夫守太子賓客贈尚書左僕射崔孝公（沔）墓志》後崔祐甫附記云：「孝公長子成甫，服闋授陝縣尉。以事貶黜。乾元初卒於江介。」《舊唐書．韋堅傳》云：

「天寶元年三月，擢爲陜郡太守，水陸轉運使。……於長安城東九里長樂坡下，滻水之上架苑牆，東面有望春樓，樓下穿廣潭以通舟楫，二年而成。……陜縣尉崔成甫以堅爲陜郡太守鑿成新潭，又致揚州銅器，翻出此詞，廣集兩縣官，使婦人唱之，……成甫又作歌詞十首，自衣缺胯綠衫，錦半臂，編袒膊，紅羅抹額，於第一船作號頭唱之。……」《舊唐書》的記載與崔祐甫附記，李白《澤畔吟序》所敘時間相合，可知崔成甫天寶元年爲陜縣尉，不久又遷監察御史，天寶五載正月韋堅被貶斥，成甫也在這年被放逐。唐人重內輕外，對於被貶斥的人往往仍稱其舊官職，所以李白詩中仍稱之爲「崔侍御」。又從李白贈崔成甫的詩中可以知道，他們在開元末或天寶初已經交往，交情非常深厚，成甫因韋堅一案牽連而貶謫，李白當然是寄予無限的同情，一直到乾元元年崔成甫死後，李白流夜即遇赦回來，還給他的《澤畔吟》詩稿寫了序言，並抒發他們之間共同的身世之感。

根據以上所引證和分析的資料，就不難理解李白《山人勸酒》、《商山四皓》、《過四皓墓》三首詩決非一般空泛的懷古詩，也不是有感於唐玄宗廢太子瑛而作，而是有感於天寶五載韋堅一獄而作。況且，太子瑛廢爲庶人在開元二十五年，那時李白還未供奉翰林，和由此案而罷相的張九齡以及被賜死的薛鏞等都沒有任何關係。同時，正因爲韋堅一獄是由於太子李亨而起，太子的地位岌岌可危，必須有像四皓這樣的人來輔弼才能保全，所以李白《山人勸酒》詩中借古喻今說：「欻起佐太子，漢皇乃復驚。顧謂戚夫人，彼翁羽翼成。歸來商山下，泛若雲無情。」《商山四皓》和《過四皓墓》兩詩在王琦輯注本中是編在同一卷（卷二二）內的，如果李白已經有了《過四皓墓》的懷古詩，那麼，不大可能再寫空泛重複的《商山四皓》詩，必然是有所寄託而發。又考《舊唐書・玄宗紀》，天寶五載，李適之罷相後貶宜春太守仰藥死前的官職是太子少保，歷來東宮三少可以和四皓相比，「今日並如此，哀哉信可憐！」顯然這是哀悼李適之、李邕等人無疑。因此我也可以斷言，這三首詩都作於天寶五載以後。請參閱拙著《李白集校注》一書的注釋。

最後，附帶考訂一下李邕的籍貫問題。清張雲璈《選學膠言》卷一「李善注有數本」條云：「按：《舊唐書》以李善爲揚州江都人，而《新唐書》則以爲江夏。考北海邕之先，自高陽侯就至六世孫武仕晉爲侍中，皆居江夏，其後孫元哲乃徙居廣陵。元哲生善，善生邕，邕之再居江夏，不可知矣。然李白《題江夏修靜寺》詩云：『我家北海宅，作寺江南濱。空庭無玉樹，高殿坐幽人。書帶留青草，琴堂冪素塵。平生種桃李，寂寞不成春。』注云：『此寺是李北海舊宅。』是邕蓋復歸江夏，故江都、江夏得兩稱也。」考《舊唐書・李善傳》、《舊唐書・李邕傳》及《新唐書・李邕傳》附《李善傳》都說他們父子是江都人，只有《新唐書・曹憲傳》稱「江夏李善」，高步瀛《文選李注義疏》認爲江夏是李善的郡望。但據張氏考證，從李邕祖父元哲開始才從江夏遷居廣陵（江都）。則李邕在江夏必有舊宅，李白這首詩可以證明。可以認爲李邕的原籍是江夏，《新唐書・曹憲傳》的記載是正確的，所以也不能說江夏是李善的郡望。

采石江邊淒迷事

——「采石江邊李白墳」辨疑

朱金城

李白是我國文學史上最偉大的詩人之一，他的盛名生前已經廣泛流傳；死後紀念的作品不可勝數，其中以唐代白居易的《李白墓》詩最爲膾炙人口：

> 采石江邊李白墳，繞田無限草連雲。可憐荒隴窮泉骨，曾有驚天動地文。但是詩人多薄命，就中淪落不過君。

這首詩作於元和十三年（八一八），距李白逝世後四十四年。當時白居易被貶官在江州司馬任上，因此，詩旨和他元和十年所寫的《與元九書》中「李白、孟浩然輩不及一命窮悴終身」一樣，也是借題發揮之作，詩中流露出一種淒涼的身世之感。《古今圖書集成·職方典》卷八一六《太平府部·藝文二》及光緒《太平府志》卷三九《藝文五》都著錄白居易這首詩，題爲《謫仙樓》，但最後則多出兩句：「渚蘋溪藻猶堪薦，大雅遺風已不聞。」考各本《白氏文集》（包括現存最早的宋紹興本）及《全唐詩》等均爲六句，沒有《古今圖書集成》和《太平府志》所載兩句。況且這兩句詩詞意拙劣，大概出於後來好事文人之手，不免貽續貂之誚。詩題《謫仙樓》也是由於方志纂修者的需要而臆改，與白詩拜李白墓的內容毫不相涉。因此，這兩點是不足以辨疑的，而主要問題在於白詩既然是有感而發，就需要弄清李白的墓址才能理解全詩。但自唐以來采石與青山各有一座李白墓，那麼，白居易詩中的「李白墓」究竟在何處呢？

《新唐書·文藝列傳·李白傳》云：「（李）白晚好黃老，度牛渚磯至姑孰，悅謝家青山，欲終焉。及卒，葬東麓。元和末，宣歙觀察使范傳正祭其塚，禁樵採，訪後裔，惟二孫女，……因泣曰：先祖志在青山，頃葬東麓，非本意。傳正改葬，立二碑焉。」范傳正，字西老，南陽人，兩《唐書》俱有傳，其父范倫（《新唐書》作「倫」）和李白友善。由於上一輩的淵源，所以傳正替李白改葬並非出於偶然，他的《唐左拾遺翰林學士李公新墓碑並序》云：「傳正共生唐代，甲子相懸。常於先大夫文字中見與公有潯陽夜宴詩，則知與公有通家之舊。……廉問宣、池，按圖得公之墳墓在當塗屬邑，因令禁樵採，備灑掃，訪公之子孫，欲申慰薦。凡三四年，乃獲孫女二人，……因云：先祖志在青山，遺言宅兆，頃屬多故，殯於龍山東麓，地近而非本意。墳高三尺，日益摧圮，力且不及，知如之何？聞之憫然，將遂其請。因當塗令諸葛縱會計在州，得諭其事。……便道還縣，躬相地形，卜新宅於青山之陽，以元和十二年正月二十二日遷神於此，遂公之志也。西去舊墳六里，南抵驛路三百步，北倚謝公山，即青山也。」據范氏新碑文可知，李白死後初葬當塗龍山東麓，後由范傳正遷於距舊墳六里的青山之陽（墓在青山西北麓，座北朝南，故稱「青山之陽」）。這是記載李白墓移的最早資料，爲《新唐書·李白傳》所本，但「東麓」前漏掉了「龍山」二字，以致將「龍山」與「青山」兩山混淆不清。

李白初葬時，有李華撰《故翰林學士李君墓誌並序》，文云：「姑孰東南，青山北址，有唐高士李白之墓。」《范碑》說初葬於「龍山東麓」，《李誌》卻說是葬於「青山北址」，兩說似乎不一，但據《元和郡縣圖志》卷二八記載：「龍山在（當塗）縣東南十二里，桓溫嘗與僚佐九月九日登此山宴集。」《清統志·太平府》又云：「青山在當塗縣東南三十里，一名謝公山，亦名青林山。……《府志》：青山在郡治東南姑孰鄉，山陰距郡十五里，山陽距三十里，周廣八十里。」姑孰即當塗。由此可見，青山與龍山相鄰，龍山在青山的西北，李白死後初葬龍山東麓，即青山的北面，後來再遷至青山西北麓（座北朝南故稱「青山之陽」）。李華與范傳正所記相符，毫無矛盾。兩墳都有唐人第一手資料的碑誌可證，當然是毫無可懷疑的。

那麼，白居易詩中的「采石江邊李白墳」是否指龍山或青山之墓呢？從詩所描寫的景況來看，顯然不是指龍山或青山之墓，而是指采石磯的李白墓。其根據爲：第一，據《元和郡縣圖志》、《舊唐書·地理志》、《輿地廣記》等書記載，采石山即牛渚山，又名翠螺山，在當塗縣西北大江中，而青山則在當塗縣東南，距江較遠。青山之墓自不能稱爲「江邊」，若稱「江邊」，必是指采石之墓。第二，陸游《入蜀記》卷三記載云：「（李太白）祠在青山之西北，距山尙十五里，墓在祠後，有崗阜起伏，蓋亦青山之別支也。祠莫知其始，有唐劉全白作墓碣及近歲張眞甫舍人所作重修祠碑。」劉全白幼時以詩受知於李白，他的《唐故翰林學士李君碣記》作於貞元六年四月七日，南宋時猶存。又《

古今圖書集成・方輿彙編・職方典》卷八一一《太平府部・山川考》引《府志》云：「青山在郡治東南姑孰鄉，山陰距郡十五里，山陽距三十里，周廣八十里。……山南圜闠百餘家，爲青山鎭，齊宣城守謝朓築室其地，故又名謝公山。有碑在山址，書第一山，米芾眞跡。碑左爲登涉路，鳥道紆曲，上至巓，稍折而下，林屋叢薈者保和庵。庵前石砌方池，有泉滃然，冬夏不涸，朓故井也。西下坦迤曰泉灣，青疇綠樹，巒壑優美，中峰之麓，范傳正遷李白碑銘屹立數楹中。東南白雲寺剎，古地敞足，與保和競勝。」從這些記載可知青山李白墓在山上，不在田中，筆者曾前後三次往謁青山李白墓，證實《府志》所記非虛。但北宋趙令時《侯鯖錄》云：「李白墳在太平州采石鎭民家菜圃中，遊人亦多留詩，然州南有青山，乃有正墳。或曰：太白平生愛謝家青山，葬其處，采石特空墳耳。」又南宋程大昌《演繁露》云：「采石江之南岸田畈間有墓，世傳爲李白葬所，累甓爲之，其墳略可高三尺許，前有小祠堂甚草草，中繪李白像，布袍裹軟腳幞頭，不知其傳眞否也？」足證采石李白墓從北宋到南宋都保存無損，他們都說采石李白墓在「民間菜圃中」，或「田畈間」，顯然不在山上，將李白衣冠冢遷至翠螺山（即采石山）半山麓則是一九七二年的事情。白居易詩中又有「繞田無限草連雲」和「可憐荒隴窮泉骨」之句，與趙程兩氏所記載的環境相合，可以肯定白居易所題之墓不在青山，而在江邊的采石磯。

至於采石李白墓曾有改遷青山之說，大概也始於趙令時《侯鯖錄》，其文云：「世傳太白過采石，酒狂捉月，竊意當時藁葬於此，至范侍郎爲遷窆青山焉。」趙氏大概是忽略了范傳正《唐左拾遺翰林學士新墓碑》的記載而致誤。《輿地紀勝》卷十八《太平府》亦云：「唐李白墓在縣東一十七里青山之北。李陽冰爲當塗令白往依之，悅謝家青山欲終焉。寶應元年卒，葬龍山東。今采石亦有墓乃太白藁葬之地，後遷龍山。元和十二年宣歙觀察使范傳正委當塗令諸葛縱改葬青山之址，去舊墳六里。白樂天《李白》詩云……」王象之既承襲了《侯鯖錄》的錯誤，但又感到直接遷往青山的不妥，所以又參考了范傳正的新墓碑，而採取了一種調和的說法，但卻肯定了白居易題詠的李白墓在采石，不在青山。我認爲自采石遷葬是不可靠的，所持的理由有兩點：第一，白居易采石題《李白墓》詩作於元和十三年（八一八），這時李白墓已自龍山遷至青山之陽。第二，李華是唐代著名的古文家，不但與李白友善，也是范傳正父親范倫的好友，卒于大歷九年（七七四），距李白逝世的時間較近，他寫的墓誌明指葬於「青山北址」（即龍山東麓），並未提到采石遷葬之事，其記載應是最原始最可靠的材料。

那麼，李白采石之墓又作何解釋？這又涉及到李白之死的問題。

關於李白之死，歷來存在著兩種說法：第一種是「以疾終」，最早見於李陽冰《草堂集序》云：「陽冰試絃歌於當塗，心非所好。公遐不棄我，乘扁舟而相顧。臨當掛冠，公又疾亟。草稿萬卷，手集未修。」李華《故翰林學士李君墓誌》、范傳正《唐左拾遺翰林學士李公新墓碑》、兩《唐書》等都持這種說法，晚唐皮日休《七愛詩·李翰林（白）》則提供了關於李白病死的珍貴資料：「竟遭腐脅疾，醉魄歸八極。」後世所編的年譜，如玉琦《李太白年譜》、黃錫珪《李太白年譜》、詹瑛《李白詩文繫年》等，也都肯定了這種說法。第二種是「捉月而死」。這種說法雖不見於碑傳、正史，但在唐代就已開始流傳，到了宋代更加廣泛。大概最早見於《唐摭言》云：「李白著宮錦袍，游采石江中，傲然自得，旁若無人，因醉入水中捉月而死。」（按：今本《唐摭言》無此條，據王琦《李太白年譜》所引。）《容齋隨筆》也說：「世俗多言李太白在當塗采石，因醉泛舟於江，見月影俯而取之，遂溺死，故其地有捉月臺。」晚唐及宋代詩人作品中涉及李白捉月而死的也不少，如項斯《經李白墓》詩：「夜郎歸未老，醉死此江邊。葬闕官家禮，詩殘樂府篇。游魂應到蜀，小碣豈旌賢？身沒猶何罪，遺墳野火燃。」白居易《李白墓》詩更證實了采石李白墓在唐代已經存在。因此，采石江邊的李白墳很可能是一個與龍山眞墳同時或稍後建立的衣冠墓，用捉月傳說來紀念這位經常泛舟於采石江上的偉大詩人。正由於捉月的傳說深入人心，所以後人游采石謁李白衣冠墓時，也大都不深究它的來歷，甚至有的詩人將青山墓與采石墓合併題詠，如南宋尤袤《李白墓》云：「嗚呼謫仙，一世之英。乘雲御風，捉月騎鯨。來游人間，蛻骨遺形。其卓然不朽，與江山相爲終始者，則有萬古之名。吾意其峥嶸犖落，決不與化俱盡，或吐爲長虹而聚爲華星。青山之下，埋玉荒塋。祠貌巍然，斷碑誰銘？」這正如李白識郭子儀於行伍中的無稽民間傳說一樣，甚至會昌時裴敬作的《翰林學士李公墓碑》也寫入此事，樂史《李翰林別集序》及《新唐書・李白傳》復據以採入，那更是不足爲奇了。

以樂景寫悲情

——說《將進酒》

朱金城

君不見，黃河之水天上來，奔流到海不復回！君不見，高堂明鏡悲白髮，朝如青絲暮成雪！人生得意須盡歡，莫使金樽空對月。天生我材必有用，千金散盡還復來。烹羊宰牛且爲樂，會須一飲三百杯。岑夫子，丹丘生，進酒君莫停。與君歌一曲，請君爲我側耳聽。鐘鼓饌玉不足貴，但願長醉不願醒。古來聖賢皆寂寞，惟有飲者留其名。陳王昔時宴平樂，斗酒十千恣歡謔。主人何爲言少錢？徑須沽取對君酌。五花馬，千金裘，呼兒將出換美酒，與爾同銷萬古愁。

此爲詩人樂府名篇之一。李白於天寶初被逐出長安，政治上的失敗使他感覺到自己與統治集團深刻的矛盾，一種無人理解的痛苦和失意者的抑鬱悲憤激蕩在胸中。時時都可能迸發出來，形成巨大的衝擊力量。《將進酒》原爲漢樂府鼓吹饒歌十八曲之一，意譯即爲「祝酒歌」。此詩雖然也是以「飲酒放歌爲言」，但通篇熔鑄著詩人自己的眞情，祝辭的背後，透出了他藐視人生的悲哀和懷用世之才不遇的萬古之愁。濃烈的熾情沁入濃烈的醇酒，情極悲憤而作狂放，語極豪縱而又沉著，以酣暢淋漓的筆墨和變化莫測的旋律，反復表現自己內心複雜的痛苦和矛盾，既有黃河奔騰萬里，一瀉東海的氣勢，又有黃河九曲、千折百回的波瀾，讀後必然會使人受到強烈的震撼。詩以兩個「君不見」發端，詩人胸中的悲壯情懷久壓不住，猶如狂風急雨，撲面而至，排山倒海，勢不可擋。那種人生短促，時不我與無窮悲慨，如同「黃河之水天上來」。噴薄而出，一發不可收。這種以黃河起興，似乎還覺得它不夠宏偉，用極度擴張空間的語言來形容黃河自天而降，極言河水落差之大以及流速之疾，具有不可阻攔的神來之氣。接下來「高堂明鏡悲白髮，朝如青絲暮成雪」兩句，則是以時間上的誇張，將人生由青春至衰老說成是「朝」、「暮」之間的事，將本來短暫的說得更短暫，這種強烈語言附託下的人生悲哀之感，不能不令讀者感到衰颯的壓抑。因爲它是以兩句奔騰咆哮的黃河的無限空間和歷史長河的無限時間爲背景的，所以，人生如夢的傷感變成了巨人式的感傷，產生了驚心動魄的藝術力量。

「人生得意須盡歡，莫使金樽空對月」，似乎只要人生得意，便無所遺憾。可是，這無所遺憾中，又包藏著多少遺憾！所以，一種無可奈何的縱情歡樂，將詩歌帶入了五、六兩句，開始了以樂景寫悲情的主題。

歡樂不可無酒，但又不直接寫杯中之物，而出之於「金樽」、「對月」的形象語言，格外增添了飲酒的詩情畫意。詩人在杯觚交錯之中，顯得多麼瀟灑。其實詩人何嘗得意，不過是和幾個老朋友縱酒狂飲，互相傾訴衷腸，大發牢騷，也可能揭露他在長安所目睹統治者的種種醜惡行徑。他永遠也忘不了所受到的冷落和欺騙，卻永遠也不能忍受這種冷落和欺騙。於是筆鋒一轉，唱出了千古流傳的名句：「天生我材必有用，千金散盡還復來。」這兩句詩表現了詩人對自己才幹、力量的充分肯定和屢遭失敗之後不肯屈服的倔強性格。詩人「曩在維揚，不逾一年，散金三十餘萬」，「千金散盡還復來」，詩如其人，正表現出他重情誼、輕金錢的高尚品格。自開頭至「會須一飲三百杯」，從感慨人生短暫寫到宴飲的歡樂，是此詩的第一段。正是這種強烈的自信，才使作品以樂景寫悲情的藝術效果，顯得如此高闊和超邁。

自「岑夫子」至「惟有飲者留其名」爲第二段。岑夫子爲岑勛，丹丘生爲元丹丘，他們都是李白的好友。「進酒君莫停」，一作「將進酒杯莫停」六字。「鐘鼓」指古代貴族宴會時演奏的音樂，「饌玉」指精美的食品。但「鐘鼓饌玉」不成對文，疑當作「鼓鐘饌玉」，即鐘鳴鼎食之意。《詩·秦風》有「子有鐘鼓，弗鼓弗考」的句子，所以「鼓鐘」是「鳴鐘」的意思。這句詩《文苑英華》、《唐文粹》作「鐘鼎玉帛豈足貴」，亦可通。這一段從宴飲的歡樂寫到詩人對現實的感受，感情由高昂歡快轉向悲憤悽涼。歷來聖賢多寂寞於生前，這是嚴酷的歷史事實，所以借古人的寂寞來表現自己的寂寞，衹好借古人的酒杯澆自己的塊壘了。

「陳王昔時宴平樂，斗酒十千恣歡謔」，由歌詠「飲者」聯想到詩人陳王曹植，他行獵歸來，歡宴於平樂觀，寫出了《名都篇》，詩云：「歸來宴平樂，美酒斗十千。」曹植用這快意的一時的享樂來排遣他受猜忌的痛苦和憤懣，李白也感到曹植有共通之處，於是牽出「五花馬」，取出「千金裘」，換美酒與朋友痛飲，爲了得到暫時的忘卻，借以消解古往今來鬱積於心中的愁悶。自「陳王昔時」到此爲第三段，感情由振奮、狂放轉到悲憤，從而結束全篇。此詩氣概豪邁，語言奔放，正如宋人嚴羽所說：「一往豪情，使人不能句字賞摘，蓋他人作詩用筆想，太白但用胸口一噴即是。」①

【註　釋】

①《嚴羽評點李集》。

憂來其如何

——說《古朗月行》

朱金城

小時不識月，呼作白玉盤；又疑瑤臺鏡，飛在青雲端。仙人垂兩足，桂樹何團團？白兔搗藥成，問言誰與餐？蟾蜍蝕圓影，大明夜已殘。羿昔落九烏，天人清且安。陰精此淪惑，去去不足觀。憂來其如何？淒愴摧心肝。

李白詠月佳作頗多，據統計，他的詩中提到明月共有三百處之多。《朗月行》原爲樂府舊題，劉宋鮑照有《朗月行》詩一首，李白生平偏愛鮑照之俊逸，擬作《古朗月行》也可能受他的啓發。不過，主旨和藝術手法則迴然不同。

這首詩的開頭，避免了通常樂府古詩所用的比興方法，而是以陳述開端，起句即直入詩題。而細細尋味，詩人的修辭中依然用了暗諭他把朗月比作高懸在空中的白玉盤，又把朗月喻爲鑲嵌在雲端的瑤臺鏡，以「呼作」、「又疑」二詞點綴，侃侃而敘，顯得那樣自然貼切。寥寥數字，便把那空澈、虛幻的月夜清空勾勒出來，給人一種純清美妙的感覺。接下來的描寫，則運用了古往今來關於月亮的神話傳說。據《太平御覽》卷四引虞喜的《安天論》記載，俗傳月中仙人和桂樹，月亮初昇時，先看見仙人的兩隻腳，待月亮漸漸圓起來，才能看到桂樹的全影。也就是說，應當先有仙人之足，然後才有桂樹團團。又傳說月亮中有隻白兔，終年在那裡搗藥。可是那仙人雙足剛剛垂下，桂樹怎麼已經成陰了呢？那白兔終年辛勞，它搗成的藥，又是給誰服用的呢？看來，少兒時代認爲純潔美妙的「白玉盤」、「瑤臺鏡」中，也有許許多多令人難以理解的東西吧！你看，這潔白溜圓的明鏡玉盤，居然也會出現殘缺的陰影！據說，月中有一隻蟾蜍，當它食月的時候，月亮就出現了月蝕的現象。「蟾蜍蝕圓影」，那明亮的圓月突然失缺了一角，潔美的形象全然被損壞，自然也就不再那麼可愛了。幸虧這令人不愉快的現象是暫時的──「大明夜已殘」。「大明」一辭可以代指太陽，也可以代指月亮（參見《禮記．禮器》及《文選》木華《海賦》李善注），此處釋爲日出天明較妥。當月落日出的時候，詩人便將筆錄轉向了對太陽的歌頌。他想到了后羿射日的傳說。堯時十日並出，草木焦枯，堯命令羿仰射十日，結果射中了九日，日中的九烏全部射死，墜下了羽翼，留下了一個太陽，爲人類造福。現在，那太陽還像當初一樣，放射著光芒，安然無恙，這是多麼值得慶幸的事情！對比之下，詩人覺得月亮並不可愛了，這個曾經使他神往的「白玉盤」、「瑤臺鏡」，竟然如此淪惑，實在是不足爲觀。忘了她吧！但是，感情這玩意兒卻又是不能強迫的，詩人內心水湧來一團憂愁，痛苦地折磨著他。詩中的陰精指月亮，古人以月、日爲陰、陽，所以，這裡月亮被稱爲陰精。

《古朗月行》初觀不過一首普通的小詩而已。可讀起來，讓人覺得曲折委宛。詩人從兒時的回憶起筆，幾經轉折，闡述了他對月亮的認識過程──美好、疑慮、失望、痛苦。感情的波折時起時伏，而對月亮的評價也隨之從贊美降爲冷漠。詩意雖然曲折，但並沒有越出李白豪邁詩風的調格，它依然顯示了那種大幅度跳躍的特點，給人一種跌宕而不連貫的印象。所不同的是，全詩以直敘的形式出現，夾敘夾議，也不顯得過分舖張，所以即使全詩都在寫月，或簡或繁，反復吟詠，也沒有讓人有瑣碎的感覺。詩的末尾以「憂來其如何？淒愴摧心肝」作結，將詩意推向高潮，造成一種悲壯的氣氛，但毫無淒惻纏綿之感，充分展現了詩人的性格。

李白向來是愛月的，何以向月亮發如此大的怒氣呢？從詩人情緒的變化中，我們不難推斷，這首詠物之作，是借詠月以抒發一種鬱鬱不平心情的詩歌。詩中所說的月亮，不過是一種象徵罷了。象徵著什麼呢？也許是濟世爲民的美好理想，也許是他少年時以爲值得報效的朝廷，也許是對仕途騰達的宏願，也許是他寄予無限希望的某個政治集團。詩人爲自己的理想奮鬥了，但是，在奮鬥的過程中，他看到了現實的黑暗，官場的腐敗，政治鬥爭中的奸詐，也看到了自己前途的暗淡。嚴酷的現實，終於使詩人清醒過來，「白玉盤」、「瑤臺鏡」並不像他所想像的那樣潔淨美好，它使詩人感到迷惑、失望和彷徨。雖然詩人還無法認識並解釋它的本質和根源，但已經看到它的陰暗和缺陷——圓月被蟾蜍蝕食了。詩人感到了厭惡和憤恨，「陰精此淪惑，去去不足觀」。不過，忠君的傳統觀念深深地影響著詩人，他對皇帝尙存一線希望，希望這位「聖明君主」能夠任用忠賢，重整朝綱。於是，詩人筆下的太陽又成了與月亮爲對比的象徵：「羿者落九烏，天人清且安。」而現實生活中的「天下」能否「清且安」？這又引起了詩人的擔心和憂慮，他百感交加，一時不知從何說起。詩的結尾之處，詩人表達的就是這種無法控制的沉悶心情，他巧妙地將詩中的象徵意義通過抒情寫實手法體現出來，使全詩一氣呵成，不落斧鑿之痕。

一樣望月兩般情

——說《玉階怨》及《靜夜思》

朱金城

玉階生白露，夜久侵羅襪。卻下水精簾，玲瓏望秋月。——《玉階怨》

床前看月光，疑是地上霜。舉頭望山月，低頭思故鄉。——《靜夜思》

胡應麟《詩藪》指出：「太白諸絕句，信口而成，所謂無意於工而無不工者。」《玉階怨》與《靜夜思》都是「信口而成」，膾炙人口的名篇，內容同爲望月，但風格完全不同，前者含蓄典雅，後者清淺自然。

《玉階怨》屬於樂府相和歌楚調十曲之一，古題內容多半是寫宮怨的，李白此詩也不例外，詩中描寫一個宮人在月夜的深沉等待和思念，從而普遍反映了她們孤寂淒清的幽閑生活。第一句「玉階生白露」，是說秋天夜晚，深宮白玉石的臺階上已經浸滿露水。點出了人物的活動的時間和地點。第二句「夜久侵羅襪」，人物形象出現了，是說這位宮女，由於在石階上佇立望月的時間久了，白露侵濕了羅襪，感到寒意襲人，祇得悄悄地回到房中去。三、四兩句「卻下水精簾，玲瓏望秋月」，是說她回到房中後，爲秋思所擾，心緒萬端，於是走向窗前，將水精簾子放下，透過簾子窺視明亮的皓月。

「卻」，還的意思。「玲瓏」，形容月亮光明透澈，像美玉一樣玲瓏可愛。這首小詩，僅僅二十個字，細膩地刻畫了這位宮人的百般情態，從形體動作到心理變化，生動逼眞，層次分明，語言自然精鍊，手法蘊藉含蓄，通篇不著一個「怨」字，而幽怨之情自見。所以前人說：「太白此篇，無一字言怨，而隱然幽怨之意見於言外，晦庵所謂聖於詩者此歟！」①堪稱唐詩中的珍品。

李白另一首五絕《靜夜思》，既沒有奇特新穎的構想，也沒有精工華美的辭藻，它只是用極平常的語言，敘述遠客的思鄉之情，但其中的感情容量卻極其深厚。全篇清新樸素明白如話，而意味深長，耐人尋思，因此千百年來，幾乎成了我國古典詩歌中最受人喜愛和流傳最廣的名篇。此詩一、二兩句「床前看月光，疑是地上霜」，描寫夜深人靜之時，一位異鄉的孤客，久不成寐，朦朧之間，產生一種迷離恍惚的錯覺，將床前的一片月光誤作了地上的秋霜。接著三、四兩句「舉頭望山月，低頭思故鄉」，當他定神抬頭向窗一望，只見皓月懸空，月光如水，才清醒地發覺他看到的不是秋霜。這時立刻觸動了他的旅思秋懷，感覺客況孤寂淒涼，萬種離愁盡上心頭，很自然會想到故鄉的一切，想到家裡的親人，想著，想著，頭漸漸低了下來，完全陷入了沉思之中。李白詩中寫月亮的極多，月與海幾乎佔同等重要地位，他的很多名篇都沐浴著月華，浸浴著月色，具有華麗的辭藻和奇特的構思，只有《靜夜思》這首小詩單純素樸，筆法完全白描，寫的就是思鄉望月，達到了「無意工而無不工」的妙境。它的秘訣正如俞樾《湖樓筆談》所說：「床前明月光初以爲地上之霜耳，乃舉頭而見明月，則低頭而思故鄉矣。此以見月色之感人者深也。蓋欲言其感人之深而但言如何相感，則雖深仍淺矣。以無情言情則情出，從無意寫則意眞。知此者可以言詩乎！」

「看月光」，各本李集均同，《樂府詩集》、《唐人萬首絕句》、《唐詩品彙》、《全唐詩》亦作「看月光」，但王士禛《唐人萬首絕句選》、《唐詩別裁》、《唐詩三首詩》、《唐宋詩舉要》等俱作「明月光」，疑爲士禛所臆改。「山月」二字，各本李集無異文，《樂府詩集》、《唐人萬首絕句》、《唐詩品彙》、《唐人萬首絕句選》、《全唐詩》、《唐詩別裁》亦俱作「望山月」，祇有《唐宋詩醇》、《唐詩三百首》等作「望明月」，疑爲《唐宋詩醇》所臆改。可見流行選本往往不是原來本集的字句，而口頭傳誦中竟也習以爲常了。

【註　釋】

①　蕭士贇《分類補注李太白詩》。

地名入詩繪清境

——說《峨眉山月歌》及《清溪半夜聞笛》

朱金城

峨眉山月半輪秋，影入平羌江水流。夜發清溪向三峽，思君不見下渝州。——《峨眉山月歌》。

羌笛梅花引，吳溪隴水情。寒山秋浦月，腸斷玉關聲。——《清溪半夜聞笛》。

李白一生酷愛明月，常在詩中歌詠。對峨眉山月愛之尤深，晚年還寫有「峨眉山月歌送蜀僧晏入中京」詩。《峨眉山月歌》則是他早年初出蜀時在途中寄友之作。詩一開頭從峨眉山月寫起，「峨眉山月半輪秋」，點明出遊的時間是秋天。峨眉山在今四川峨眉縣西南，有山峰相對如峨眉，故名。「半輪秋」是說秋夜的上弦月如同半個車輪一樣。這句詩使人聯想到青山吐月的優美意境。第二句「影入平羌江水流」，是說峨眉山月影映入江水，又隨江水流去。這句暗喻月夜行舟，細緻入微地描繪了月映清江的美景，意境空靈入妙。「平羌江」即今青衣江，大渡河的支流，在今四川中部峨眉山東北。源出寶興縣北，東南流經雅安、洪雅、夾江等縣，至樂山會大渡河入岷山。第三句「夜發清溪向三峽」，是說他連夜從青溪出發，正進入岷江，向三峽駛去。「青溪」的說法很多，難以確指其所在，疑爲平羌江的支流。「三峽」當指巴東三峽，李白《峨眉山月歌送蜀僧晏入中京》詩云：「我在巴東三峽時，西看明月憶峨眉。」可以爲證。一說指岷江的小三峽，非是。第四句「思君不見下渝州」，是說舟行一面望月，一面懷念故鄉、故人，不覺已將到渝州了。「渝州」，唐代州名，治所在巴縣，即今四川重慶市。這首七絕是李白早期的名作，歷來很受贊譽。通篇寫景幽美，使讀者沉入於峨眉山的月影清光，平羌江的淙淙江聲，以及從清溪向三峽的輕舟迅駛之中，純係白描而神韻清絕。尤其是每句一景，二十八字中竟有峨眉山、平羌江、清溪、三峽、渝州五個地名而不覺痕跡，被前人譽爲絕唱。明人曾將之與王維《早朝》詩比較，認爲王維五用「衣」、「服」字，而李白五用地名字。「右丞用之八句中，終覺重複；供奉只用四句，而天巧運成，毫無痕跡，故是千秋絕調。」①

《青溪半夜聞笛》詩，歷來選本很少入選，但和《峨眉山月歌》一樣，也是地名入詩的絕妙佳作。李白非常喜愛秋浦，今安徽貴池清溪一帶的秀麗風光，曾多次泛舟遊覽，流連忘返。期間吟詩很多，如《清溪行》、《入清溪行山中》、《清溪半夜聞笛》、《宣城清溪》等。有一次，他到清溪遊覽，在附近留宿，半夜裡忽然聽到有人用羌笛吹奏名曲《梅花引》，頓時憂國思鄉之情油然而生。於是即興吟出一首五絕《清溪半夜聞笛》。秋浦在三國時屬於東吳，故稱清溪爲「吳溪」。「隴水」，指今甘肅境內河流；「羌笛」是我國古代西北少數民族的樂器；「梅花引」即漢代橫吹曲《梅花落》。「玉關」，玉門關，故址在今甘肅敦煌縣西北，古代通往西域的要塞。在江南猛然聽了北地的笛聲，難道也有一個和自己一樣命運的人流落在此嗎？詩人在此詩中，以我國西北部的「羌笛」與江南的「梅花引」，以「吳溪」與「隴水」，以「秋浦月」與「玉關聲」等作出了強烈的對比，表達了他去國（指京城長安）離鄉（李白自稱爲隴西李氏）的憂思和離愁。詩中「羌（笛）」、「吳溪」、「隴水」、「秋浦」、「玉關」五個地名，包含在短短二十個字中，讀之悽婉動人，絲毫不覺有重複的感覺。比起《峨眉山月歌》來，便更顯示出作者的功力了。

【註釋】

①《唐詩選脈會通評林》

絕世豐神清平調

——說《清平調詞三首》

朱金城

雲想衣裳花想容，春風拂檻露華濃。若非群玉山頭見，會向瑤臺月下逢。（其一）

一枝紅艷露凝香，雲雨巫山枉斷腸。借問深宮誰得似？可憐飛燕倚新妝。（其二）

名花傾國兩相歡，長得君王帶笑看。解釋春風無限恨，沉香亭北倚欄干。（其三）

《清平調詞三首》是李白的應制作品，體現了典型的宮體文學的特色，但依然飛動著詩人獨異的氣度和風格，此作語語濃艷，字字葩流，寫得風流旖旎，絕世丰神。對後世戲劇作品產生過深遠的影響。

這三首詞是李白在長安供奉翰林時奉詔所作。據《松窗雜錄》記載，唐玄宗與楊貴妃在興慶宮沉香亭賞牡丹，繁花盛開，嬌艷無比，李龜年率梨園子弟至御前正欲獻演，玄宗道：「賞名花，對妃子，焉用舊樂詞爲？」於是就命李龜年持金花箋宣召翰林學士李白進宮，白欣然奉詔，在宿酒未醒中援筆進呈《清平調詞三首》。梨園子弟調絲竹演奏，李龜年歌唱新詞，玄宗大悅。其中所描寫詩人才思敏捷，文綵風流的「詩仙」形象躍然紙上，爲後世傳爲美談。

這組詞中，將木芍藥（牡丹）和楊貴妃交互在一起歌詠，虛中有實，實中有虛。詠花時暗喻美人，詠美人時又隱比名花，人即是花，花即是人，人面和花光渾融成一片，令人撲朔迷離，分辨不出那裡是名花和美人，其實重點都是寫人。尤其是第一、二兩首讀後會立刻產生這種感覺。第三首才點明「名花傾國」，此中有人，呼之欲出，地點是唐宮中的沉香亭北，從虛寫歸結到現實。這組詞前後互相鉤帶，首尾呼應，寫得綺麗高華，一氣呵成，寫人寫花都非常傳神，堪稱千古才人大手筆。

第一首「雲想衣裳花想容」，意思說，雲想比作楊貴妃的衣裳，花想比作楊貴妃的容貌。這雖然是脫胎於梁元帝蕭繹《採蓮曲》「蓮花亂臉色，荷葉雜衣香」，但意境大爲不同，尤其妙在兩個「想」字，如果解作「雲似衣裳花似容」，這絕妙詩句便神韻全無，索然無趣。這裡表面上是寫雲和花美。實際上是寫人美，是說楊貴妃的衣裳比雲彩還要綺麗。玉顏比花朵還要嬌艷。第二句「春風拂檻露華濃」，進一步寫牡丹受露水滋潤而鮮艷盛開，比喻楊貴妃受君王的恩澤和寵幸而更加美麗，檻，欄干。三、四兩句「若非群玉山頭見，會向瑤臺月下逢」，是說這樣艷絕人寰的花容人面，恐怕衹有上天仙境中才能見到。其中自然既是寫花，也是寫人。群玉山（也作玉山）、瑤臺，都是神話傳說中西王母的居處。會，應，終當。

第二首仍舊是名花美人合寫，寫法與第一首以花喻人相反，而是以人喻花。第一句「一枝紅艷露凝香」，是借牡丹的紅艷含露以比喻貴妃之美。第二句「雲兩巫山枉斷腸」用楚王夢會巫山神女故事，是說楚王與神女歡會，畢竟虛無飄渺，徒然使人傷神。言外之意不如貴妃之得寵。第三、四句「借問漢宮誰得似，可憐飛燕倚新妝」，是說只有漢成帝的那位能作掌上舞的美人趙飛燕新妝扮後，才能和楊妃的嬌艷的姿態相彷彿。也就是說，巫山神女、趙飛燕都不如楊貴妃。據說，高力士因唧脫靴之恥，借此向楊貴妃進讒，說詩中的趙飛燕即指楊貴妃，是故意侮辱她，李白因此遂爲貴妃所恨。其實，「漢宮飛燕」、「巫山雲雨」俱爲唐人習用之典，此說不足爲信。

第三首從仙境、古人回到了現實，前二句「名花傾國兩相歡，長得君王帶笑看」，才將「名花」、「傾國」點了出來。面對著傾國美人和名花，君王高興得喜笑顏開，即使有無限春愁，也都在春風中消失乾淨，而斜靠著沉香亭北的欄干，和妃子一同賞花了。「解釋春風無限恨，沉香亭北倚欄干」，詩人最後兩句中似勾畫出唐玄宗沉緬酒色的一副醉態，也許這就是三首詞中唯一有點「諷刺」意味的詩句。《清平調》爲曲調名，而非宮調名，前人注釋多誤，可參見拙作《李白集校注》之考證。

遙憐兒女舐犢情

——說《寄東魯二稚子》

朱金城

吳地桑葉綠，吳蠶已三眠。我家寄東魯，誰種龜陰田？春事已不及，江行復茫然。南風吹歸心，飛墮酒樓前。樓東一枝桃，枝葉拂青煙。此樹我所種，別來向三年。桃今與樓齊，我行尚未旋。嬌女字平陽，折花倚桃邊。折花不見我，淚下如流泉。小兒名伯禽，與姐亦齊肩。雙行桃樹下，撫背復誰憐？念此失次第，肝腸日憂煎。裂素寫遠意，因之汶陽川。

開元末年，李白第一次遊長安之後，帶著許氏夫人所生的兩個孩子—女兒平陽、兒子伯禽，自安陸移家東魯（指任城縣，唐屬兗州，今山東濟寧），這是由於他的一個叔父官任城縣令和其他幾個親戚都在山東境內做官，生活及經濟上都有照顧的緣故。詩人第二次離開長安後，又回到東魯家中，大約天寶五載離東魯南遊，天寶八載在金陵，懷念子女之情甚殷，寫寄這首《寄東魯二稚子》詩。

這是一首抒發思念兒女骨肉深情的寄懷詩，詩以描寫金陵的江南春景開端：「吳地桑葉綠，吳蠶已三眠」，是說自己所在的金陵（春秋時屬吳國）城中，桑葉已是一片碧綠，春蠶也快要結繭了。接著見景生情：「我家寄東魯，誰種龜陰田」，猛然想起東魯家中的農事，那龜山北面的田地又有誰來耕種呢？「龜山」，在今山東新汶市南。他想到這裡，不禁心急如焚，恨不得立刻乘風飛到任城家旁的酒樓前：「春事已不及，江行復茫然。南風吹歸心，飛墮酒樓前。」「酒樓」，指任城縣酒樓，傳爲李白所建，唐沈光有《李白酒樓記》。

詩由酒樓又想到了樓旁自己親手所種的桃樹，離別已經三年，桃樹長得該與樓齊了吧：「樓東一株桃，枝葉拂青煙。此樹我所種，別來向三年。桃今與樓齊，我行尚未旋。」這一切的一切，無不使他一往情深，可是最使他放心不下的還是一雙小兒女：「嬌女字平陽，折花倚桃邊。折花不見我，淚下如流泉。小兒名伯禽，與姐亦齊肩。雙行桃樹下，撫背復誰憐？」這裡憑著極豐富的想像力，傾注了最深摯的感情，他想像一雙小兒女在桃樹下玩耍的情景：平陽在桃樹下折花，長望不見父親，哭得淚如泉湧；伯禽長得也與姐姐一樣高了可母親許氏已經去世，現在又有誰來撫摩和愛憐他們呢？想到這裡，更是心煩意亂，肝腸寸斷，無計可施，那只有撕下一塊白色生絹，在上面書寫自己心中無窮無盡的懷念，寄給遠在汶陽川的家人吧！「失次第」，形容心煩意亂，失去常態。「汶陽川」，指汶水，流經今山東泰安西南地區，包括濟寧在內。

這首詩充滿了奇警華瞻的豐富想像，描寫細緻入微，栩栩如生，藝術手法極爲高超。其中如寫小女兒嬌憨神態維妙維肖的「折花倚桃邊」，寫女兒思父親傷感情狀活現眼前的「淚下如流泉」，細膩寫小兒子身長的「與姐亦齊肩」，寫一對小兒女孤苦零丁的「雙行桃樹下，撫背復誰憐」，寫小女兒心理活動的「折花不見我」，從兒女的體態、容貌、動作一直到神情，無一不加以刻畫，漾溢著慈父對兒女所特有的撫愛，感情深摯，淒楚動人。

此詩具有古樂府歌行的韻味，又開創了以詩歌代替書信的體例。娓娓的話語，深深的情意，爲中晚唐此類作品的濫觴。

一切景語皆情語

——說《黃鶴樓送孟浩然之廣陵》及其它

朱金城

賀拉斯說過：「一首詩僅僅具有美是不夠的，還必須有魅力，必須能按作者願望，左右讀者的心靈。你自己先要笑，才能引起別人的笑容，同樣，你自己得哭，才能在別人臉上引起哭的反映。」怎樣才能讓詩歌具有這樣的魅力呢？俗話說「以情感人」，「情」是詩歌創作不可缺少的條件，可「情」又是一個抽象的概念，它必須借助於語言、文字、具體的場景，才能表現出來。所以，「寓情於景」幾乎是詩人們共同採用的方法。然而，由於世界各國審美習慣的差異，各自具有自己的特點。唐人的詩歌講究含蓄，他們在抒情時，總是把激情深藏在字裡行間，力求以最平澹的方式讓感情洩露出來。李白雖以感情迸發顯而易見為特色，但仍有不少作品保持著唐人抒情的含蓄：

故人西辭黃鶴樓，煙花三月下揚州。孤帆遠影碧空盡，惟見長江天際流。——李白《黃鶴樓送孟浩然之廣陵》

竹塢無塵水檻清，相思迢遞隔重城。秋陰不散霜飛晚，留得枯荷聽雨聲。——李商隱《宿駱氏亭寄懷崔雍崔袞》

前一首是送別故人，依依惜別之情不是直接訴說出來，而是描寫送別者站在岸邊，一直望著孤帆遠去，直到看不見，送別者依然站在那兒，留連之意陡然而生。後一首是思念故人，「相思迢遞隔重城」，可是，詩人不寫自己如何如何思念，卻寫自己漫不經心地聽著雨打枯荷的滴落聲。有人認爲「詩能感人，愈淺而愈深，愈淡而愈腴，愈質而愈雅，愈近而愈遠，脫口自然，不可湊泊，故能標舉興會，發引性靈。」①其實，並不是所有的詩歌都這樣，而唐人的詩，尤其是近體詩，都有這種特點，諸如此類的例子在唐詩中俯拾即是。

王維的《九月九日憶山東兄弟》是一首著名的作品。它的寫法就是將思情化作對景物的描寫：

獨在異鄉爲異客，每逢佳節倍思親。遙知兄弟登高處，遍插茱萸少一人。

白居易的《邯鄲冬至夜思家》與此詩有相似之處：

邯鄲驛裡逢冬至，抱膝燈前影伴身。想得家中夜深坐，還應說著遠行人。

這兩首詩，都是先挑明自己孤身一人在外，思念著家中的親人，然而這種思家之情是通過家人思念自己的情景折射出來的，所以詩歌也就多了一層含蓄。

唐人寫情也有直抒胸臆的作品，但像李白的「安能摧眉折腰事權貴，使我不得開心顏」，元稹的「唯將終夜長開眼，報答平生未展眉」這類句子畢竟不是唐人崇尚的審美趣味。這種抒情的方法已被後人稱爲「議論爲詩」，而當時人們已經開始崇尚在景中寫情，使讀者先領略詩中之景，然後再嚼味詩中之情。如韋莊的《臺城》詩：

江雨霏霏江草齊，六朝如夢鳥空啼。無情最是臺城柳，依舊煙籠十里堤。

《挑燈詩話》說：「賦淒泫之景，想昔日盛時，無限感慨，都在言外，使人思而得之。」指的正是這種特點。

唐人抒詩有時也採用移情指物的寫法，如李白的「相看兩不厭，祇有敬亭山」是最好的例證。此外李商隱的《憶梅》、《天涯》兩詩也頗有情趣：

定定住天涯，依依向物華。寒梅最堪恨，長作去年花。——《憶梅》

春日在天涯，天涯日又斜。鶯啼如有淚，爲濕最高花。——《天涯》

詩人在外做官，回歸無期，他的怨恨情感在詩中流洩出來，正是憑借著景物，這種感情便顯得更深沉、更含蓄了。

有時候，激憤的感情可以用平淡的語言來傳達，在詩中常常表現得「怨而不怒」，這樣的處理，除了傳統詩教的影響，還有美學理想的因素。李白的《玉階怨》，歷來被認爲是這類詩的典範：

玉階生白露，夜久侵羅襪。卻下水晶簾，玲瓏望秋月。

從字面上看，這是一首宮怨詩。且不管詩人還有什麼第二層的興寄，僅以詩論詩，便能說明問題了。前人分析此詩說：「『玉階生白露』，則已望月至夜半，落筆便已透過數層。次句以夜久承明，露侵羅襪，始覺夜深露重耳。然望恩之思，何能遽止，雖入房下簾以避寒露，而隔簾望月，仍徹夜不能寐，此情復何以堪？又直透到玉階後數層矣。二十字中，具有如許神通，而祇淡淡寫來，可謂有神無跡。」

②

杜甫有一首題爲《縛雞行》的詩

小奴縛雞向市賣，雞被縛急相喧爭。家中厭雞食蟲蟻，不知雞賣還遭烹。蟲雞於人何厚薄？吾斥奴人解其縛。雞蟲得失無了時，注目寒江倚山閣。

本來詩人可借雞與蟲的利害，發一通感慨，然而他卻用了一個緘口沉默的辦法作了結。這也是一種抒情的方法，一種壓抑情感的方式。這種壓抑則引起了別人的自由聯想，幫助詩人完成他的抒情任務。

唐代詩人寫詩還採用跳躍式的聯想，表面上似乎東一句，西一句，相互關係不大，而整首詩卻表達出詩人感情的一致性，像李白的名篇《靜夜思》：

床前看月光，疑是地上霜。舉頭望山月，低頭思故鄉。

這首詩是由一系列的動作和心理狀態構成的，最後歸結到主題上：《靜夜思》—思鄉。白居易的《勤政殿老柳》，節奏上的跳躍性更強：

半朽臨風樹，多情立馬人。開元一株柳，長慶二年春。

這首詩說得似乎都是不相干的事物，柳樹、立馬人、時間，節奏也是不連貫的，但實際上，詩人所表現的感情卻是通過這些不連貫的事物而連貫起來的，有點像英美意象派的「意象疊加」。這株半朽的臨風柳樹，是開元時的遺物，而作者去憑弔時已是長慶二年了。相隔年代甚久，引起了詩人的滄桑之嘆。祇是在藝術處理上，他不用直接的抒懷方式，而是用對比排列的手法，寫出了樹與人以及樹與日的兩兩相對而視，含而不露地寄寓了自己的感情。這種方式不僅能使整首詩顯得質樸、簡潔，而且能使讀者面對這種故意抑制的感情，產生出更強烈的反映。

王國維在《人間詞話》中認爲：「境非獨謂景物也，感情亦人心中之境界。故能寫眞景物、眞感情者謂之有境界，否則謂之無境界。」又說：「昔人論詩詞有景語、情語之別，不知一切景語皆情語也。」詩歌重在抒情，而中國的詩歌講求意境，所以，從唐代起，含蓄地抒情便是詩人們追求的美學理想了。

【註　釋】

① 《考亭詩話》

② 《詩法易簡錄》

蓬萊文章建安骨

——說《倍侍御叔華登樓歌》

朱金城

棄我去者昨日之日不可留，亂我心者今日之日多煩憂。長風萬里送秋雁，對此可以酣高樓。蓬萊文章建安骨，中間小謝又清發。俱懷逸興壯思飛，欲上青天攬明月。抽刀斷水水更流，舉杯消愁愁更愁。人生在世不稱意，明朝散髮弄扁舟。

李白的《陪侍御叔華登樓歌》，李集均作「宣州謝朓樓餞別校書叔雲」，此據《文苑英華》，較爲合理。李華是唐代著名的散文家，天寶時任侍御史，後由於曾爲安祿山鳳閣舍人，亂平貶杭州司戶參軍，詩中「人生在世不稱意」或即指出。又詩中「蓬萊文章建安骨」一句，也祇有作者和李華足以當之。「謝朓樓」一名北樓，南齊謝朓爲宣城太守時所建。

這首詩共十二句，四句爲一段落。發端「棄我去者昨日之日不可留，亂我心者今日之日多煩憂」，每句長達十一字，排空而來，陡然壁立，既不寫樓，也不敘別，將胸中滿腔憤懣，驟然噴湧而出。這正是作者從天寶以來個人長期政治遭遇和政治感受的一個藝術概括，極爲形象地顯示出他鬱結之深，憂憤之烈，心緒之亂，以及對黑暗現實完全感到絕望的心理狀態。這種奇特的起勢，確如沈德潛所評：

「從心化出」。①下句「長風萬里送秋雁，對此可以酣高樓」。突然又作出了破空而來的轉折：正由於心中「多煩憂」，遙對長風吹送鴻雁的萬里秋空，不由得激起酣飲高樓的豪情逸興。這樣就可以使上兩句從極端苦悶中，立刻轉入一個爽朗壯闊的境界，令人不可捉摸的情緒變化，給詩歌帶來了奇妙的藝術效果。

據說，仙府幽經祕錄都藏於海中蓬萊仙山，東漢時即以蓬萊指國家藏書之處。「建安骨」即指東漢末年以建安七子爲代表的建安風骨。第五句「蓬萊文章建安骨」指李華的文章，第六句「中間小謝又清發」是李白以謝朓自比，說自己的詩像謝朓一樣，具有清新秀發的風格。這兩句詩對李華和自己都作了很高的評價，同時又點明了謝朓樓。當然，李白將「建安骨」與小謝的「清發」並列在一起，並不一定要指出建安文學與六朝文學可否並提的問題，但至少已把小謝的「清發」看得很重，而忽視了小謝的聲律貢獻與建安的「金石之聲」是兩股道上跑的車。

七、八兩句「俱懷逸興壯思飛，欲上青天攬明月」，進一步宣染兩人「酣高樓」的意興，說彼此都懷有雄心壯志和豪情逸興，酒酣興發，更是飄然欲飛，想登上青天攬取明月。這樣筆酣墨飽，淋漓盡致的詩句，充分表現了詩人對高潔理想的嚮往追求，似乎現實中的一切黑暗都已一掃而盡，心頭的一切憂煩都已丟到九霄雲外去了。然而殘酷的現實中並不存在「長風萬里送秋雁」這種可以自由飛翔的天地，詩人的精神儘管可以幻想中馳騁遨游，但一回到現實中便又增加了內心的煩憂苦悶，面對謝朓樓前的流水，手持酒杯澆愁，全篇在排遣煩悶的強烈願望中出現了一落千丈的轉折：「抽刀斷水水更流，舉杯消愁愁更愁。」這眞是天外飛來激蕩人心的奇句，但又和眼前現實緊密聯繫，比喻恰當，生動地顯示出詩人力圖擺脫精神苦悶的強烈要求。可是在當時這種「不稱意」的人世間，安慰李華和自己的，祇有逃避現實的辨法：「明朝散髮弄扁舟。」

此詩高華明朗，自然豪放，極寫煩悶而不陰鬱低沉。通篇兼有騷體及歌行的特徵，結構呈意識流式大幅度跳躍。充分反映出作者登高遠眺時一剎那之間的百感交集。詩中的悲愁是一種壯士式的滿腔激情的悲愁，令人有酣暢的感覺。詩歌的風格是建安風骨與小謝清發的結合，可以永存於蓬萊。

【註釋】

①《唐詩別裁》。

意到其間天成韻

——說《登金陵鳳凰臺》

朱金城

鳳凰臺上鳳凰遊，鳳去臺空江自流。吳宮花草埋幽徑，晉代衣冠成古丘。三山半落青天外，一水中分白鷺洲。總爲浮雲能蔽日，長安不見使人愁。

李白生平很少寫七律，這首詩，發思古之幽情，覽江山之勝概，最後以抒發憂國傷時之憤懣作結，氣勢恢宏，清韻悠遠，確爲唐代七律中的佳作。

首二句「鳳凰臺上鳳凰遊，鳳去臺空江自流」點題。鳳凰臺在金陵（今南京市）城內之西南隅，相傳南朝劉宋元嘉間，有鳳凰三隻翔集於山上，築臺於山，謂之鳳凰臺，山曰鳳凰山。這兩句意思說：當年祥瑞之鳥鳳凰飛臨，正象徵著王朝的興盛；如今六代繁華俱成陳跡，但見一座空臺，唯有江水依然暢流不息。「空自流」，是說大自然的永恆存在。這兩句的音節流轉明快，十分優美。十四字中連用三個「鳳」字，卻使人絲毫不覺得累贅，非大手筆不能臻此。

頸聯對以「吳宮花草埋幽徑，晉代衣冠成古丘」，將「鳳去臺空」的意思進一步發揮。金陵是三國東吳、東晉及南朝宋、齊、梁、陳六朝的帝都，正像鳳凰臺鳳去臺空，盛極一時的金粉六朝已都成陳跡，當時繁華的吳國宮苑和晉室豪門都變成了一片廢墟和荒墳。人世無常，江山永在，歷代詩人都抒發出這樣的感嘆，李白也不例外。

頸聯「三山半落青天外，一水中分白鷺洲」。詩人的感情從對歷史的憑弔中又轉向大自然。「三山」在金陵城西南長江邊。三峰排列，南北相連，故名三山。又史正志《二水亭記》：「秦淮河源出句容，溧水二山。自方山合流至金陵，橫貫城中而西，以流入長江，有洲橫裁其間，所謂『二水中分白鷺洲』。」可知白鷺洲爲古代長江中的小洲，在今南京市水西門外。後世江流西移，洲與陸地遂相連接。「一水」又作「二水」，「半落青天外」，形容三山有一半被雲遮住，看不清楚。這兩句詩對仗工整，氣象壯麗，是難得的佳句。

最後兩句「總爲浮雲能蔽日，長安不見使人愁」，是說長安城中奸邪惑君，正像浮雲遮蔽著太陽一樣，阻止他無法回京城去施展抱負。其中的「愁」字包括了憂國傷時和懷才不遇兩個方面。正由於這寄意深長的兩句詩，使詩人又回到現實中來，超脫終究無法超脫，在有限的人生仍要積極追求，正是這種對現實人生的執著，使我們從這首詩中看到了一個眞正偉大詩人的形象，也是此詩超過一般懷古之作的地方。

唐代崔顥有一首《黃鶴樓》，詩云：

> 昔人已乘黃鶴去，此地空餘黃鶴樓，黃鶴一去不復返，白雲千載空悠悠，晴川歷歷漢陽樹，芳草萋萋鸚鵡洲。日暮鄉關何處是，煙波江上使人愁。

此詩曾被推爲唐人七律的壓卷之作。據說李白看到崔題黃鶴樓詩後，過之不更作。後來遂有《登金陵鳳凰臺》詩，詩格及詩旨都有與崔詩相似之處，前人多以二作比較，褒貶不一。清人以爲：「崔詩直舉胸情，氣體高渾；白詩寓目山河，別有懷抱。其言皆從心而發，即景而成，意象偶同，勝境各擅，論者不舉其高情遠意，而沾沾吹索於字句之間，固已蔽矣。至謂白實擬之以較勝負，並謬爲『搥碎黃鶴樓』等詩，鄙陋之談，不值一噱也。」①其說似較中肯。其實，崔詩與李詩都未脫盡盛唐前期以古詩詩法寫律詩的習慣，這才是兩詩頗爲相似的緣故。

《登金陵鳳凰臺》詩的繫年，歷來有二說：一爲上元二年，一爲天寶六年。拙作《李白集校注》則繫於天寶年間云：「此詩自是白之本色，不爲摹擬。浮雲一語當指開元、天寶之讒諂蔽明，若在上元末年，則白方獲罪遇赦，方銷聲斂跡之不暇，似不當復有此激切之語。」

【註釋】

①《唐宋詩醇》。

色相俱空無跡尋

——說《夜泊牛渚懷古》

朱金城

牛渚西江夜，青天無片雲。登舟望秋月，空憶謝將軍。余亦能高詠，斯人不可聞。明朝掛帆席，楓葉落紛紛。

據《晉書、袁宏傳》載，東晉謝尚鎮守牛渚時，有一次月夜泛舟，聽到袁宏朗誦自己的《詠史詩》，大爲賞識，邀請過舟相見，一直談到天亮。此事過後，自幼孤貧的袁宏從此名聲大著。李白夜泊於此，緬懷往事，抒發身世之感，寫下了這首有名的《夜泊牛渚懷古》。

此作天才超邁，絕去町畦。開頭借牛渚秋夜的景緻起興，從登舟望月，懷想起謝尙，再說到自己富有才華，能像袁宏一樣高吟詩作，可惜已沒有「斯人」能加以賞識。最後兩句寫知音不遇，明朝只能張帆離去。此時楓葉紛紛下落，秋色淒涼，與作者的悲傷感情交織在一起，使極平淡的詞句產生出一種非常強烈的感染力量，令人回味無窮。正如中國傳統書畫中所稱的「逸品」那樣，天外數峰，略有筆墨，意在筆墨之外。

李白這首詩，自嚴滄浪以後，備受清人王士禎的推崇，認爲是「不著一字，盡得風流」的代表作品。在他的《帶經堂詩話》中讚賞說：「詩至此，色相俱空，正如羚羊掛角，無跡可求。」又認爲足以和李白此詩比美的，還有孟浩然的《望廬山》詩，詩云：

> 掛席東南望，青山水國遙。舳艫爭利涉，來往接風潮。問我今何適？天台訪石橋。坐看霞色晚，疑是赤城標。

但仔細品味，李白與孟浩然的氣概和風格畢竟是不同的。除了平澹自然之外，音韻鏗鏘，不可羈絆的特點，孟則不如李白。

前人認爲通篇不用對偶，也是特點之一。關於律詩，通常須具備三個條件：第一字數合律，第二對仗合律，第三平仄合律。如果祇符合其中兩個條件，便是所謂「古律」，但其決定性的因素仍在「調與聲韻」。陳僅《竹林答問》說：「盛唐人古律有兩種：其一純乎律調而通體不對者，如太白『牛渚西江夜』、孟浩然『挂席東南望』是也。」李白的「牛渚西江夜」和孟浩然的「挂席東南望」兩詩，沒有一句對仗，但字數和平仄的聲調合律，所以仍應列入律詩之中。

李白不祇一次到過牛渚，另有《姑熟十詠》組詩中的《牛渚磯》，詩云：

> 絕壁臨巨川，連峰勢相向。亂石流洑間，迴波自成浪。但驚群木秀，莫測精靈狀。更聽猿夜啼，憂心醉江上。

此詩的語境遠不如前首，看來，心境不同時，詩作的境界也會不同。

道是無情卻有情

——說《月下獨酌四首》之一及《獨坐敬亭山》

朱金城

花間一壺酒，獨酌無相親。舉杯邀明月，對影成三人。月既不解飲，影徒隨我身。暫伴月將影，行樂須及春。我歌月徘徊，我舞影零亂。醒時同交歡，醉後各分散。永結無情遊，相期邈雲漢。

——《月下獨酌四首》之一

眾鳥高飛盡，孤雲獨去閑。相看兩不厭，只有敬亭山。——《獨坐敬亭山》

《月下獨酌四首》的第一首，從藝術成就方面來說，可算四首之冠。此詩所寫，是表現詩人一種孤寂憂愁的情懷，但並不直接抒寫，而通過酒後的歡樂曲折地表現孤獨寂寞，從而產生奇妙的效果。詩題點明「獨酌」，即代表孤寂的境遇和心態。「花間一壺酒，獨酌無相親」，在一個春色惱人的月明之夜，李白手執一把酒壺在花間自斟自酌，缺少知己良朋相共，氣氛自然十分淒涼。他懷著一種強烈的願望，企圖改變一下目前孤寂的環境，於是忽發奇想，把天邊的明月和月光下自己的影子拉了過來，連自己在內，化成了三個人舉杯共酌，「舉杯邀明月，對影成三人」，頓時冷清的場面就熱鬧起來。慢慢詩人漸入醉鄉，酒興一發，既歌且舞。他歌唱時，似乎覺得月色徘徊不去，正在傾聽；他跳舞時，似乎覺得影子和他一齊共舞，舞姿凌亂。然而現實中明月和影子畢竟都是無情之物，它們既不能飲酒，也不會跳舞，這不過是詩人醉中「物我兩忘」，暫以月影相伴，姑且及時行樂的幻想：「月既不解飲，影徒隨我身。暫伴月將影，行樂須及春。」最後兩句「永結無情遊，相期邈雲漢，」是詩人想像自己飄然成仙，故與月、影相約，在遙遠的高空相見。「無情遊」，月與影都無感情，故稱無情遊，與上文月、影不解人事相應。詩人在這首詩中寫月，並沒有採用一般擬人化的手法，而是描寫客觀的自然形態。可是通篇卻帶有強烈的感情色彩，使人讀後會感到詩中使無情的物變成有情的人，但它的背後卻隱藏著詩人無法掩飾的愁寂，誠如王夫之《薑齋詩話》所說，「以樂景寫哀，以哀景寫樂，一倍增其哀樂」，這首詩突出的藝術效果就是如此，同時又增添了詩人慣有的灑脫。

《獨坐敬亭山》詩約於天寶末年寫於宣城。敬亭山在今安徽宣城縣（唐代爲宣州的治所）北，一名昭亭山，又名查山。東臨宛溪，南俯城闕，爲近郊名勝。李白曾多次來往宣城，這時他距離開長安已有十年，飽嘗了人間的辛酸，加深了對黑暗現實的不滿，增添了無限的孤寂之感，因此，在宣城時，經常帶著這種孤獨的感情，到敬亭山的大自然中去尋找安慰。他那天來到敬亭山，開始時祇是坐山望天。「衆鳥高飛盡，孤雲獨去閑」，是說天空中許多鳥兒都已高飛遠去，所餘留下的一片白雲也愈飄愈遠。「盡」、「閑」兩字，由動到靜，整個環境顯得十分清幽寧靜，格外烘托出詩人內心的孤獨和寂寞。他已感到被生活所拋棄了，所以曾經慨嘆說：「我本不棄世，世人自棄我。」①只有敬亭山是自己生活中的慰藉。「相看兩不厭，祇有敬亭山」，飛鳥、孤雲去後，整個環境只乘下詩人和敬亭山了，格外烘托出他心靈的孤獨和寂寞，於是很自然地用移情的手法，構出這一聯奇句，表現他排斥人世間的俗事，而親近於大自然的強烈情感。我凝視著秀麗的敬亭山，敬亭山似乎也一動不動地凝視著我。實際上詩人決不是玩賞敬亭山的秀麗景色，而是將敬亭山當作知己和伴侶，所謂「我不厭棄山，山也不厭我」，與前面的邀月邀影如出一轍，而實際上無所邀也無所爲伴。俞陛雲《詩境淺說續編》說：「後二句以山爲喻，言世既與我相遺，惟敬亭山色我不厭看，山亦愛我。夫青山漠漠無情，焉知憎愛，而言不厭我者，乃太白憤世之深，願遺世而獨立，索知音於無情之物也。」全詩以一種十分寧靜的情緒和入神的關照，與山水閑雲進行情感式的交流，以至無情之物也生出情來。由孤傲所激發出來的崇高感，使詩歌具有意想不到的力度。相比之下，辛棄疾的「我看青山多嫵媚，料青山見我應如是」，剩下的祇是矯造和狂傲了。

【註釋】

①《送蔡山人》

哀傷沉摯感人深

——說《哭晁卿衡》與《哭宣城善釀紀叟》

朱金城

日本晁卿辭帝都，征帆一片繞蓬壺。明月不歸沉碧海，白雲愁色滿蒼梧。——《哭晁卿衡》

紀叟黃泉裡，還應釀老春。夜臺無曉日，沽酒與何人？——《哭宣城善釀紀叟》

前一首《哭晁卿衡》，是詩人傷悼他的日本友人晁衡的詩。晁衡又作朝衡（晁爲朝之古字），日本人。原名阿倍仲麻呂，或稱仲滿。唐開元五年（七一七）隨第九次遣唐使多治比縣守等來華求學，學成後歷任司經局校書、左拾遺、左補闕、秘書監兼衛尉卿等官。天寶十二載，晁衡以唐朝使君者身份，隨同日本遣唐使藤原清河等返日。據日本眞人元開《唐大和上東征傳》的記載和李白天寶十二載寫的《秋日登揚州西靈塔》詩，晁衡這年秋末冬初與李白見面。他們一行並於十月十五日後和名僧鑑眞一同自揚州出發東渡。晁衡與大使藤原清河同乘一船，行至琉球遇風，與他船相失，漂流至安南驩州遇盜，同舟死者一百七十餘人，祇有他和藤原遇難未死。輾轉回到長安，已是天寶十四載六月。當時李白因與晁衡失去聯繫，誤信他的死以爲眞，立即寫了這首悲痛的悼友詩，曲折含蓄地表達了兩人深摯的友誼。晁衡離京時，唐亦宗曾親自題詩相送，他的好友如王維、趙曄、包佶等都題詩送行，此詩首句「日本晁卿辭帝都」即敘述他們離開長安時相送的盛況，「晁卿」爲晁衡任衛尉卿的簡稱。第二句寫晁衡乘船遠去，飄泊在大海中，隨著風浪上下顛簸，時隱時現，恰好似一葉輕舟在水面飄浮，詩人的思緒由近及遠，暗示了航行中的危險境遇。「蓬壺」是傳說中的蓬萊仙島，這裡泛指海中島嶼之多。第三句寫誤傳中的噩耗來臨：「明月不歸沉碧海」，第四句寫作者的悲痛：「白雲愁色滿蒼梧」。此詩人不明說晁衡的遇難，而用比興之法形容晁衡如同明月沉入碧海中一樣，海上都籠罩著哀傷的愁雲。此詩意念深邃，藝術境界清麗幽婉，哀傷的情緒通過對景物的描寫烘托出來，有很強烈的藝術感染力。「蒼梧」，原指舜死於蒼梧之野的九疑山。一說此指江蘇海州東北大海中之鬱洲山，一名蒼梧山。這裡的蒼梧應該是泛指中華大地，並非實指某處。

第二首《哭宣城善釀紀叟》詩則與前一首含蓄的風格完全不同。它寥寥數語，自然樸素，明如白話，同樣表達了眞摯動人的感情，爲廣泛傳誦的名篇。宣城地處皖南，唐代爲宣州宣城郡的治所，風景秀麗，六朝以來文人薈萃，李白生平低首崇慕的齊詩人謝朓，曾經出任過宣城的太守，人稱「謝宣城」。紀叟是宣城有名的酒師，他所釀製的名酒老春芳香醇冽，遠近聞名。李白嗜酒，多次往遊宣城，自然和這位酒師締交了深厚的友誼。紀叟死去，使詩人極度悲痛和懷念，但在悼詩中並未直接抒寫悲痛，而是用一種詼諧和達觀的態度，癡情地想像著這位釀酒叟死後的生活，你生前爲我釀製名酒，如今在黃泉之下一定還會繼續釀造美酒。可惜「夜臺無曉日，沽酒與何人？」既然夜臺一片漆黑，你釀出好酒，又能賣給誰呢？此二句有的本子作「夜臺無李白，沽酒與何人」，似更佳。幾乎成了紀叟喪失知己的嘆惜，這精心釀製的老春，祇有善飲的李白才能領略它的妙處，如今已是無人識英雄了。此詩是詩人集中爲數不多寫與普通勞動者交往的作品。從表面上看，他與紀叟的交情祇是由酒維繫著，但詩歌卻以無人識此佳釀而道出了兩人相互依存的戀戀之情，貌似平淡的玩笑話，卻包含了多少悲痛和思念。「夜臺」指墓穴，墓閉後，不見光明，故稱。將已經故去的友人想像爲永生和永存的形象，這是兩首悲悼之作的共同特色。

桃潭流水歌中情

——說《贈汪倫》和《聽蜀僧濬彈琴》

朱金城

李白乘舟將欲行，忽聞岸上踏歌聲。桃花潭水深千尺，不及汪倫送我情。——《贈汪倫》

此詩是李白天寶末年遊涇縣（今屬安徽省）桃花潭時所作。桃花潭在涇縣西南，風景秀麗，潭水清澈無比。詩人受到當地士人汪倫的熱情款待，兩人結下了深厚的情誼。臨行時。汪倫前來送行，李白作此詩留別。汪倫這個人，歷來無考，拙著《李白集校注》）曾據《通鑑》卷二〇六載隋末歙州總管汪華推測汪倫是他的後代，今人據安徽新發現的《汪氏宗譜》、《汪氏續修支譜》殘卷等，證明汪倫確係汪華的五世孫，而且曾任涇縣令。詩的首句「李白乘舟將欲行」，先用直筆敘述他已坐在船中等待啓行，第二句「忽聞岸上踏歌聲」，卻不直接說出送行者是誰，含蓄地描寫說，忽然聽見岸上歌聲，一隊歌舞邊行邊唱來送行了。原來是汪倫安排的歡送儀式，可謂「此中有人，呼之欲出」了。三、四兩句「桃花潭水深千尺，不及汪倫送我情」，則改直敘爲抒情，進一步點明桃花潭是泊舟的地點，形象地比喻，將汪倫的深情厚意和湛深的潭水聯繫起來，潭水已深千尺，那麼汪倫送我的情誼則深不可測了！詩人用生動的形象描繪無形的情誼，自然而又情眞，空靈而有餘味，尤其妙在「不及」二字。

沈德潛《唐詩別裁》讚賞此詩說：「若說汪倫之情比於潭水千尺，便是凡語，妙境祇在一轉換間。」

李白又有《聽蜀僧濬彈琴》詩云：

蜀僧抱綠綺，西下峨眉峰。爲我一揮手，如聽萬壑松。客心洗流水，遺響入霜鐘。不覺碧山暮，秋雲暗幾重。

太白有《贈宣州靈源寺仲濬公》詩，蜀僧濬即仲濬公，則此詩亦當作於宣州（今安徽宣城）。首二句云蜀僧抱琴（「綠綺」，琴名）自峨眉西下，破空而來，有高山墜石之勢。琴音之氣勢亦頓然而起。三句寫彈者，四句寫聽者，又以「萬壑松」托出琴音清越，聲響宏遠。此二句使筆如風，純以氣行，而措語復落落大方，乃太白所獨擅。五句謂琴藝高妙，聞者如流水洗心，此處暗用伯牙鼓琴志在流水意。六句寫曲終尾聲，以「霜鐘」喻琴音之清迥。結句描繪聽畢的感受，拓開一筆，空際傳神，得悠然不盡之妙。四十字中，寫出如許層次，而復飛動奇逸，無艱深刻劃之態，可見太白天才。

仔細品味，這兩首詩雖內容及體制全然不同。結構處理卻很相似。作者以自我爲中心，接受朋友情感的饋贈，然後一任思緒飛騰，引來諸多的感慨。前一首限於四句，戛然而止；後一首則有一種飄渺杳然之感，更增添了思鄉的畫外音。

雙白簃讀《李白集》札記

朱金城

一、李白詩中的「粉圖」與「粉壁」

我國壁畫藝術，至唐代盛極一時。如朱景玄《唐朝名畫錄》將當時名畫家吳道子列爲神品上，並記載他的壁畫成就說：「凡畫人物、佛像、神鬼、禽獸、山水、臺殿、草木，皆冠絕於世，國朝第一。……又按兩京耆舊傳云：寺觀之中，圖畫牆壁凡三百餘間，變相人物，奇蹤異狀，無有同者。上都興唐寺御注金剛經院妙跡爲多，兼自題經文。慈恩寺塔前文殊普賢西面廡下降魔盤龍等壁，及景公寺地獄壁、帝釋、梵王、龍神、永壽寺中三門兩神，及諸道觀寺院，不可勝紀，皆妙絕一時。景玄每觀吳生畫，不以裝背爲妙，但絕筆絕蹤，皆磊落逸勢。又數處圖壁只以墨蹤爲之，近代莫能加其彩繪。凡圖圓光，皆不用尺度規畫，一筆而成。景玄元和初應舉，住龍興寺，猶有尹老者年八十餘，嘗云吳生畫興善寺中門內神圓光時，長安市肆老幼士庶競至，觀者如堵，其圓光文筆揮掃，勢若風旋，人皆謂之神助。」張彥遠《歷代名畫記》稱吳道子爲「畫聖」，並在此書卷三詳細記載了「兩京外州寺觀壁畫」（凡會昌時被拆毀的都包括在內），其中如長安太清宮殿內，薦福寺淨土院門外兩邊、興善寺東廊、慈恩寺塔北殿前窗間、龍興觀大門、光宅寺鑾殿內、資聖寺南北面、興唐寺三門樓下、菩提寺佛殿東西壁、景公寺西門內、安國寺東車門直北東壁、咸宜觀三門兩壁及東西廊、永壽寺三門里、崇福寺西庫門外西壁神、溫國寺三門內、洛陽福光寺三階院、天宮寺三門、長壽寺門里東西兩壁、弘道觀東封圖、城北老君廟等，都是出於吳道子之手，眞可謂洋洋大觀。朱景玄與張彥遠所描寫和記載吳氏壁畫創作量的豐富和藝術技能的高超，都令人爲之驚嘆不已，他們都去吳道子未遠，這些都是極爲珍貴的第一手藝術史料。

唐人又常稱壁畫爲「粉圖」，以李白詩中最爲多見。如他的《當塗趙炎少府粉圖山水歌》（卷八，據拙著《李白集校注》，下同）云：

峨眉高出西極天，羅浮直與南溟連。名工繹思揮綵筆，驅山走海置眼前。滿堂空翠如可掃，赤城霞氣蒼梧煙。洞庭瀟湘意渺綿，三江七澤情洄沿，驚濤洶湧向何處，孤舟一去迷歸年。征帆不動亦不旋，飄如隨風落天邊。心搖目斷興難盡，幾時可到三山巔？西峰崢嶸噴流泉，橫石蹙水波潺湲。東崖合沓蔽輕霧，深林雜樹空芊綿。此中冥昧失晝夜，隱几寂聽無鳴蟬。長松之下列羽客，對座不語南昌仙。南昌仙人趙夫子，妙年歷落青雲士。訟庭無事羅眾賓，杳然如在丹青裡。五色粉圖安足珍？眞仙可以全吾身。若待功成拂衣去，武陵桃花笑殺人。

李白將「粉圖」寫成了眞山水，這是繼南朝謝靈運山水詩新的創造和發展。他又有《觀博平王志安少府山水粉圖》詩（卷二四）云：

粉壁爲天空，丹青猶江海。遊雲不知歸，日見白鷗在。博平眞人王志安，沉吟至此願挂冠。松溪石磴帶秋色，愁客思歸坐曉寒。

粉為造化，筆寫天眞。

《金陵名僧頵公粉圖慈親贊》（卷二八）云：

可知「粉壁」即白色粉牆，「粉圖」即粉壁上畫的圖畫。

李白集中還有在詩題中雖未提到，而在詩中涉及「粉圖、」「粉壁」的有「同族弟金城尉叔卿燭照山水壁畫歌》（卷七）云：「高堂粉壁圖蓬瀛，燭前一見滄州清。」《自梁園至敬亭山見會公談陵陽山水兼期同遊因有此贈》（卷十二）云：「雪山掃粉壁，墨客多新文。」《醉後答丁十八以詩譏予搥碎黃鶴樓》（卷十九）云：「神明太守再雕飾，新圖粉壁還芳菲。」《壁畫蒼鷹贊》（卷二八）云：「疑金天之殺氣，凜粉壁之雄姿。」足以說明「粉圖」和「粉壁」是李白詩文中常用的兩個辭。

考「粉圖」一辭，不自李白始。就現存資料推斷，唐人似以陳子昂為最早，他的《山水粉圖》詩（《全唐詩》卷八三）云：「山圖之白雲兮，若巫山之高丘。紛群翠之鴻溶，又似蓬瀛海水之周流。信夫人之好道，愛雲山之幽求。」另一位與李白齊名的唐代大詩人杜甫，他寫壁畫的詩很多，如《題壁上韋偃畫馬歌》、《觀薛稷少保畫壁》等，但詩中從未用過「粉圖」一辭，似乎也祇有一首《奉觀嚴鄭公廳事岷山沱江畫圖十韻》詩中提到「粉壁」云：「白波次粉壁，青嶂插雕梁。」這無疑淵源於六朝。唐以前詩賦中很少見到「粉圖」，而「粉壁」一辭則屢見不鮮。如南朝梁劉孝綽《對雪》詩（《藝文類聚》卷二）云：「浮光亂粉壁，積照朗彤闈。」陳張正見《置酒高殿上》詩（《樂府詩集》

卷三九）云：「置酒高殿上，粉壁麗淑塗。」此後更爲初唐人所習用，如許敬宗《奉和儀鑾殿早秋應制》詩（《全唐詩》卷三五）云：「斜暉麗粉壁，清吹肅朱樓。」宋之問《詠省壁畫鶴》詩（《全唐詩》卷五三）云：「粉壁圖仙鶴，昂藏眞氣多。」此外還有劉長卿《會稽王處士草堂壁畫衡霍諸山》詩（《全唐詩》卷一四九）云：「粉壁衡霍近，群峰如可攀。能令堂上客，見盡湖南山。青翠數千仞，飛來方丈間。歸雲無處滅，去鳥何時還。勝事日相對，主人常獨閑。稍看林壑晚，佳氣生重關。」白居易《游悟眞寺詩》（《白居易箋校》卷六）云：「粉壁有吳畫，筆彩依舊新。」又《江樓夜吟之九律詩成三十韻》詩（同上卷十七）云：「斜行題粉壁，短卷題紅箋。」至於「粉圖」一辭，唐代自陳子昂、李白以後，並不多見，可以斷言，此辭除陳子昂外，確爲李白所專用。

「粉圖」一辭，各種圖書均無考，惟臺灣出版的《中文大辭典》引李白「五色粉圖何足珍，眞山（城按：當作仙）可以全吾身」詩，並釋云：「粉圖，猶云圖畫也。」這是一種不求甚解的想當然解釋。又上海古籍出版社一九七八年版《李白詩選注》（《李白詩選注》編選組編）第一五四頁《當塗趙炎少府粉圖山水歌》注一云：「粉圖，中國畫的一種，以色粉爲顏料作的畫。」這樣解釋，顯然是將壁畫誤爲繪於紙上的粉畫了。

二、釋「擣衣」

有些李白詩的選本，所選《子夜吳歌》之三「萬戶擣衣聲」之「擣衣」一辭，注解多不正確。如

《李白詩選注》（《李白詩選注》編選組編，上海古籍出版社一九七八年版）第三十二頁注云：「擣衣，古時縫製衣服的一個過程，由兩人對立，各執一棒，像舂米似的把鋪好的布帛敲平，然後縫製。」舒蕪《李白詩選》（人民文學出版社一九五七年版）第五十八頁注云：「擣衣，洗衣時將衣服浸濕，放在石上，用木棒敲打，代替手的揉搓。」《唐詩選》上冊（中國社會科學院文學研究所編，人民文學出版社一九七八年版）選此詩注「擣衣」謂見第四十五頁《古意呈補闕喬知之》注（四）云：「『寒砧』，寒風裡擣衣的砧杵相擊聲。」金性堯《唐詩三百首新注》（上海古籍出版社一九八〇年版）第四十六頁注云：「擣衣，即將洗過的衣服，放在砧石上，以木杵擣去鹼質。」這些選本大都將「擣衣」解釋成敲打洗濕的衣服，概念不清。最模稜兩可的是《李白詩選》（復旦大學中文系古典文學教研組選注，人民文學出版社一九六一年版）第五十四頁注云：「擣衣歷來解釋多不統一。謝惠連《擣衣》詩：『櫚（廊）高砧響發，楹（柱）長杵（棒）聲哀。微芳起兩袖，輕汗染雙題（額）。紈素既已成，君子（丈夫）行未歸。裁用笥中刀，縫爲萬里衣。』它形象地描寫出擣衣的動作，按情況是婦女把織好的布帛，鋪在平滑的砧板上，用兩條木棒把它敲平，以備裁縫衣服。又李白《擣衣篇》：『有使憑將金剪刀，爲君留下相思枕。』說明了戎衣擣了以後，還剪下一塊做枕頭。可知所擣的是衣料。但已成衣服，有時也用這種方法擣，使之乾淨。」又考各辭書均未見「擣衣」一辭，祇有臺灣出版的《中文大辭典》收有「擣衣」條云：「洗衣時以杵擊之使潔淨也。曹毗《夜聽擣衣詩》：『寒與御紈素，佳人理衣襟。冬夜清且永，皓月照堂陰。』謝惠連《擣衣詩》：『衡紀無淹度，晷運倏如催。白露滋園菊，秋風落庭槐。』李白《子夜吳歌》：『長安一片月，萬戶擣衣聲』。」同書「擣帛」條云：「洗帛時，以杵擊之，使潔淨也。岑參《秋夜聞笛詩》：『天門街西聞擣帛。』白居易《太湖石詩》：『磨刀不如礪，擣帛不如砧。』」其實「擣衣」即「擣帛」，《中文大辭典》誤解了它的意思。按：「擣衣」是捶打絲織品原料（帛，不是棉織品），使之鬆軟，準備裁衣，不是捶打衣服。前面所舉選本引劉宋謝惠連《擣衣詩》的例子，將「擣衣」的過程很清楚地描述出來：所謂「紈素既已成，君子行未歸。裁用笥中刀，縫爲萬里衣」，即生絲絹素衣料已經擣捶得鬆軟，可以用刀剪裁製衣服了。又如唐喬知之《從軍行》（《全唐詩》卷六九三）云：「曲房理針線，平砧擣衣練。鴛綺裁衣成，龍鄉信難見。」白居易《江樓聞砧》云：「江人授衣晚，十月始聞砧。一夕高樓月，萬里故園心。」又《秋霽詩》云：「月出砧杵動，家家擣秋練。獨對多病妻，不能理針線。冬衣殊未製，夏服行將綻。」李賀《龍夜吟》云：「寒砧能擣百尺練，粉淚凝珠滴紅線。」這些都足以說明「擣衣」即「擣練」、「擣帛」，決不能理解爲把成衣放在砧石上拍打，也不能如李戎在《子夜吳歌》其三（巴蜀書社版《李白詩歌賞析集》第三三八頁）所釋「先用杵將布帛擣捶綿柔」，以及周嘯天在《子夜吳歌．秋歌》（上海辭書出版社版《唐詩鑑賞辭典》第二五二頁）所釋「製衣的布帛須先置砧上，用杵擣平擣軟」，因爲「擣衣」不包括棉布衣料。《楊昇庵詩話》云：「《字林》云：直舂曰擣。古人擣衣，兩女子對立，執一杵，如舂米然。今易作臥杵對坐擣之，取其便也。嘗見六朝人畫《擣衣圖》，其制如此。」其中所說的「擣衣圖」即「擣練圖」，元范椁有《擣練圖》詩。又拙著《李白集校注》卷六《子夜吳歌》其三評箋云：

「古時裁衣必先擣帛，裁衣多於秋風起時，爲寄遠人禦寒之用，故六朝以來詩賦中多假此以寫閨思。」這些都可資參考。

三、《唐朝名畫錄》記載李白遇薛稷之誤

我國歷來地方志記載李白的行踪與交遊多不可靠，即以「李白遇薛稷」一事而言，南宋羅願《新安志》卷十《詩話》云：「薛稷，天后朝位至少保，文章學術，名冠當時。學書師褚河南，時稱買褚得薛，不落時節。畫踪閻令，秘書省有畫鶴，時號二絕。曾旅遊新安，遇李白，因留連，書永安寺額，兼畫西方像一壁，筆力瀟灑，風姿逸發，曹張之匹也。二妙之跡，李翰林題贊見在。（出《唐畫斷》）」《新安志》所引《唐畫斷》的記載顯然是錯誤的，至於李白是否到過新安，這裡姑置不論，但薛稷因與竇懷貞參與太平公主逆謀，於開元元年（七一三）賜死於萬年獄中。見兩《唐書·薛稷傳》、《通鑑》卷二一〇《唐紀》開元元年。薛稷死時，李白才十三歲，至於他官鄴縣令（也據《新安志》所載），時間更早，兩人絕無見面的可能，這是無可置疑的。

《新安志》所錄《唐畫斷》關於李白遇薛稷這段錯誤記載乃是出於《太平廣記》，《太平廣記》卷二一二《薛稷》條引《唐畫斷》云：「天后朝，位至少保，文章學術，名冠當時。學書師褚河南，時稱買褚得薛不落節。畫踪閻令，秘書省有畫鶴，時號一絕。會旅遊新安郡，遇李白，因留連，書永安寺額，兼畫西方像一壁，筆力瀟灑，風姿逸發，曹張之匹也。二妙之跡，李翰林題贊見在。」此段

文字，《唐朝名畫錄》神品下七人則爲：「薛稷，天后朝位至宰輔，文章學術，名冠時流。學書師褚河南，時稱買褚得薛，不失其節。畫踪如閻立本，今秘書省有畫鶴，時號一絕。曾旅遊新安郡，遇李白，因相留請書永安寺額，兼畫西方佛一壁，筆力瀟灑，風姿逸秀，曹張之匹也。二妙之跡，李翰林題贊見在。」考《唐畫斷》即唐朱景玄《唐朝名畫錄》。《新唐書・藝文志》：「朱景玄，《唐畫斷》三卷，會昌人。」《直齋書錄解題》卷十四：「《唐朝畫斷》一卷，唐翰林學士朱景元（玄）撰。」可知朱景玄爲晚唐時人，而《新唐書・藝文志》等亦未見著錄《唐朝名畫錄》書名。《四庫總目提要》云：「《唐朝名畫錄》一卷，唐朱景元（玄）撰。景元（玄），吳郡人，官翰林學士。《圖畫見聞志》《作朱景眞，避宋諱也。是書《唐・藝文志》題曰《唐畫斷》，故《通考》稱《畫斷》一名《唐朝畫斷錄》，今考朱景元（玄）自序，實稱《畫錄》，則《畫斷》之名非也。《通志略》均稱三卷，此本不分卷，蓋後人合併。《通考》又稱前有天聖三年商宗儒序，此本亦傳寫佚之。」按：今以上文所引《太平廣記》及《唐朝名畫錄》相比較，除個別字句外，文字內容基本相同，故《四庫總目提要》僅根據朱景玄《唐朝名畫錄》自序中「此畫錄所作也」一語，即斷定《通考》稱《唐畫斷》即《唐朝名畫錄》爲非，其證據似亦嫌不足。又按：朱景玄《唐朝名畫錄》自序中雖未言明時間，但此書《吳道玄》條云：「景玄元和初應舉，住龍興寺。」《程修己》條云：「大和中文宗好古重道。」其中稱「文宗」謚號，則此書最早爲會昌時作，《新唐書・藝文志》說他係會昌時人，大概也是指成書的時間而言。岑仲勉《開元至咸通間翰林學士辨疑》一文謂《翰林學士壁記》中不見景玄名，「當是翰林待詔，如程修己之流耳」，所考亦是。

四·王琦注釋晁衡卒年之誤

李白《哭晁卿衡》詩（卷二五）云：「日本晁卿辭帝都，征帆一片繞蓬壺，明月不歸沉碧海，白雲愁色滿蒼梧。」王琦《李太白集輯注》此詩題下注云：「《舊唐書》：日本國，開元初遣使來朝，因請儒士授經。詔四門助教趙元默就鴻臚寺教之。所得賜賚，盡市文籍，泛海而還。其偏使朝臣仲滿慕中國之風，因留不去，改姓名為朝衡，仕歷左補闕，儀王友。衡留京師五十年，好書籍，放歸鄉，逗留不去。上元中，擢為左散騎常侍、鎮南都護。《新唐書》：朝衡歷左補闕，儀王友，多所該識，久乃還。天寶十二載，朝衡復入朝云云。……新、舊《唐書》俱不言衡終於何年，據太白是詩，則衡返棹日本而死矣。豈上元以後事耶，抑得之傳聞之訛耶？」王琦所引為《舊唐書》卷一九九上、《新唐書》卷二二〇《日本國傳》，兩書所記內容大致相同，但對於朝（按：晁衡又作朝衡，晁是朝的古字）衡返日本遇難的一段經歷，都缺少記載，幸虧依賴日本方面的有關記載，才弄清了李白這首詩的歷史眞相。王琦由於缺少資料，把晁衡這次東渡遇難的時間推遲到上元年間，當然是一個很大的錯誤。

據日本長勳《阿倍仲麻呂及其時代》，杉木直次郎《安南與朝衡》等文的記載，晁衡是日本阿倍朝臣仲麻呂的華名，又稱為仲滿。他生於日本文武帝二年（六九八），靈龜二年（七一六）被選為遣唐留學生，這年才十九歲。第二年三月，隨遣唐使多治比縣守來華，為日本遣唐使的第九次，這年為唐玄宗開元五年。晁衡到長安後，進太學學習，卒業後任司經局校書，又任左拾遺、左補闕等官職。到了開元二十二年冬天，日本遣唐使多治比廣成將回國，與晁衡同時留學的吉備眞備、大和長岡、玄昉等都同返，這是晁衡留華已滿十七年，但得不到唐玄宗的許可，所以沒有成行。他當時感愴賦詩道：「慕義名空在，偷忠孝不全。報恩無有日，報國是何年？」天寶十二載，任秘書監兼衛尉卿。這年，日本遣唐使藤原清河、副使大伴古麻呂、吉備眞備等又來到長安，朝衡請求同回日本，玄宗同意了，這年他已是五十六歲。他們一行，從長安啓程到揚州，同年十月十五日，訪名僧鑑眞於延光寺，邀同東渡。四艘船自蘇州啓行，晁衡與大使藤原同乘一船（據日本淡水眞人元開《唐大和上東征傳》的記載，晁衡與大使藤原等所乘的是四船中的第一船，其餘三船先後都到達日本），十二月六日行至琉球海面，遇風，和其他几艘船相失，漂流到安南驩州沿岸，又遭到海盜的搶劫，同船死者一百七十多人，祇有晁衡與藤原輾轉回到長安，已經是天寶十四載六月了。此後又經歷了安祿山之亂，隨同玄宗、肅宗避難。到了上元年間，被任爲左散騎常侍、鎭南都護。大歷初年罷歸長安，死於大歷五年正月，年七十三歲。晁衡於天寶十二載歸國遇難，飄流至安南再返長安的一段歷史，不獨李白不知道，就是當時中國人知道的也很少，如果不是依靠日本的記載，李白這首詩的歷史眞實性，到現在還解釋不清楚。

日本淡水眞人元開《唐大和上東征傳》記載：「天寶十二載，次癸巳十月十五日壬午，日本國使大使特進藤原朝臣清河、副使銀青光祿大夫光祿卿大伴宿彌胡麻呂、副使銀青光祿大夫秘書監吉備朝臣眞備、衛尉卿安倍（按：當作阿倍）朝臣朝衡等，來至延光寺，白大和上云：弟子等早知大和上五回渡海向日本國，將欲傳教，故今親奉顏色，頂禮歡喜。弟子等先錄大和上尊名，並持律弟子五僧，已奏聞主上，向日本傳戒。……」這是保存到現在晁衡與鑑眞交往的最早資料。《唐大和上東征傳》是根據思托的《大唐傳戒師僧名記大和上鑑眞傳》寫成的。思托是台州開元寺僧，鑑眞六次東渡，他都隨行，艱難相共，形影不離。第一次東渡時，思托才二十歲。第六次東渡到達日本時，他已三十二歲。思托的傳記早已失傳，僅其他書中有片斷的引錄。鑑眞圓寂時，淡水眞人元開已經二十一歲，所以《唐大和上東征傳》是流傳至今最早、最翔實的鑑眞傳記，當然是十分珍貴的，附考於此。

五．李白《秋日登揚州西靈塔》詩繫年

李白《秋日登揚州西靈塔》詩（卷二一）云：「寶塔凌蒼蒼，登攀覽四荒。頂高元氣合，標出海雲長。萬象分空界，三天接畫梁。水搖金剎影，月動火珠光。鳥拂瓊檐度，霞連繡栱張。目隨征路斷，心逐去帆揚。露浩梧楸白，霜催桔柚黃。玉毫如可見，於此照迷方。」考楊州大明寺建於南朝宋孝武帝大明（四五七—四六四）年間，所以稱爲大明寺。因寺在隋宮以西，故又稱西寺。隋文帝仁壽元年（六〇一）建塔於西寺，即大明寺建塔的開始。見明羅玘《重修大明寺碑記》及《增修甘泉縣志》。唐代詩人大都稱塔爲栖（西爲栖的古字）靈寺塔，可知大明是寺名，栖靈是塔名，由於寺和塔混淆不清，於是栖靈寺就逐漸流傳，成了大明寺的別稱。唐宋以來，大明寺和栖靈寺並稱。清康熙年間，再經修建，由於避諱，將大明寺改爲栖靈寺，現在又恢復了原來的名稱。據日本淡水眞人元開《唐大和上東征傳》

記載，鑑眞和尙曾在揚州龍興、崇福、大明、延光等寺受戒講律，其中大明寺尤爲著名，是鑑眞廣傳戒律和籌備東渡的重要場所，我認爲李白《秋日登揚州西靈塔》這首詩應該和他的好友晁衡與鑑眞一同東渡的時間有必然的聯繫。

李白《秋日登揚州西靈塔》一詩，黃錫珪《李太白年譜》繫於天寶五載。詹瑛《李白詩文繫年》繫於開元十四年李白二十五歲初至揚州時。近人也有繫於天寶十三載秋。但我認爲李白這首詩作於天寶十二載秋天的可能性最大。《唐大和上東征傳》記載說：「天寶十二載，次癸巳十月十五日壬午，日本國使大使特進藤原朝臣清河、副使銀青光祿大夫光祿卿大伴宿彌胡麻呂、副使銀青光祿大夫秘書監吉備朝臣眞備、衛尉卿安倍（按：當作阿倍）朝臣朝衡等，來至延光寺，白大和上云：弟子等早知大和上五回渡海向日本國，將欲傳教，故今親奉顏色，頂禮歡喜。弟子等先錄大和上尊名，並持律弟子五僧，已奏聞主上，向日本傳戒。……」可知天寶十二載十月十五日以前朝衡與李白在揚州會面，這是日本方面保存下來的珍貴資料。又李白另一首《送王屋山人魏萬還王屋》詩（卷十六）云：「身著日本裘，昂藏出風塵。」此下自注云：「裘則朝卿所贈日本布爲之。」又據上文所引日本長勳《阿倍仲麻呂及其時代》，杉本直次郎《安南與朝衡》等文記載，朝衡天寶十二載任秘書監兼衛尉卿。據此可以推定，李白和朝衡在揚州相見是天寶十二載秋末冬初之際，朝衡贈布給李白大概也在此時。因此又可以肯定，李白與魏萬相遇於揚州，必在與朝衡相見之後，而《送王屋山人魏萬還王屋》詩又云：「五月造我語，知非佁儗人。」則此詩必係天寶十三載五月以後所作無疑。又《李白集校注》卷十六所附魏萬《金陵酬翰林謫仙子》詩云：「雪上天台山，春逢翰林伯。宣父敬項橐，林宗重黃生。一長復一少，相看如弟兄。惕然意不盡，更逐西南去。同舟入秦淮，建業龍盤處。」更可證兩人天寶十三載春已相見於揚州，大約這年五月以後他們一同從揚州渡江到金陵。後來李白又與魏萬分手，往來於南陵、宣城一帶，這年並未重返揚州。所以《秋日登西靈塔》這首詩沒有作於天寶十三載秋天的可能。

西靈塔被焚於唐會昌年間，在此之前，唐人登臨題詠極夥。除李白外，如劉長卿《登揚州栖靈寺塔》詩云：「北塔凌空虛，雄觀壓川澤。亭亭楚雲外，千里看不隔。……稍登諸劫盡，若騁排霄翮。向是滄州人，已為青雲客。兩飛千栱霽，日在萬家夕。鳥處高卻低，天涯遠如迫。江流入空翠，海嶠現微碧。向暮期下來，誰復堪行役。」高適《登廣陵栖靈寺塔》：「淮南富登臨，茲塔信奇最。直上造雲族，憑空納天籟。回然碧海西，獨立飛鳥外。始知高興盡，適與賞心會。連山黯吳門，喬木吞楚塞。城池滿窗下，物象歸賞內。遠思駐江帆，暮時結春靄。軒車疑蠢動，造化資大塊。何必了無身，然後知所退。」白居易《與夢得同登栖靈塔》詩云：「半月悠悠在廣陵，何樓何塔不同登。共憐筋力猶堪在，上到栖靈第九層。」劉禹錫《同樂天登栖靈寺塔》詩云：「步步相攜不覺難，九層雲外倚闌干。忽然語笑半天上，無限遊人舉眼看。」這些詩篇都描繪了栖靈寺塔的雄偉壯麗，高入雲霄，登臨遠眺，確實令人心曠神怡。從這些詩篇中又可知「栖靈寺塔」又作「西靈塔」或「栖靈塔」，正是李白詩題不加「寺」字的證明。

六、李白的《與韓荊州書》

李白的《與韓荊州書》和《春夜宴桃李園序》（各本李集均作《春夜宴從第桃花園序》）是膾炙人口的名篇，歷來的選本如《古文觀止》等都將這兩篇文章選人。尤其是《與韓荊州書》，清新奔放，豪氣逼人，文如其詩，確實是唐代散文中的傑作，在後世廣泛流傳，有著深遠的影響。

翻閱排印的映雪堂本《古文觀止》，發現《與荊州書》中有這樣一條注解說：「韓朝宗當玄宗時爲荊州刺史，人皆景慕之，故太白上書以自薦。」這裡弄錯了韓朝宗的官稱。考唐代山南東道荊州（江陵府），龍朔二年升爲荊州大都督府，天寶元年改爲江陵郡。乾元元年三月復爲荊州大都督府。見《舊唐書．地理志》。唐制，大都督府的實際主管長官稱長史，不稱刺史，後來荊州改江陵府後，長史則改稱尹。所以當時韓朝宗的官職是荊州長史，而不是荊州刺史。這裡的錯誤僅一字之差。

此外又見到最近出版的《唐代散文選注》，其中《與韓荊州書》文下也有一條說明：「這封信的寫作年代大約是唐玄宗開元十八年至二十二年之間。」這也是由於注者的疏於考證而造成的。顯然，這條說明採自王琦《李太白年譜》，「王譜」開元二十二年甲戌說：「按李白《與韓荊州書》有「三十成文章」語，此書當是庚午以後甲戌以前四年中之作。」此下王氏注云：「《唐書，韓朝宗傳》：朝宗累遷荊州長史。開元二十二年，初置十道採訪使，朝宗以襄州刺史兼山南東道，其爲荊州長史在是年以前。」王氏沒有把韓朝宗任荊州長史和襄州刺史兼山南東道採訪使的關係弄清楚，所以只能把

《與韓荊州書》編在開元十八年至開元二十二年之間。

據《資治通鑑》開元十八年六月下考異，這年閏六月以太子少保陸象先兼荊州長史，所以韓朝宗任荊州長史必在開元十八年以後。又《張曲江集》中《貶韓朝宗洪州刺史制》稱他的全銜是「朝請大夫、荊州大都督府長史兼制襄州刺史、山南東道採訪處置等使、上柱國、長山縣開國伯」，可知朝宗兼判襄州時仍舊擔任荊州長史，可是他的治所已自江陵遷移到襄陽。所以李白後來寫《憶襄陽舊遊贈濟陰馬少府巨》詩云：「昔爲大堤客，曾上山公樓。高冠佩雄劍，長揖韓荊州。」就是《與韓荊州書》中「幸願開張聖聽，不以長揖見拒」這兩句的注解。又據《唐大詔令集·置十道採訪使敕》，置十道採訪史在開元二十二年二月十九日，韓朝宗以荊州長史兼山南東道採訪使必在此時，所以《與韓荊州書》可以肯定是開元二十二年二月以後所作，而不可能編在這年以前。

七、枕障與枕屏

李白《巫山枕障》詩（卷二四）云：「巫山枕障盡高丘，白帝城邊樹色秋。朝雲夜入無行處，巴水橫天更不流。」這首詩描寫枕障上畫著巫山十二峰和江水的風景，運用了宋玉《高唐賦》中楚襄王夢遇神女的典故，各本都無異文，只有《唐人萬首絕句》作「巫山枕障畫高丘」，「畫」字是否爲「盡」字的訛文，也未能遽定。至於詩中「枕障」一詞，歷來李集各家注本均無注，拙著《李白集校注》也付之闕如。及見吳小如《讀詞散記》（《學林漫錄》初集）釋「枕障」云：「唐宋人詞中屢山言『屏山」，如溫庭筠詞「枕上屏山掩」、「曉屏山斷續」、「金鴨小屏山碧」皆是也。此蓋謂屏山有山形圖案，而所謂屏，乃指「枕屏風」。今日本民間猶有此物，檢一九七二年（日本昭和四十七年）六月日本社會思想社出版之《了解日本事典》第二二六頁，於《家具與道具》項內「屏風」條下有云（譯文大意）：「又有枕屏風，爲低矮之小屏風，僅有兩扇，立於寢室中枕畔，就寢時用以御風。」又一九二九年（昭和四年）富山房出版之《大日本國語辭典》卷四，於「枕屏風」條下注云（譯文大意）：「立在枕邊的小屏風。」并舉鎌倉時代（當中國南宋時）日本文學作品以爲例證。是枕屏風之用由來已久，蓋自唐代傳入日本者。予因知溫庭筠《菩薩蠻》首闋第一句「小山重疊金明滅」必指枕屏風上金碧山水無疑。蓋朝日初昇，陽光映室，枕屏上山影金光閃耀，而閨人猶臥而未起，故下句緊接言「鬢雲欲度香腮雪」也。或謂「小山」指髮，謂雲鬢高聳，如小山之重疊云云（見近人華連圃《花間集注》，一九三六年出版，華氏注文以屏與髮二義并舉），顯非的解矣。枕屏風或謂之枕障。周邦彥《大酺·春雨》云：「潤逼琴絲，寒侵枕障，蟲網吹粘窗竹。」謂雨中雖枕畔有屏，亦覺寒意侵人也。上引日本《事典》有「障子」條，引《和名類聚抄》謂「障子」乃屏風之屬是也。」吳氏轉引日本方面的資料，釋枕障及糾正前人解釋溫庭筠詞的錯誤，論證非常精博。大概由於是詞的專作，所以沒有涉及到詩。但卻可以塡補拙著《李白集校注》的空白，因選錄於此。另一方面，從李白《巫山枕障》這首詩更可以證明「枕障」這種家具在盛唐時已極流行，它大概也在此時前後傳入日本。

後來從古代詩文中又發現一些與「枕障」有關的材料。如歐陽修《贈沈遵》詩云：「沈夫子，恨君不爲醉翁客，不見醉翁山間亭。翁歡不待絲與竹，把酒終日聽泉聲。有時醉倒枕溪石，青山白雲爲枕屏。花間百鳥喚不覺，日落山風吹自醒。」又蘇軾《次韻田文三首》之三云：「羞雲斂慘傷春暮，細縷詩成織意深。頭畔枕屏山掩恨，日昏琴暗玉窗琴。」又《山堂肆考》錄張敬夫《枕屏銘》云：「勿敗惰，勿思邪。席上枕前思自省，莫言屏曲爲君遮。」因再抄錄於此，以供研究李詩者參考。

八、李白詩「日照香鑪生紫煙」釋疑

李白《望廬山瀑布二首》其二（按：此詩題拙著《李白集校注》校云：「兩宋本、繆本、王本題云望廬山香鑪峰瀑布，曰：廬山上與星斗連，日照香鑪生紫煙。下兩句同。」詩中平仄失調，蓋傳刻之誤）云：「日照香鑪生紫煙，遙看瀑布挂前川。飛流直下三千尺，疑是銀河落九天。」詩中所指，歷來的選注本大都認爲是廬山西北部的香鑪峰和瀑布。如復旦大學古典文學教研組選注的《李白詩選》（人民文學出版社一九六一年版）第三二九頁：「香鑪峰，廬山西北部的高峰。」《李白詩選注》（上海古籍出版社一九七八年版）第八頁：「香鑪峰，廬山北部名峰。」中國社會科學院文學研究所編《唐詩選》（人民文學出版社一九七八年版）一八三頁：「香鑪峰，廬山西北部的高峰。慧遠《廬山記》：「香鑪山孤峰獨秀，氣籠其上，則氤氳若香煙。」峰有瀑布，著稱於世。」《唐詩一百首》（上海古籍出版社一九八六年版）第二十頁：「香鑪，香鑪峰，在廬山西北部，上面雲煙籠罩，像香鑪一樣，雲煙受到日光照射，有時會變成紫色。」趙其鈞在《唐詩鑑賞辭典》（上海辭書出版社一九八三年版）第三二九頁說：「香鑪，指廬山香鑪峰，「在廬山西北，其峰尖圓，煙雲聚散如博山香鑪之狀」（樂史《太平寰宇記》）。」吳小如在《李白詩歌賞析集》（巴蜀書社一九八八年版）第三二〇頁說：「今據李白詩，首言「西登香鑪峰，南見瀑布水」；又白居易《廬山草堂記》：「山北峰曰香鑪峰。」王琦注引《太平寰宇記》：「香鑪峰在廬山西北。」則言峰在廬山西北方者爲近是。」這些選注本都是承襲王琦注本的錯誤，弄不清廬山香鑪峰不止一處，把東林寺附近的北香鑪峰當作李白詩中所指。我則認爲李白詩中所描寫的是廬山南香鑪峰和開先寺（今名秀峰寺）附近的瀑布。早在拙著《李白集校注》第一二四〇頁引《輿地紀勝》有關李白詩描述「開先寺之瀑」的記載，以後又在《李白「日照香鑪生紫煙」新解質疑》（《唐代文學論叢》總第五輯）文中進一步闡述了這一觀點。「南香鑪峰」之說，在國內似乎漸趨一致，無多大異議，但看到近年日本植木久行《香鑪峰與廬山瀑布—關於兩座香鑪峰》（《中日李白研究論文集》第一六三頁，夏文寶譯，中國展望出版社一九八六年版）一文對「南香鑪峰」之說持不同意見，回復到王琦注「北香鑪峰」的舊說中去。作者在此文中引用了不少六朝詩和唐詩中所提到的香鑪峰，以白居易「遺愛寺鍾倚枕聽，香鑪峰雪撥簾看」（《香鑪峰下新卜山居草堂初成偶題東壁五首》之四）詩爲首，認爲這些詩都指北香鑪峰，就由此「能斷言南香鑪峰的用例全無，因此認定惟有李白是個例外顯得不自然」，而得出李白詩指北香鑪峰的結論，這似乎沒有什麼說服力。

凡是對地理名勝的準確注釋，除了掌握豐富的歷史地理知識外，還必須進行實地考察。關於李白這首詩中的「香鑪峰」，我還是認爲北宋陳舜俞《廬山記》的可信程度較高。陳舜俞當時貶官到廬山南麓南康軍，曾經用了六十天時間，漫遊山中，進行實地勘察，寫下了可信的資料。廬山以山南和山北兩座香鑪峰最爲有名，陳舜俞《廬山記》云：「次香鑪峰，此峰山南山北皆有，其形圓聳，常出雲氣，故名以象形。李白詩云：『日照香鑪生紫煙，遙看瀑布挂前川。』即謂在山南者也。」同治重修《廬山志》引《續志》云：「漢陽之西南有香鑪峰，匡山香鑪峰有三，此在匡南，亦偉奇特也。」《古今圖書集成·方輿彙編·山川典》卷一三七《廬山部彙考一》云：「香鑪峰在開先文殊寺後，其形圓聳如鑪，常出煙霧。」開先文殊寺即今山南的秀峰寺，爲廬山「五大叢林」之一。南香鑪峰在秀峰寺後西北，附近瀑布以馬尾泉及瀑布泉最有名。陳舜俞《廬山記》又云：「凡廬山所以著於天下，蓋有開先之瀑布，見於徐凝、李白之詩。」蘇軾《記遊廬山》云：「是日有以陳令舉《廬山記》見寄者，且行且讀，見其中云徐凝、李白之詩，不覺失笑。旅入開先寺，主僧求詩，因作一絕云：『帝遣銀河一派垂，古來惟有謫仙辭。飛流濺沫知多少，不與徐凝洗惡詩』」《輿地紀勝》卷二五《南康軍》云：「瀑布水在開先院之西。廬山南瀑布無慮十數，皆積雨方見，惟此不渴。僧貫休詩云：『小瀑便高三百尺，短松多是一千年。』徐凝詩云：『今古常如白練飛，一條界破青山色。』李白詩云：『飛流直下三千丈（按：當作尺），疑是銀河落九天。』當即開先寺之瀑也。」宋代自陳舜俞以後，都認爲李白詩所指是南香鑪峰附近開先寺瀑布，可以說已成定論。

到了明清兩代，很多廬山遊記進一步證實陳舜俞《廬山記》記載的可靠性。如同治重修《廬山志》卷五錄明王溙《廬山讀書臺記》云：「廬山之陽稱奇覽者，東有五老峰，三疊泉；西有香鑪、雙劍、鶴鳴諸峰，瀑布、馬尾二泉，李謫仙賞咏之後，奇勝聞於四遠，誦其詩者亦翛翛然神遊其上矣。」又同書卷五錄明王禕《開先寺觀瀑布記》云：「廬山南北瀑布以十數，獨開先寺最勝。開先瀑布有二：其一日馬尾泉東，出自雙劍、香鑪兩峰間爲尤勝。……是夕宿寺中，夜半雨大作，比曉，余未起，應扣門告曰：『瀑布流如故矣。』余欣然攬衣起倚欄睇視良久。日初出，紅光徑照香鑪諸峰上，諸峰紫靄猶未斂，光景恍惚，可玩不可言也。應因誦太白《觀瀑》詩，又誦笑隱《題太白觀瀑圖》詩，余笑曰：『安知今日無太白邪！胡可謂古今人不相及也。』比午乃還。」王禕非常具體細膩地描繪了馬尾泉和瀑布泉的位置方向和南香鑪峰的景色。一九八六年秋天，我遊歷廬山秀峰寺，攀登了西北的南香鑪峰，觀賞了出自香鑪峰、雙劍峰之間的瀑布。這次我買了一張新出版的《廬山導遊圖》（江西省測繪局製圖室編製，測繪出版社一九八六年三月出版），精確度很高，大大超過了以前繪製的廬山圖。發現此圖上（南）香鑪峰（八百公尺）在雙劍峰（六百五十公尺）的西北，並不如植木久行文中所引周鑾書《廬山史話》附《廬山名勝圖》錯繪（南）香鑪峰在雙劍的西南面，而兩個開先瀑布都在（南）香鑪峰的東南，周鑾書《廬山史話》附圖卻錯繪在（南）香鑪峰的東北。現在糾正了香鑪、雙劍兩峰和開先瀑布的地理位置，那末李白《望廬山瀑布二首》（其一）的「西登香鑪峰，南見瀑布水」兩句詩意就可以迎刃而解，絕不像植木久行文中所說「被認爲是李白所指的開先瀑布位於南香峰的東北，不是南，倒應該說成『北見瀑布水』」了。這固然是由於所據《廬山名勝圖》繪製不精確所致，但作者文中其他缺少證據的臆測也是不足取的。

九、李白詩可證今本《史記》之誤

李白《古風五十九首》之三十一（卷二）云：「鄭客西入關，行行未能已。白馬華山君，相逢平原里。璧遺鎬池君，明年祖龍死。秦人相謂曰：吾屬可去矣。一往桃花源，千春隔流水。」這首詩中「璧遺鎬池君，明年祖龍死」兩句，「鎬池君」指水神，「祖龍」指秦始皇。清人王琦注這首詩，先引《搜神記》，又引《史記．秦始皇本紀》。《史記．秦始皇本紀》云：「秦始皇三十六年，……秋，使者從關東夜過華陰平舒道，有人持璧遮使者曰：爲吾遺鎬池君，因言曰：今年祖龍死。使者問其故，因忽不見，置其璧去。使者奉璧俱以聞。始皇默然良久曰：山鬼不過知一歲事也。退言曰：祖龍者，人之先也。使御府視璧，乃二十八年行渡江所沈璧也。」這段話也見於《搜神記》：「秦始皇三十六年，使者鄭容從關東來，將入函關，西至華陰，望見素車白馬，從華山上下，疑其非人道，住止而觀之，遂至。問鄭容曰安之？鄭容曰：之咸陽。車上人曰：吾華山使也，願托一牘書至鎬池君所。子之咸陽，道過鎬池，見一大梓，有文石，取款梓，當有應者，即以書與之。容如其言，以石款梓，果有人來取書，云明年祖龍死。」《史記．秦始皇本紀》作「今年祖龍死」，《搜神記》作「明年祖龍死」，而《史記．秦始皇本紀》則與李詩「明年祖龍死」發生矛盾，這是由於王琦缺少考證所致。關於這個問題，清人閻若璩《潛丘雜記》卷二已經有所論證，認爲《史記．秦始皇本紀》中的「今年」是「明年」的訛文。閻氏所持的理由有二：一、秦始皇於三十七年七月死於沙丘平臺，這個預言應驗了。二、據《史記．秦始皇本紀》的記載，秦始皇說：「山鬼不過知一歲事。」這是譏笑山鬼祇有知道今年事情的能耐，明年就無能爲力了。所以閻氏認爲，以李白詩「明年祖龍死」相證，可知李白所見到的唐本《史記》正作「明年祖龍死」沒有錯誤。據此可以斷定《搜神記》作「明年」也是正確的。閻氏的考證很精確，解決了李詩注釋中的疑問。但閻氏沒有注意到《文選》潘岳《西征賦》注及《初學記》卷五引《史記》，都作「明年祖龍死」。特加拈出，以補閻氏考證之不足。

十、情人、美人、佳人

唐人稱摯友爲「情人」，屢見不鮮。李白《贈漢陽輔錄事二首》詩之二云：「鸚鵡洲橫漢陽渡，水引寒煙沒江樹。南浦登樓不見君，君今罷官在何處？漢口雙魚白錦鱗，令傳尺素報情人。其中字數無多少，只是相思秋復春。」詩中稱輔錄事（翼）爲「情人」。又如《春日獨坐寄鄭明府》詩云：「燕麥青青遊子悲，河堤弱柳鬱金枝。長條一拂春風去，盡日飄揚無定時。我在河南別離久，那堪對此當窗牖。情人道來竟不來，何人共醉新豐酒。」詩中稱鄭明府爲「情人。」又如《寄韋南陵冰余江上乘興訪之遇尋顏尚書笑有此贈》詩云：「南船正東風，北船來自緩。江上相逢借問君，語笑未了風吹斷。聞君攜妓托情人，應爲尚書不顧身。堂上三千珠履客，甕中百斛金陵春。恨我阻此樂，淹留楚江濆。月色醉遠客，山花開欲燃。春風狂殺人，一日劇三年。乘興嫌太遲，焚卻子猷船。夢見五柳枝，已堪掛馬鞭。何日到彭澤，長歌陶令前。」詩中「情人」指顏尚書（眞卿）。又如《送郄昂謫巴中》詩云：「瑤草寒不死，移植滄江濱。東風灑雨露，會入天地春。予若洞庭葉，隨波送逐臣。思歸未可得，書此謝情人。」這裡的「情人」指郄昂。除李白詩以外，唐詩中稱摯友爲「情人」的，如張九齡詩「情人怨遙夜」，杜甫詩「情人來石上」，錢起詩「情人一笑稀」等，不勝枚舉。

唐詩中除「情人」以外，又往往稱友人爲「美人」。如李白《禪房懷友人岑倫》詩云：「嬋娟羅浮月，搖豔桂水雲。美人竟獨往，而我安能群。一朝語笑隔，萬里歡情分。沉吟綵霞沒，夢寐群芳歇。歸鴻度三湘，遊子在百越。邊塵染衣劍，白日凋華髮。春氣變楚關，秋聲落吳山。草木結悲緒，風沙淒苦顏。朅來已永久，頹思如循環。飄飄限江裔，想象空留滯。離憂每醉心，別淚徒盈袂。坐愁青天末，出望黃雲蔽。目極何悠悠，梅花南嶺頭。空長滅征鳥，水闊無還舟。寶劍終難託，金囊非易求。歸來儻有問，桂樹山之幽。」此詩自注云：「時南遊羅浮，兼泛桂海，自春徂秋不返。僕旅江外，書情寄之。」很明顯，岑倫到嶺南遊歷，李白寄詩給他，詩中的「美人」指岑倫。又如《早春寄王漢陽》詩云：「聞道春還未相識，走傍寒梅訪消息。昨夜東風入武昌，陌頭楊柳黃金色。碧水浩浩雲茫茫，美人不來空斷腸。預拂青山一片石，與君連日醉壺觴。」詩中「美人」指李白的友人王漢陽。又如《題雍丘崔明府丹竈》詩云：「美人爲政本忘機，服藥求仙事不違。葉縣已泥丹竈畢，瀛洲當伴赤松歸。先師有訣神將助，大聖無心火自飛。九轉但能生羽翼，雙鳧忽去定何依。」詩中「美人」指雍丘崔明府。

不僅是「美人」，連「佳人」也常用作友人的代稱。如李白《江上寄巴東故人》詩云：「漢水波浪遠，巫山雲雨飛。東風吹客夢，西落此中時。覺後思白帝，佳人與我違。瞿塘饒賈客，音信莫令稀。」毫無疑問，詩中的「佳人」指巴東故人。

十一、「蹴鞠瑤臺邊」考釋

李白《古風五十九首》其四十六云：「鬬雞金宮裡，蹴鞠瑤臺邊。」（卷二）這兩句詩描寫唐朝鬥雞、打球之戲盛行之實況，也是珍貴的社會風俗史料。在《古風五十九首》其二十四中，各本李白集注釋均引陳鴻《東城老父傳》與李詩「路逢鬥雞者，冠蓋何輝赫」相證。堪稱詩史。可是這些注本關於唐代「蹴鞠」的史料則付之闕如。王琦注云：《史記》：處後蹴鞠。《正義》曰：謂打球也。《漢書》：蹴踏爲戲樂也。《荊楚歲時記》：《劉向別錄》曰：蹴鞠黃帝所造，本兵勢也。或云起於戰國。按鞠與毬同，古人踏鞠以爲戲也。「拙著《李白集校注》除引王注外，只作了簡略的補充云：「按鞠（王本均作踘）字當以從革爲是。《聲韻》云：以革爲之，今通謂之毬。唐時鬥雞打毬之戲盛行，此二語皆實寫。」所以「蹴鞠瑤臺邊」不能單純理解爲「古代的踏球之戲」。

考古代之鞠以皮製成，中充填毛髮等柔軟物質，可以踢。比賽時穿地爲域，圍以牆，爲集體對抗性游戲。唐時以充氣的球代鞠，並在球場樹兩根竹竿絡網以代球門。

《全唐文》卷七四〇仲無頗《氣毬賦》：「氣之爲毬，合而成質。俾騰躍而攸利，在吹噓而取實。……彼跳丸之與蹴鞠，又何足以加之。」《文獻通考》一四七《樂》二十《散樂·百戲》云：「蹴鞠戲，蓋古兵勢也。《漢》兵家有《蹴鞠》二十五篇。李尤《鞠室銘》曰：員鞠方牆，放象陰陽。法月衝對，二六相當。霍去病在塞外穿域踏鞠亦其事也。蹴毬蓋始於唐，植兩修竹，高數丈，絡網於上爲門以度毬，毬工分左右朋以角勝負否，豈非蹴鞠之變歟？」《唐音癸籤》亦云：「唐變古蹴鞠戲爲蹴球，其法植修竹，高數丈，絡網於上爲門以度球，球工分左右朋，以角勝負。」這時唐代的球戲已發展爲馬球、步球、足球三類，其制度有些和現在的足球比賽相近似。

第一類是騎在馬上用杖擊球進行比賽，以得籌多少計算勝負。如韓愈《汴泗交流贈張僕射》（《全唐詩》卷三三八）云：「汴泗交流郡城角，築場十步平如削。短垣三面繚逶迤，擊鼓騰騰樹赤旗。新秋朝涼未見日，公早結束來何爲？分曹決勝約前定，百馬攢蹄近相映。毬驚杖奮合且離，紅牛纓紱黃金羈。側身轉臂著馬腹，霹靂應乎神珠馳。迢遙散漫兩閑暇，揮霍紛紜爭變化。發難得巧意氣粗，歡聲四合壯士呼。此誠習戰非爲劇，豈若安坐行良圖。當今忠臣不可得，公馬莫走須殺賊。」韓詩乃勸諫徐州節度使張建封而作，張建封因之作《酬韓校書愈打毬歌》（《全唐詩》卷二七五）答云：「僕本修文持筆者，今來帥領紅旗下。不能無事習蛇矛，閑就平場學使馬。軍中伎癢鐃智材，竟馳駿逸隨我來。護軍對引相向去，風呼月旋朋光開。俯身仰擊復傍擊，難於古人左右射。齊觀百步透短門，誰羨養由遙破的。儒生疑我新發狂，武夫愛我生雄光。杖移鬃底拂尾後，星從月下流中場。人不約，心自一。馬不鞭，蹄自疾。凡情莫辨捷中能，拙目翻驚巧時失。韓生訝我爲斯藝，勸我徐驅作安計。不知我事竟何成，且愧吾人一言惠。」又蔡孚《打毬篇》（《全唐詩》卷七五）云：「德陽宮北苑東頭，雲作高臺月作樓。金鎚玉蹬千金地，寶杖琱文七寶球。竇融一家三尙主，梁冀頤封萬戶侯。容色由來荷恩顧，意氣平生事俠遊。共道用兵如斷蔗，俱能走馬入長楸。紅鬣錦鬃風騄驥，黃絡青絲電紫騮。奔星亂下花場裡，初月飛來畫杖頭。自有長鳴須決勝，能馳迅走滿光籌。薄暮漢宮愉樂罷，還歸堯室曉垂旒。這些詩都生動具體地記載了唐朝流行的馬球戲。唐人筆記中更有具體詳細的敘述，如《封氏聞見記》卷六《打毬》云：「打毬，古之蹴鞠也。」《漢書·藝文志》：《蹴鞠》二十五篇，顏注云：鞠以韋爲之，實以物，蹴踏爲戲。蹴鞠，陳力之事，故附有兵法。蹴音千六切，鞠音距六切，近俗聲訛爲球，字亦從而變焉，非古也。……開元、天寶，上數觀打球爲事，能者左縈右拂，盤施宛轉，殊有可觀，然馬或奔逸，時致傷斃。永泰中，蘇門山人劉綱於鄴下上書於刑部尙書薛公云，打球一則損人，二則損馬，爲樂之方甚衆，何乘兹至危以邀晷刻之歡耶！薛公悅其言，圖綱之形置於左右，命掌記陸長源爲贊以美之，然打球乃軍中常戲，雖不能廢，時復爲之耳！此則亦見《唐語林》卷五，乃原出於《封氏聞見記》。又《南部新書》庚集：「胡澗者，吳少誠之卒也。爲辯州刺史，好擊球。南方馬庳小，不善馳。澗召將吏蹴鞠，且患馬之不便玩習，因命夷民十餘輩肩舁，據輦爲杖，肩者且擊且走，旋環如風，稍怠，澗即以策叩其背，犯鞭亟走，澗用是爲笑樂。」嫌馬小不堪驅馳，竟然異想天開，以人代馬擊球，眞是太殘酷了。又《唐語林》卷七載唐宣宗擊球藝能十分高超云：「宣宗弧矢擊鞠，皆盡其妙鄉。所御馬，銜勒之外，不加雕飾，而馬尤矯捷。每持鞠杖，乘勢奔躍，運鞠於空中，連擊至數百，而馬馳不止，迅若流電，二軍老手，咸服其能。」此外，還可以驢代馬擊球，如《舊唐書

‧敬宗紀》：「（寶歷二年六月）庚申，鄆州進驢打毬人石定寬等四人。」也有女子騎驢擊球的，如《舊唐書》卷一一七《郭英七傳》：「會劍南節度使嚴武卒，載以英七代之，兼成都尹、充劍南節度使，既至成都，肆行不規，無所忌憚。……又頗恣狂蕩，聚女人騎驢擊毬，製鈿驢鞍及諸服用，皆侈靡裝飾，日費數萬，以為笑樂。」

第二類是步球。步球又可分為步打及足球兩種。步打即步行打球，分棚比賽射門。《北夢瑣言》卷一：「洎僖宗皇帝好蹴毬、鬬雞為樂，自以能於步打，謂俳優石野豬曰：朕若作步打士，亦合得一狀元。野豬對曰：或遇堯、舜、禹、湯作禮部侍郎，陛下不免且落第。帝笑而已。」此條亦見《唐語林》卷七，乃原出《北夢瑣言》。又王建《宮詞》（《全唐詩》卷三〇二）云：「殿前鋪設兩邊樓，寒食宮人步打球。一半走來爭跪拜，上棚先謝得頭籌。」魚玄機《打球作》（《全唐詩》卷八〇四）云：堅圓淨滑一星流，月杖爭敲未擬休。無滯礙時從拔異，有遮攔處任鉤留。不辭宛轉長隨手，卻恐相將不到頭。畢竟入門應始了，願君爭取最前籌。」可知不論是馬球或步球都以先得到第一籌（即頭籌為貴。又張祜《少年樂》（《全唐詩》卷五一一）云：「二十便封侯，各居第一流。綠鬟深小院，清管下高樓。醉把金船擲，閑敲玉鐙遊。帶盤紅鼴鼠，袍研紫犀牛。錦袋歸調箭，羅鞋起撥球。眼前長貴盛，那信世間愁。」詩中「羅鞋起撥球」可證唐代球戲亦用足踢，與近代足球無異。又王建《宮詞》（《全唐詩》卷三〇二）云：「宿妝殘粉未明天，總玄昭陽花樹邊。寒食內人長白打，庫中先散與金錢。」考唐人以兩人對踢球謂之「白打」。陸游《老學庵續筆記》云：余在蜀，見東坡先生手書一軸曰：黃幡綽告明皇，求作白打使，此官亦快人意哉！味東坡語，似以「白打」搏擊之意。然王建《宮詞》云：『寒食內人長白打，庫中先散與金錢。』則白打似是博戲耳，不知公意果何如耳？」清吳景旭《歷代詩話》卷五〇云：「此以白打爲戲，因戲分錢。即觀韋莊詩『內官初賜清明火，上相閑分白打錢』，其義自明。」同書又引《齊雲論》云：「白打，蹴鞠戲也。兩人對踢爲白打，三人角踢爲官場。」此亦爲足球戲在唐代流行之明證。

除了上述三類外，還有一種專供欣賞的「踏球之戲」，《封氏聞見記》卷六《打毬》云：「今樂人又有踏球之戲，作彩畫木球高一二尺，女妓登躡，球轉而行。縈回去來，無不如意，蓋古踏鞠之遺事也。」唐王邕《內人踏毬賦》（《全唐文》卷三五六）云：「毬上有嬪，毬以行於道，嬪以立於身。出紅樓而色妙，對白日而顏新。曠古未作，於今始陳。俾衆伎而皆掩，擅奇能而絕倫。……無習斜流，恆爲正遊。毬不離足，足不離毬。」這些都十分細膩地描繪了踏球表演。《樂府雜錄》云：「舞有骨鹿舞、胡旋舞，俱於一小圓毬子上舞，縱橫騰踏，兩足終不離於毬子上，其妙如此也。」白居易、元稹俱有《胡旋女》詩，據《樂府雜錄》則知胡旋舞亦可在毬上舞。今天見到的雜技踩球，源遠流長，在唐代已非常盛行。

《說郛》弓一〇一輯有汪雲程《蹴鞠圖譜》一卷，記載宋至元明間的蹴鞠形制、遊戲方法、各種規例，爲傳世僅見的古代蹴鞠著作。此書附有「毬門式圖」，其《毬門社規》云：「初起毬頭用腳踢起與驍色挾住，至毬頭右手頓在毬頭膝上，用膝築起一築過，不過撞在網上，順下來守網人踢住與驍色，驍色復挾住，仍前去頓在毬頭膝上築過，左右軍同。或賽二籌，或賽三籌，先拈鬮子，分前後築過，數多者勝，衆以花紅利物酒果鼓樂賞賀焉。」其餘所敘述的角色名稱，比賽程序，已具有今天足球比賽的雛形。其中還繪有一個獨踢的「一人場戶圖」，二人對踢的「二人場戶圖」，三人合踢的「三人場戶圖」，並分別說明其比賽方法，是珍貴的古代體育史料，附錄於此。

十二、李白詩中的「謝公」

李白有不少首提到「謝公」的詩，其中所指爲謝安、謝靈運、謝脁，都是他生平所崇拜的人物。

李白《贈秘書韋子春》（卷九）云：「謝公不徒然，起來爲蒼生。」《送裴十八圖南歸嵩山二首》其二（卷十七）云：「謝公終一起，相與濟蒼生。」《攜妓登梁王栖霞山孟氏桃園中》（卷二十）云：「謝公自有東山妓，金屏笑坐如花人。」這些詩裡的「謝公」指謝安。「達則兼濟天下，窮則獨善其身」的儒家思想在李白身上占主導地位，但他認爲「兼濟」和「獨善」二者是不可分割的統一體，而「兼濟」比「獨善」的價値大得多，「苟無濟代心，獨善亦何益」（《贈秘書韋子春》），因此謝安的「與人同樂」及「與人同憂」，即他的隱逸東山及入仕後超越個人利益的社會責任，都是李白個人出處和理想的化身。所以在《書情贈蔡舍人雄》（卷十）抒寫懷抱說：「嘗高謝太傅，攜妓東山門。楚舞醉碧雲，吳歌斷清猿。暫因蒼生起，談笑安黎元。余亦愛此人，丹霄冀飛翔。」後來一旦參加永王璘幕府，就不禁吟出了「但用東山謝安石，爲君談笑靜胡沙」（卷一一《永王東巡歌》其二），儼然以謝安自居了。

李白企慕謝安，謝安「東山蓄妓」的典故也常在他的詩中出現。除以上所引《攜妓登梁王栖霞山孟氏桃園中》詩以外，如《東山吟》（卷七）云：攜妓東山上，帳然悲謝安。」《送姪良攜二妓赴會稽戲有此贈》（卷十七）云：「攜妓東山去，春光半道催。」《宣城送別劉副使入秦》（卷十八）云：「君攜東山妓，我詠《北門》詩。」《示金陵子》（卷二五）云：「謝公正要東山妓，攜手林泉處處行。」《出妓金陵子呈盧六四首》其一（卷二五）云：南國新豐酒，東山小妓歌。」按：「東山妓」出《世說新語．識鑑》，乃唐人習用的典故，如蕭穎士《山莊夜月作》（《全唐詩》卷一五四）云：「未奏東山妓，先領北海尊。」杜甫《戲作寄上漢中王二首》其二（《全唐詩》二二七）云：「杳杳東山攜漢妓，泠泠修竹待王歸。」羊士諤《客有自渠州來說常諫議使君故事悵然成詠》（《全唐詩》卷三三二）云：「至今猶有東山妓，長使歌詩被管弦。」劉禹錫《竇夔州見寄寒食日憶故妓小紅吹笙因和之》（《全唐詩》卷三五九）云：「聞道今年寒食日，東山舊路獨行遲。」白居易《醉戲諸妓》（《全唐詩》卷四四六）云：「不知明日休官後，逐我東山去是誰。」李商隱《贈趙協律晰》（《全唐詩》卷五四〇）云：「南省恩深賓館在，東山事往妓樓空。」李群玉《哭郴州王使君》》（《全唐詩》卷五六九）云：「東山妓逐飛花散，北海尊隨逝水空。」皎然《觀李中丞洪二美人唱歌軋箏歌》（《全唐詩》卷八二一）云：「時議名齊謝太傅，更看攜妓似東山。」這些詩都不外「用東山妓」比喻唐人所攜之妓，或自比謝安，或比喻友人，也大多是泛指，缺少詩人本身的個性及精神面貌，確實與李白「用東山妓」典有本質的差別。李白的好友魏萬《金陵酬李翰林謫仙子》（《全唐詩》卷二六一）云：「安石重攜妓，子房空謝病。」太白心事，一語道破，有探驪得珠之妙。

此外，李白還有些涉及「謝公」的詩，如《夢遊天姥吟留別》（卷十五）云：「謝公宿處今尚在，淥水蕩漾清猿啼。腳著謝公屐，身登青雲梯。」《與周剛清溪玉鏡潭宴別》（卷二十）云：「興與謝公合，文因周子論。」《遊謝氏山亭》（卷二十）云：「謝公池塘上，春草颯已生。」其中的「謝公」均爲謝靈運。又《秋登謝朓北樓》（卷二一）云：「誰念北樓上，臨風懷謝公？」則此「謝公」又爲謝朓。謝靈運清新自然的山水詩，謝朓清新俊美的詩風，都對李白的作品產生過巨大的影響，這兩位「謝公」也是他一生所低首的大詩人。

還有，李白《登金陵冶城西北謝安墩》詩（卷二一）云：「冶城訪古跡，猶有謝安墩。憑覽周地險，高標絕人喧。想象東山姿，緬懷右軍言。」王安石《謝安墩二首》之一云：「我公名字偶相同，我屋公墩在眼中。公去我來墩屬我，不應墩姓尙屬公。」李白詩中的「冶城西北謝安墩」在今南京市城西朝天宮一帶，王安石舊宅半山寺在今南京市城東中山門內，附近也有一個謝公墩，但非冶城西北的「謝公墩」，兩個謝公墩相去很遠，絕不能誤爲一處，考此誤大概始於宋張敦頤《六朝事跡類編》，清人王琦注釋李白《登金陵冶城西北謝安墩》詩也引用了它的錯誤記載云：「《六朝事跡》：謝安墩在王半山報寧寺之後，基址尙存。謝安與王羲之嘗登此，超然有高世之志。《世說》：王右軍與謝太傅共登冶城，謝悠然遠想，有高世之志。……」由於王氏沒有辨明南京冶城和半山寺的方向，盲目引用了前人謬誤的資料。後來看到上海古籍出版《李白詩選注》編選組編選的《李白詩選注》中注釋李白這首詩的「謝安墩」，仍舊承襲王琦注的錯誤云：「冶城相傳是三國時吳國的鑄冶之地，故址約在今江蘇南京市朝天宮一帶。謝安墩在金陵城東半山報寧寺的後面，謝安曾和右軍將軍王羲之在冶城同登此墩，後稱爲謝公墩。」其實，《六朝事跡編類》的錯誤，早在《景定建康志》中已加以辨正。其文云：「謝公墩在半山寺，里俗相傳，謝安所嘗登也，其事殊無所據。李白、王荊公皆有謝公墩詩，白詩云：『冶城訪遺跡，猶有謝安墩。』乃今大慶觀冶城山，昔謝安與王羲之登冶城，悠然遐想有高世之志，即此地，荊公雖有「我屋公墩」之句，而又有詩云：『問樵樵不知，問牧牧不言。』亦自疑之耳。江左謝氏衣冠最盛，謂之謝公，豈獨安也？今半山寺所在舊名康樂坊。按《晉書》，謝玄封康樂公，至孫靈運猶襲封，今以坊及墩名觀之，恐是玄及其子孫所居，後人因名之耳。」文中提到的大慶觀台後來的朝天宮。至清末學者陳作霖又對《景定建康志》的考證成果作了詳細的補充，在他的《養龢軒隨筆》中指出南京共有四個謝公墩：「一在冶城，安石與王逸少登臨遐想處也。一在土山，安石爲相時，築榭以擬會稽東山，即圍棋賭墅之所也。至半山寺之謝公墩，則幼度之宅，其地有康樂坊可證，康樂爲幼度封國，與安石無與。王半山之爭亦太疏於考據矣。若杏花村謝幼度祠側有土阜，亦名謝公墩，特士人因其近謝祠而名之，其他各志均未之載耳。」幼度即謝玄的字，王安石的名和謝安的字相同，他錯把謝玄的謝公墩當作了謝安的謝公墩，不免貽後人以「疏於考據」之譏。

十三、「五色神仙尉」解

「五色」一詞在李白詩中用得很多，如《當塗趙炎少府粉圖山水歌》（卷八）云：「五色粉圖何足珍？眞仙可以全吾身。《永王東巡歌十一首》其三（卷八）云：「秋毫不犯三吳悅，春日遙看五色光。」《經亂離後天恩流夜郎憶舊遊書懷贈江夏韋太守良宰》（卷一一）云：「五色雲間鵲，飛鳴天上來。」《獻從叔當塗宰陽冰》（卷一二）云：「吐辭又炳煥，五色羅華星。……各拔五色毛，意重太山輕。」《送崔度還吳度故人禮部員外國輔之子》（卷十七）云：「我乃重此鳥，彩章五色分。」《登黃山陵歊臺送族弟溧陽尉濟充泛舟赴華陰》（卷十八）云：「文章輝五色，雙在瓊樹栖。」《秋浦寄內》（卷二五）云：「手攜五色魚，開魚得錦字。」這些帶有「五色」詞的詩句都容易理解。此外李白還有一首贈江油尉》詩（卷三十）云：「嵐光深院裡，傍砌水泠泠。野燕巢官舍，溪雲入□廳。日斜孤吏過，簾捲亂峰青。五色神仙尉，焚香讀道經。」其中「五色神仙尉」一詞，各家俱無注，多年翻檢各種典籍，亦未詳其解，拙著《李白集校注》亦付之缺如。考「神仙尉」即「仙尉」，《漢書》卷六七《梅福傳》云：「梅福，字子眞，九江壽春人也。少學長安，明《尙書》、《穀梁春秋》，爲郡文學，補南昌尉。後去官歸壽春，數因縣道上言變事，求假軺傳，詣行在所條對急政，輒報罷。……至元始中，王莽專政，福一朝棄妻子，去九江，至今傳以爲仙。其後，人有見福於會稽者，變名姓，爲吳門市卒云。」梅福仙去當然是無稽的傳說，但因他曾爲南昌尉，故後人乃以「仙尉」爲縣尉的習用之典。可是，「神仙尉」上加上「五色」二字，就頗令人費解了。後讀《三國志》卷一《魏書・武帝紀》云：「除洛陽北部尉，遷頓丘令。」裴松之注引《曹瞞傳》云：「太祖初入尉廨，繕治四門，造五色棒，縣門左右各十餘枚，有犯禁者，不避豪強，皆棒殺之。後數月。靈帝愛幸小黃門蹇碩叔父夜行，即殺之，京師斂跡，英敢犯者。」則此「五色棒」也是縣尉的典故，與「神仙尉」合用，於情理可以說得通，姑識於此，以就正於高明。

十四、「廬霍」及「衡霍」

李白《送楊燕之東魯》詩云：「關西楊伯起，漢口舊稱賢。四代三公族，清風播人天。夫子華陰居，開門對玉蓮。何事歷衡霍，雲帆今始還？君坐稍解顏，爲我歌此篇。我固侯門士，謬登聖王筵。一辭金華殿，蹭蹬長江邊。二子魯東門，別來已經年。因君此中去，不覺淚如泉。」這首詩，黃鎬圭《李太白年譜》繫於天寶五載（七四六），作於楊州。詹鍈《李白詩文繫年》則繫於天寶七載（七四八），作於廬江。考李白天寶三載賜金還山後，約天寶五載離開東魯，至江南漫遊，詩云：「二子魯東門，別來已經年。」詹氏繫此詩於天寶六七載間，較爲近似。但此中的「衡霍」二字，歷來的注家都沒有明確的解釋。清人王琦注中先引《史記正義》說：「《括地志》云：『衡山一名岣嶁山，在衡州湘潭縣西四十一里。』」接著又引《太平寰宇記》說：「霍山一名衡山，一名天柱山，在壽州六安縣南五里。」很明顯，王琦錯誤地將「衡霍」注成了衡山和霍山兩個地方。其實「衡霍」即是霍山，這決不是指湖南的衡山。那末霍山爲什麼又稱「衡霍」呢?《爾雅・釋山》說:「泰山爲東岳,華山爲西岳,霍山爲南岳,恆山爲北岳,嵩山爲中岳。」郭璞注:「(霍山)即天柱山,潛水所出。」《白虎通》云:東方爲岱宗,南方爲霍山,西方爲華山,北方爲恆山,中央爲嵩高。」《爾雅・釋山》「嵩高」邢昺疏引郭云:「霍山今在廬江潛縣西南,別名天柱山。漢武帝以衡山遼曠,移其神於此,今其土俗皆呼之爲南岳。南岳本自以兩山爲名,非從近也。」但《初學記・地部上》卻又將霍山稱南岳提早到黃帝時:「衡山者,五岳之南岳也,其來尚矣。至於軒轅,乃以灊霍之山爲其副焉。故《爾雅》云霍山爲南岳,蓋因其副焉。至漢武南巡,又以衡山遼遠,道隔江漢,於是乃徙南岳之祭於廬江潛山,此亦承黃帝副義也。」《太平御覽・地部四》引徐靈期《南岳記》與《初學記》同。這些都可以和郭璞說相印證。又《周禮・春官》「大司樂」賈公彥疏則更加明顯地指出:「潛縣霍山,一名衡陽山,則與衡岳異名實同也。」據此,毫無疑問,霍山可以稱爲「衡霍」,而「衡霍」不能解釋成兩個地方。

李白又有一首《題嵩山逸人元丹丘山居》詩,詩序云:「白久在廬霍,元公近遊嵩山,故交深情,出處無間……」詩云:「家本紫雲山,道風未淪落。沉懷丹丘志,衝賞歸寂寞。朅來遊閩荒,捫涉窮禹鑿。夤緣汎潮海,偃蹇陟廬霍。……」李白集中與元丹丘往還酬答的詩很多,這一首詩序中有「久在廬霍」之語,所以寫作時間比較晚,詹鍈《李白詩文繫年》繫於天寶九載,時間大概差不多。但詹氏說:「太白此時方居廬山,而其他尚在東魯。」把「廬霍」中的「廬」與「霍」字分開,解釋成了廬山,這是有問題的。考霍山唐代在廬江郡境內,當時的廬江太守是嗣吳王李祇,李白曾在李祇那裡逗留過一個時期，寫了《寄上吳王三首》，《口號吳王半醉》、《廬江主人婦》、《同吳王送杜秀芝舉入京》等詩，可知此詩中的「廬霍」是指廬江霍山地區，而與廬山無關。又王琦注這首詩說：「廬山在今江西九江、南康二府界內，霍山在今江南廬州界內。」把「廬霍」分成兩處，也解釋錯了。

十五、李白郭子儀互救事考辨

明馮夢龍編《警世通言》「李謫仙醉草嚇蠻書」一回中記載李白和郭子儀互救事說：「永王兵敗，李白方得脫身，逃至潯陽江口，被守江把總擒拿，把做叛黨，解到郭元帥軍前。子儀見是李學士，即喝退軍士，親解其縛，置於上位，納頭便拜道：『昔日長安東市，若非恩人相救，焉有今日？』即命治酒壓驚，連夜修本，奏上天子，爲李白辨冤，且追敘其嚇蠻書之功，薦其才可以大用，此乃施恩而得報也。」這一回故事又見於《今古奇觀》，明傳奇《彩毫記》也敘述了李郭互救事，它在民間廣泛流傳，起過一定的影響。

事實上，《警世通言》和《彩毫記》等的記載根本不可靠，多半出於小說、戲曲作者的虛構杜撰，作爲一般消閑讀物說來，這也無關緊要，但近人所寫的李白傳記，竟還把李郭互救事當作信史來敘述，錯誤地說：「（李白）就在太原，他認識了唐朝後來的名將郭子儀。郭子儀那時還是一個小兵，因爲犯了過失，要受責罰，李白看見他很有才能，就替他說情給免罪了。據說後來李白因從永王璘獲罪，那時郭子儀已經是中興名將，曾經出力解救過李白。」因此，這就有考辨的必要了。

記載李郭互救事，最早見於唐裴敬《翰林學士李公墓碑》，碑文說：「（李白）又嘗有知鑑，客并州，識郭汾陽於行伍間，爲免脫其刑責而奬重之。後汾陽以功成官爵，請贖翰林，上許之，因免誅。其報也。」《新唐書·李白傳》也說：「初，白遊并州，見郭子儀奇之。子儀嘗犯法，白爲救免。至是，子儀請解官以贖，有詔長流夜郎。」宋樂史《李翰林別集序》說：「白嘗有知鑑，客并州，識汾陽王郭子儀於行伍間，爲脫其刑責而奬重之。及翰林坐永王之事，汾陽功成，請以官爵贖翰林，上許之，因而免誅。翰林之知人如此，汾陽之報德如彼。」雖然文字略異同，但樂史《李翰林別集序》、《新唐書·李白傳》都無疑來源於裴敬的《墓碑》，所以錯誤相同。清人王琦也誤繫李白識郭子儀於開元二十三年，直到今人詹鍈《李白詩文繫年》才對這個問題提出了異議。

《舊唐書·郭子儀傳》說：「（子儀）始以武舉高等補左衛長史，累歷諸軍使。天寶八載於木剌山置橫塞軍及安北都護府，命子儀領其使。」《新唐書·郭子儀傳》說：「（子儀）以武舉異等補左衛長史，累遷單于副都護、振遠軍使，天寶八載木剌山始築橫塞軍及安北都護府，詔即軍爲使。」《舊唐書》和《新唐書》關於郭子儀天寶八載以前的經歷都略而不詳。考郭子儀的父親郭敬之，歷官綏、渭、桂、壽、泗五州刺史，他絕不可能出身行伍。所以顏眞卿《郭（敬之）家廟碑》（見王昶《金石萃編》卷九二，今本《顏魯公集》無此文）說：恭維令公，先皇之佐命臣也。……弱冠以邦鄉之賦，驟膺將帥之舉。四擢高第，有聲前朝。三爲將軍，再守大郡。」可知子儀應舉在二十歲左右，他卒於建中二年（七八一）年，享年八十五歲，據以向上推算，應舉大概在開元四年左右。又顏眞卿《家廟碑》具列子儀天寶八載以前的官歷是：武舉及第授左衛長上，改河南府城皋府別將，又改同州興德右果毅，左金吾衛知隊仗長上，又改汝州魯陽府折衝、知右羽林軍長上，又遷桂州都督府長史、充當管經略副使，又改北庭副都護、充四鎮經略副使，又除左威衛中郎將，轉右司御率兼安西副都護，改右威衛將軍同朔方節度副使，改定遠軍使、本軍營田使，又加單于副大都護、東受降城使、左厢兵馬使，又拜右金吾衛將軍、兼判單于副都護，又拜左武衛大將軍兼安北副都護、橫塞軍使、本軍營田使。」提供了極其詳盡的資料。從開元四年到天寶八載，郭子儀共升遷十三次，假如平均以年半升遷一次計算，那末開元二十三年時，子儀可能已任左威衛中郎將或安西副都護，官位已經很高。即使郭子儀昇任特別遲緩，這時最低也得是城皋府別將，絕對不能說是「居行伍間」。再者，從以上資料證明，子儀在天寶以前也從未任職并州（太原），開元二十三年也沒有和李白在太原見面的機會。開元四年郭子儀應舉時，李白才十五歲，還未出夔門，兩人更無見面的可能。即使見面了，那時李白地位低微，也沒有力量解救郭子儀。後來李白坐永王璘事，解救他的是崔渙，宋若思等，而不是郭子儀。還有，李郭之間的關係，在所有李白詩文中都沒有絲毫痕跡。所以李郭互救事，純係後人以訛相傳的僞托，裴敬最早將一些不可靠的傳聞寫入《墓碑》，後人以爲信史，《新唐書．李白傳》也不辨眞僞，發展爲戲劇小說，輾轉流傳，更加荒唐無稽了。

此外，李白集中有一首天寶初年所作《贈郭將軍》》詩（卷九）云：「將軍少年出武威，入掌銀臺護紫微。平明拂劍朝天去，薄暮垂鞭醉酒歸。愛子臨風吹玉笛，美人向月舞羅衣。疇昔雄豪如夢裡，相逢且欲醉春暉。」這個郭將軍大概是諸衛將軍，《舊唐書．職官志》：「左右衛將軍之職，掌統領宮廷警衛之法，以督其屬之隊仗，而總諸曹之職務。」其實在唐朝中葉，這類位置不過是安插武人的閑散官職，所以《舊唐書．王忠嗣傳》說：「假如明主見責，豈失一金吾羽林將軍歸朝宿衛乎？」這正是有力的證明。李白這首詩有「疇昔雄豪如夢裡」的句子，可知這位郭將軍必是一個失去兵權的軍人，從上面所引郭子儀天寶初年的官歷來看，是和他不相關的。

中華書局標點本《李太白全集》校讀小記

朱金城

清乾隆時，王琦輯注的《李太白文集》三十六卷，匯集了他以前楊齊賢、蕭士贇、胡震亨三家注李集的長處，補充和改正了他們的疏漏和錯誤，成爲當時李白集注釋最完備的本子。此書鏤板行世二百多年來，流傳極廣，影響很大。北京中華書局於一九七二年據刊本標點排印，更名爲《李太白全集》，對研究者和讀者，更增加了不少的便利。筆者在閱讀過程中，發現此書很多標點與校勘的錯誤，現在提出來以供整理者和讀者參考。

1.出版說明第1頁：他父親李客帶他回到綿州昌隆縣（後避玄宗諱改爲昌明縣），五代後改爲彰明縣（今四川江彰縣）。

按：唐劍南道綿州（巴西郡，漢爲廣漢郡）昌隆（後避玄宗諱改爲昌明）縣，五代後改爲彰明縣。一九五八年彰明縣併入江油縣。「江彰縣」，誤。

2.出版說明第2頁：天寶元年（七四一年），他四十二歲時經過他的朋友道士吳筠的推薦，唐玄宗召他進京，命他供奉翰林。

按：吳筠天寶初推薦李白之說，最早見於《舊唐書・李白傳》，歷來學術界無異議。惟據今人考證，認爲李白自己寫的《爲宋中丞自薦表》、魏顥《李翰林集序》、李陽冰《草堂集序》》、劉全白《唐故翰林學士李君碣記》等都未提到吳筠推薦之事，考吳筠在天寶元年以前一直隱居在南陽倚帝山。天寶元年從倚帝山進京，接著就入嵩山爲道士。天寶十三載又一次從嵩山入京，供奉翰林。後來回嵩山。只有在安史之亂以後，才渡江南下。所以吳筠推薦之說不可信。

3.出版說明第7頁：像「飛流直下三千丈，疑是銀河落九天」（見九八九頁），都較爲傳誦。

按：「飛流直下三千尺」爲李白《望廬山瀑布二首》之二中的句子，九八九頁原文不誤，這裡誤作「三千丈」。

4.大鵬賦（十六頁）注〔二〕：《史記》：二世二年，具李斯五刑，論腰斬咸陽市。

按：此注所引爲《史記·李斯列傳》文，應在「具李斯五刑論」下斷，標點本《資治通鑑》（二七九頁）標於「論」字下斷，此注係沿襲中華書局標點本《史記·李斯列傳》之誤。

5.明堂賦（三七頁）注〔六〕：《考工記》：殷人重屋，堂修七尋，堂崇三尺，四阿重屋。鄭康成注：重屋者，王宮正堂，若大寢也。其修七尋五丈六尺，放夏。周則其廣七尋七丈二尺也，五室各二尋。

按：據《周禮·考工記》鄭康成注，當作「周則其廣九尋，七丈二尺也」，「七尋」乃「九尋」之訛文。

6.古風五十九首之四（九五頁）注〔七〕：《一統志》：清溪在池州府，源出涔溪山，與石人嶺水合北流，匯爲玉鏡潭。

按：「與石人嶺水合北流，匯爲玉鏡潭」當標作「與石人嶺水合，北流匯爲玉鏡潭」。

7.古風五十九首之八（九九頁）注〔二〕：《漢書》：……安陵爰叔與偃善，謂偃曰：「足下私侍漢主。挾不測之罪，將欲安處乎？何不白主，獻長門園，此上所欲也。如是．則上知計出於足下，則安枕而臥者，無慘怛之憂。」

按：此注所引爲《漢書．東方朔傳》文，其中「則安枕而臥者」六字當作「則安枕而臥」，「者」字衍。

8.古風五十九首之十一（一〇四頁）注〔二〕：《後漢書》：……復引光入，論道舊故，相對累日。因共偃臥，光以足加帝腹上。明日，太史奏，客星犯御座甚急。

按：此爲《後漢書．嚴光傳》中文，「明日，太史奏，客星犯帝座甚急」當標作「明日，太史奏客星犯帝座甚急」。

9.古風五十九首之十五（一〇七頁）注〔一〕：李善《文選注》：上谷郡圖經曰：黃金臺在易水東南十八里，燕昭王置千金於臺上，以延天下之士。

按：「上谷郡圖經」應加書名號爲《上谷郡圖經》。

10.古風五十九首之十六（一〇八頁）注〔一〕：《越絕書》：客有能相劍者，名薛燭，越王勾踐召問之。乃召掌者使取純鉤，薛燭望之，手振，拂揚其華，捽如芙蓉始出。

按：注引《越絕書》「手振，拂揚其華，捽如芙蓉始出」當標作「手振拂揚，其華捽如芙蓉始出」。

11.古風五十九首之十八（一一三頁）注〈一九〉：《漢書》：越王勾踐困於會稽之上，乃留范蠡、計然。十年，國富厚，賂戰士，遂報強吳，刷會稽之恥。

按：此爲《漢書．貨殖傳》文，「十年，國富厚，賂戰士」當標作「十年，國富，厚賂戰士」。

12.古風五十九首之十九（一一三頁）：素手把芙蓉，虛步躡太清

按：「虛步躡太清」下脫句號標點。

13.古風五十九首之二十（一一六頁）：韋穀《才調集》，只選中四韻作一首，而前後不錄。

按：韋穀《才調集》下不當斷，應標作「韋穀《才調集》只選中四韻作一首」。

14.古風五十九首之二十四（一二〇頁）注〈三〉：《新唐書．宦者傳》：開元、天寶中，宦者黃衣以上三千員，衣朱紫千餘人。其稱旨者，輒拜三品將軍，列戟於門。其在殿頭供奉，委任華重。持節傳命，光焰殷殷動四方，所至郡縣，奔走獻遺至萬計。修功德，市禽鳥，一爲之使，猶且數千緡。監軍持權節度，反出其下。……

按：注引《新唐書．宦者傳》「監軍持權節度，反出其下」當標作「監軍持權，節度反出其下。」

15.古風五十九首之三十一（一二七頁）注〈一〉：《搜神記》：秦始皇三十六年，使者鄭容從關東來，將入函關，西至華陰，見素車白馬，從華山上下，疑其非人，道住，止而觀之，遂至，問鄭曰：「安之？」鄭容曰：「之咸陽。」車上人曰：「吾華山使也，願托一牘書，致鎬池君所。子之咸陽，道

過鎬池，見一大梓，有文石，取款梓，當有應者，即以書與之。」容如其言，以石款梓，果有人來取書，云明年祖龍死。

按：此段標點應改正如下：《搜神記》：「秦始皇三十六年，使者鄭容從關東來，將入函關，西至華陰，望見素車白馬從華山上下，疑其非人道，住止而觀之。遂至，問鄭容曰：『安之？』鄭容曰：『之咸陽。』車上人曰：『吾華山使也，願托一牘書致鎬池君所。子之咸陽，道過鎬池，見一大梓，有文石，取款梓，當有應者，即以書與之。』容如其言，以石款梓，果有人來取書，云明年祖龍死。」

16.古風五十九首之三十四（一五一頁）注（七）：《水經注》……《益州記》曰：瀘水源出曲羅嶲下三百里。曰瀘水兩岸有殺氣，暑月舊不行，故武侯以夏凌爲艱。又《太平寰宇記》：《十道記》：瀘水出蕃中，入黔府，歷越嶲鄰界，出拓州，至此有瀘津關。

按：《水經注》引《益州記》「曲羅嶲下」四字爲「曲羅舊山下」之訛文，「曰瀘水兩岸有殺氣」當標作「曰瀘水，兩岸有殺氣」。又《太平寰宇記》引《十道記》中之「拓州」乃「柘州」之誤。

17.古風五十九首之三十六（一三五頁）注（四）：《高士傳》：老子生於殷時，爲周柱下史。後周德衰，乃乘青牛車，去入大秦，過西關。

按：注所引《高士傳》「乃乘青牛車，去入大秦，過西關」當標作「乃乘青牛車去，入大秦，過西關」。

18.古風五十九首之五十三（一五一頁）注（三）：按《史記·晉世家》曰：頃公十二年。晉之宗家祁傒，孫叔嚮子相惡於君。

按：注引《史記‧晉世家》文「晉之宗家祁傒，孫叔嚮子相惡於君」當標作「晉之宗家祁傒、孫叔嚮子相惡於君」。

19.古風五十九首之五十四（一五二頁）注〔五〕：《爾雅》：鸒斯，鵯居。郭璞注：鵶烏也，小而多群，腹下白，江東亦呼爲鵯烏。

按：注所引《爾雅》郭璞注「鵶烏也」乃「鵶烏也」之訛文。

20.蜀道難（一六三頁）注〔四〕：《華陽國志》：秦惠王知蜀王好色，許嫁五女於蜀。蜀遣五丁迎之，還到梓潼，見一大蛇入穴中，一人攬其尾掣之，不禁，至五人相助，大呼拽蛇，山崩，壓殺五人及秦五女并將，從而山分爲五嶺。

按：注引《華陽國志》文中「時壓殺五人及秦五女并將，從而山分爲五嶺」當標作「時壓殺五人及秦五女并將從，而山分爲五嶺」。

21.戰城南（一七八頁）注〔一〕：《一統志》：桑乾河，在山西大同城南六十里，源出馬邑縣北洪濤山下，與金龍池水合流，東南入蘆溝河。

按：注所引《一統志》文「源出馬邑縣北洪濤山下，與金龍池水合流」當標作「源出馬邑縣北洪濤山，下與金龍池水合流」。

22.天馬歌（一八六頁）注〔三〕：顏延年《赭白馬賦》：垂稍植髮。

按：《文選》顏延年《赭白馬賦》「垂梢植髮」李善注：「梢，尾之垂者。髮，額上毛也。」則注引「垂梢」乃「垂梢」之訛文。

23.天馬歌（一八七頁）注〔二〕：齊民要術：相馬之法，口中欲得紅而有光。又曰：口中欲得色紅白如火光，爲善材，氣多良且壽。

按：《齊民要術》卷六：「相馬……口中欲得紅白如火光爲善材，多氣，良，且壽。」注所引標點當據此正。

24.上雲樂（二〇五頁）：琦按：《隋書·樂志》：梁三朝樂第四十四，設寺子導安息孔雀、鳳凰、文鹿胡舞登、連《上雲樂》歌舞伎。

按：任半塘《唐戲弄》云：「梁戲最著者爲《上雲樂》，至盛唐猶傳，並照演。《隋書》十三《音樂志》曾備載三朝設樂之四十九設。其中四十四設寺子遵、安息孔雀、鳳凰、文鹿、胡舞、登連上雲樂歌舞伎。此一設之內容複雜，不易瞭解。尤其『寺子遵』及『登連』不知何說。……捨、白二篇，與其謂之詩，不如謂之賦，實難以充合樂之唱辭。其中述西方老胡來梁瞻拜，呈技上壽，曾作胡舞，並有鳳凰、獅子、諸形象雜技。乃知上文所舉第四十四設之全部，實爲一歌舞戲，重點在胡舞《與上雲樂》，二者連續表現，曰登連或即此意。」據此，當依任氏之標點改正。又「寺子導」，《隋書·音樂志》原作「寺子遵」，中華書局標點本《隋書》據陳暘《樂書》一八七改作「寺子導」。

25.上雲樂（二〇八頁）注〔三〕：《論語摘衰聖：鳳有九苞。九苞者，一日口包命，二日心合度，三日耳聽達，四日舌詘伸，五日彩光色，六日冠矩末，七日距銳鉤，八日音激揚，九日腹文戶。

按：注引《論語摘衰聖》乃《論語摘襄聖》之訛文。見《太平御覽》卷九一五。

26.夷則格上白鳩拂舞辭（二二〇頁）注（九）：鸇，《詩》所謂晨風，似鷹而小，好乘風展翅，鳴則風生，世俗謂之鶻鵰，與鷹極類，惟尾長翅短爲異，猛悍多力。

按：注中「鳴則風生，世俗謂之鶻鵰，與鷹極類」當標作「世俗謂之鶻，鵰與鷹極類」。

27.幽澗泉（二三四頁）：拂彼白石，彈吾素琴。幽澗愀兮流泉深，善手明徽高張清。心寂歷似千古，松颼飀兮萬尋。

按：此數句當改正標點如下：拂彼白石，彈吾素琴。幽澗愀兮流泉深。善手明徽高張清。心寂歷似千古，松颼飀兮萬尋。」

28.幽澗泉（二三四頁）注（一）：《韻會》：《琴節》曰：徽，樂書作暉。云：琴之爲樂，弦合聲以作主，徽分律以配臣。古徽十有三，象十二月，其一象閏。用螺蚌爲之，近代用金、玉、瑟瑟、水晶等寶，以示明瑩。

按：「琴節」非書名，「樂書」即宋陳暘《樂書》，則此條注文當改標作「《韻會》：琴節曰徽。《樂書》作暉，云：琴之爲樂，弦合聲以作主，徽分律以配臣。古徽十有三，象十二月，其一象閏。用螺蚌爲之，近代用金、玉、瑟瑟、水晶等寶，以示明瑩」。

29.荆州歌（二三八頁）注（三）：《本草》：陳藏器曰：布穀，鳴鳩也。江東呼爲獲穀，，亦曰郭公，北人名拔穀。似鶻，長尾，牡牝飛鳴，以翼相摩擊。

按：據原刊本，此注中「布穀，鳴鳩也」乃「鳲穀，鳴鳩也」之訛文。

30.白頭吟之二（二四五頁）注（二）：《史記》：司馬相如見上好仙道，因曰：「上林之事，未足美也，尙有靡者。臣嘗爲《大人賦》未就，請具而奏之。」相如以爲列仙之傳，居山澤間，形容甚臞，此非帝王之仙意也，乃遂就《大人賦》。相如既奏大人之頌，天子大悅，飄飄然有凌雲之氣，似遊天地之間意。

按：據《史記·司馬相如列傳》司馬貞索隱：「傳者，謂相傳以列仙居山澤間。」則注文所引「相如以爲列仙之傳，居山澤間，形容甚臞」當標作「相如以爲列仙之傳居山澤間，形容甚臞」。

31.獨不見（二六三頁）注（二）：《水經注》：白狼水，又北經黃龍城東。《十三州志》曰：遼東屬國都尉，治昌黎道，有黃龍亭者也。魏營州刺史治。

按：《漢書·地理志》，遼西郡交黎縣，東部都尉治，應劭曰：「今昌黎。」可知昌黎縣即漢所置交黎縣，後漢改昌黎，三國、晉、後魏因之。則注引《水經注》引《十三州志》文「遼東屬國都尉，治昌黎道，有黃龍亭者也」當改標爲「遼東屬國都尉，治昌黎，道有黃龍亭者也」。

32.白紵辭三首之二（二六五頁）：郢中白雪且莫吟，子夜吳歌動君心。

按：此詩之兩句應加標專名線如下：郢中《白雪》且莫吟，《子夜吳歌》動君心。

33.幽州胡馬歌（二六九頁）：婦女馬上笑，顏如赬玉盤。

按：此詩「頳玉盤」乃「赬玉盤」之訛文。

34.東海有勇婦（二七六頁）注㈥：《左傳》：己不能庇其伉儷而亡之。

按：「已不能庇其伉儷而亡之」乃《左傳》成十一年文，注㈥引文「已」誤作「己」。

35.東海有勇婦（二七六頁）注㈨：又滄州，景城郡，瀛州，河間郡；與青州北海郡相鄰近，似謂其聲名播於旁郡也。

按：唐滄州景城郡、瀛州河間郡、青州北海郡，均為同地而異名，參見《新唐書．地理志》，不可分標。

36.東海有勇婦（二七七頁）注㈢：《列女傳》：趙津女娟者，趙河津吏之女也。趙簡子南擊楚，與津吏期。簡子至津，吏醉臥不能渡。簡子欲殺之，娟曰：「妾父聞主君來渡不測之水，恐風波之起，水神動駭，故禱九江三淮之神，供具備禮，御釐受福。不勝巫祝杯酌餘瀝，醉至於此。君欲殺之，妾願以鄙軀易父之死。」簡子曰：「非女子之罪也。」娟曰：「主君欲因其醉而殺之，妾恐其身之不知痛，而心之不知罪也。若不知罪而殺之，是殺不辜也。願醒而殺之，使知其罪。」簡子曰：「善」遂釋而不誅。

按：注引《列女傳》文「簡子至津，吏醉臥不能渡」當標作「簡子至，津吏醉臥，不能渡」。

37.白馬篇（二八一頁）注㈤：《韓詩外傳》：原憲居魯，環堵之室，茨以蒿萊，蓬戶瓮牖，桷桑而為樞。上漏下濕，匡坐而弦歌。

按：此注所引爲《韓詩外傳》卷一文，「桷桑而爲樞」爲「桷桑而無樞」之訛文。

38.空城雀（三二一頁）注（二）：《埤雅．釋鳥》云：桃蟲、鷦，其雌鴱。陸機曰：今鷦鷯是也，似黃雀而小。

按：此注所引「陸機」乃「陸璣」之訛。陸璣著有《毛詩草木鳥獸蟲魚疏》二卷，常被誤作「陸機」。

39.憶秦娥（三三三頁）：《筆叢》云……若懷素草書，李赤姑孰耳。

按：「懷素草書」即李白《草書歌行》，「李赤姑孰」即李白《姑孰十咏》，歷來均認爲僞作。故所引《筆叢》之文應標作「若懷素《草書》、李赤《姑孰》耳」。

40.相逢行（三三四頁）：《楊升庵外集》載太白《相逢行》云：此詩予家藏《樂史》本最善，今本無「憐腸愁欲斷，斜日復相催，下車何輕盈，飄然似落梅」四句……

按：所引《楊升庵外集》中《樂史》乃人名，非書名或篇名，當改正。

41.君馬黃（三三六頁）：按《宋書》：漢鼓吹鐃歌十八首有《君馬黃歌》。

按：標點本「《君馬黃歌》」下脫「古辭云君馬黃臣馬蒼二馬同逐臣馬良易之有騩蔡有赭美人歸以南駕車馳馬美人傷我心佳人歸以北駕車馳馬美人安終極」五十一字。

42.少年行二首之一（三四一頁）注（一）：《漢書音義》：筑，應劭曰：狀似琴而大，頭安弦，以竹擊之，故名曰筑。

按：注引《漢書音義》「狀似琴而大，頭安弦，以竹擊之，故名曰筑」當標作「狀似琴而大頭，安弦，以竹擊之，故名曰筑」。

43.鳳凰曲（三四七頁）注（一）：《列仙傳》：蕭史者，秦穆公時人也，善吹簫，能致孔雀、白鶴於庭。穆公有女字弄玉好之，公遂以女妻焉。日教弄玉作鳳鳴。居數年，吹似鳳聲，鳳凰來止其屋。公為作鳳臺，夫婦止其上不下數年，一旦皆隨鳳凰飛去。故秦人為作鳳女祠於雍宮中，時有簫聲而已。

秦，嬴姓也，故稱秦女曰嬴女。

按：注引《列仙傳》「故秦人為作鳳女祠於雍宮中，時有簫聲而已」當標作「故秦人為作鳳女祠於雍，宮中時有簫聲而已」。

44.子夜吳歌四首（三五一頁）：《樂府古題要解》：舊史云：晉有女子曰子夜，所作聲至哀，後人因為四時行樂之詞，謂之《子夜四時歌》，吳聲也。

按：注引《樂府古題要解》「晉有女子曰子夜，所作聲至哀」當標作「晉有女子曰子夜所作，聲至哀」。

45.猛虎行（三六〇）注（二）：《說苑》：雍門子周以琴見孟嘗君，孟嘗君曰：「先生鼓琴亦能令文悲呼？」雍門子周曰：「臣之所能令悲者，窮窮焉固無樂已，臣一為之徽膠援琴而長太息，則流涕沾襟矣。……於是孟嘗君泫然泣，涕承睫而未隕。雍門子周琴而鼓之，徐動宮徵，微揮羽角，切終而成曲。孟嘗君涕浪汗增，欷而就之曰：「先生之鼓琴，令文若破國亡邑之人也。」

按：此注所引爲《說苑·善說篇》云：「雍門子周以琴見孟嘗君，孟嘗君曰：『先生鼓琴，亦能令文悲乎？』雍門子周曰：『臣之所能令悲者窮，……窮焉固無樂已，臣一爲之徽膠援琴而長太息，則流涕沾襟矣。……於是孟嘗君泫然泣，涕承睫而未隕。雍門子周引琴而鼓之，徐動宮徵，微揮羽角，切終而成曲。孟嘗君涕浪汗，增欷而就之曰：『先生之鼓琴，令文若破國亡邑之人也。』」則當在「悲者窮」及「涕浪汗」兩處標斷。

46.猛虎行（三六三頁）注〔一〕：《宣和書譜》：張旭，蘇州人，官至長史。初爲嘗熟尉，時有老人持牒求判，信宿又來。

按：注引《宣和書譜》「初爲嘗熟尉，時有老人持牒求判」當標作「初爲嘗熟尉時，有老人持牒求判」。又「嘗熟」爲「常熟」之訛文。

47.猛虎行（三六五頁）：以下泛引張、韓未遇之事，以起己之懷長策而見棄當時，竄身南國，流寓宣城，書劍蕭條，僅寄壯心於六博，宜其有腸斷淚下之悲矣。

按：此注中「以起己之懷長策而見棄當時，竄身南國」當標作「以起己之懷長策而見棄，當時竄身南國」。

48.南都行（三七二頁）注〔二〕：《宋書》：王莽忌惡漢，而錢文有金，乃改鑄貨泉以易之。既而光武起於春陵之白水鄉，貨泉之文爲「白水眞人」也。

按：注所引《宋書》「乃」爲「刀」之誤，故當改標爲「王莽忌惡漢，而錢文有金刀，改鑄貨泉以易之」。

49.侍從宜春苑奉詔賦龍池柳色初青聽新鶯百囀歌（三三七頁）：《雍錄》：唐東內大明宮，宮南端門名丹鳳，門北三殿相沓，皆在山上。至紫宸，又北，則爲蓬萊殿。殿北有池，亦名蓬萊池。

按：《雍錄》卷三：「（唐東內大明宮），宮南端門名丹鳳門，……北三殿相沓，皆在山上。……」則「丹鳳門」之「門」字不當屬下，應標斷。

50.玉壺吟（三七八頁）注〔六〕：胡三省《通鑑注》：仗內六厩，飛龍厩最，爲上乘馬。

按：注引《通鑑》胡三省注「仗內六厩，飛龍厩最，爲上乘馬」當標作「仗內六厩，飛龍厩最爲上乘馬」。

51.豳歌行上新平長史兄粲（三八〇頁）注〔一〕：《太平寰宇記》：古豳地，在邠州三水縣西南三十里，有古豳城，在龐川水西，蓋古公劉之邑，即此城也。

按：此注所引《太平寰宇記》文中「龐川水」乃「隴川水」之訛。

52.豳歌行上新平長史兄粲（三八〇頁）注〔七〕：《初學記》：日初出日旭。

按：注引《初學記》「日初出日旭」乃「日初出曰旭」之訛文。

53.豳歌行上新平長史兄粲（三八〇頁）注〔一一〕：《史記》：甘茂之亡秦奔齊，逢蘇代。代爲齊使于秦。甘茂曰：「臣得罪于秦，懼而逃遁，無所容跡。臣聞貧人女與富人女會績，貧人女曰：『我炭以買燭，而子之獨光幸有餘，子可分我餘光，無損子明而得一斯便焉。』今臣困，而君方使秦而當路矣。茂之妻子在焉，願君以餘光振之。」

按：注引《史記．樗里子甘茂列傳》文「我無以買燭，而子之獨光幸有餘」中之「獨光」乃「燭光」之訛。

54.西嶽雲臺歌送丹丘子（三八三頁）注〔一〇〕：《詩含神霧》云：《神仙傳》：麻姑手爪似鳥，蔡經見之，心中念曰：「背大癢時，得此爪以爬背，當佳也。」王遠已知經心中所言，即使人牽經，鞭之曰：「麻姑，神人也，汝河謂其爪可爬背耶？」

按：注引《神仙傳》文「汝河忽謂其爪可爬背耶」中之「河」字乃「何」字之訛。

55.同族弟金城尉叔卿燭照山水壁畫歌（三八七頁）：李季卿《三墳記》：先侍郎之子曰叔卿，字萬。天質琅琅，德光文蔚，識度標邁。弱冠以明經擢國，授薦邑虞、樂二尉，魏守崔公沔洎相國晉公甲科第之進等舉之，轉金城尉，吏不敢欺。

按：注引《三墳記》「弱冠以明經擢國，授薦邑虞、樂二尉，魏守崔公沔洎相國晉公甲科第之進等舉之」，當標作「弱冠以明經擢，國授薦邑虞、樂二尉。魏守崔公沔洎相國晉公甲科第之，進等舉之」。

56.鳴皐歌送岑徵君（三九四頁）注〔三〕：《甘泉賦》：馳閶闔而入凌競。服虔注：凌競，恐懼也。顏師古注，入凌競者，言寒涼戰栗之處也。

按：《漢書．揚雄傳》：「從上甘泉還，奏《甘泉賦》以風。其辭曰：馳閶闔而入凌兢。……」

顏師古注：「入淩兢者，言寒涼戰栗也。」則王注所引「競」字乃「兢」字之誤。

57.勞勞亭歌（三九九頁）注（四）：《世說注》：《續晉陽秋》曰：袁虎少有逸才，文章絕麗，曾有《咏史詩》，是其風情所寄。少孤而貧，以運租爲業。鎮西謝尚時鎮牛渚，乘秋佳風月，率爾與左右微服泛江，會虎在運租船中諷咏，聲既清會，辭又藻拔，非尚所曾聞，遂往聽之。乃遣問訊，答曰：「是袁臨汝郎，誦詩即其《咏史》之作也。」尚佳其率有興致，即遣要迎，談話申旦，自此名譽日茂。

按：此爲《世說．文學篇》注所引《續晉陽秋》文，其中「答曰：是袁臨汝郎，誦詩即其《咏史》之作也」當標作「答曰：『是袁臨汝郎誦詩。』即其《咏史》之作也」。

58.金陵歌送別范宣（四一一頁）注（一〇）：《陳書》：後主聞兵至，後宮人十餘出後堂景陽殿，將自投於井，袁憲侍側，苦諫不從。

按：此注所引爲《陳書．後主本紀》文，其中「後主聞兵至，後宮人十餘出後堂景陽殿」乃「後主聞兵至，從宮人十餘出後堂景陽殿」之訛文。

59.草書歌行（四五六頁）注（一）：《宣和書譜》：釋懷素，字藏眞，俗姓錢，長沙人，徙家京兆。初勵律法，晚精意於翰墨，追倣不輟，禿筆成冢。一夕，觀夏雲隨風，頓悟筆意，自謂得草書三昧。斯亦見其用志不分，乃凝於神也。當時名流如李白、戴叔倫、竇衆之徒，舉皆有詩美之，狀其勢以爲若「驚蛇走虺，驟雨狂風」，人不以爲過論。……

按：竇息，字靈長，唐代名書家，著有《述書賦》。此注引《宣和書譜》中「竇衆」乃「竇息」之誤。

60.草書歌行（四五八頁）：蘇東坡謂《草書歌》決非太白所作，乃唐末、五代效禪月而不及者，且訾其「箋麻絹素排數廂」之句村氣可掬。

按：注引蘇東坡語中「箋麻絹素排數廂」之「廂」字乃「箱」字之誤。

61.贈范金鄉二首之一（四七○頁）注（一六）：《史記》：張儀嘗從楚相飲，已而楚相亡璧，門下意張儀，曰：「儀貧無行，此必盜相君之璧。」共執張儀，掠笞數百，不服，釋之。其妻曰：「嘻，子無讀書游說，安得此辱乎？」張儀謂其妻曰：「視吾舌尚在否？」其妻笑曰：「舌在也。」儀曰：「足矣。」

按：《史記·張儀列傳》：「張儀已學而游說諸侯。嘗從楚相飲，已而楚相亡璧，門下意張儀，曰：『儀貧無行，必此盜相君之璧。』共執張儀，掠笞數百，不服醳之。」司馬貞索隱：「醳，古釋字。」則注引《史記》不當改作「釋」字。

62.贈丹陽横山周處士惟長（四七四頁）注（三）：《江南通志》：丹陽湖在江寧府高淳縣西南三十里，太平府當塗縣東南七十里，以湖之中流分界。其源有三，徽州高淳、寧國、廣德諸溪皆匯之。通爲三湖，一曰石臼、一曰固城、一曰丹陽，而丹陽最大，蓋總名也。周圍三百餘里。

按：注引《江南通志》「其源有三，徽州高淳、寧國、廣德諸溪皆匯之」當標作「其源有三，徽州、高淳、寧國、廣德諸溪皆匯之」。

63.贈丹陽橫山周處士惟長（四七四頁）注〔五〕：《本草》：蘇頌曰：菰根，江湖陂澤中皆有之，生水中，葉如蒲葦，刈以秣馬甚肥。春末生白芽如筍，即菰菜也，又謂之茭白，生熟皆可啖，甜美。其中心如小兒臂者，名菰手，作菰首者，非矣。宗奭曰：菰乃蒲類，河朔邊人止以飼馬作薦，八月開花如華，結青子，合粟爲粥食，甚濟飢。

按：注引《本草》「合粟爲粥食，甚濟飢」當標作「合粟爲粥，食甚濟飢」。

64.贈崔侍御（四八八頁）注〔一〕：《水經注》：《魏土地記》曰：梁山北有龍門山，大禹所鑿，通孟津河口，廣十八步，巖際鐫跡，遺功尚存。

按：注引《水經注》轉引《魏土地記》「通孟津河口，廣八十步」當標作「通孟津，河口廣八十步」。蓋此「河口」乃龍門山之河口，非孟津河口。

65.贈郭季鷹（五〇〇頁）注〔一〕：《後漢書》：郭太，字林宗，太原界休人也。司徒黃瓊辟太常，趙典舉有道，並不應。卒於家，同志者共刻石立碑，蔡邕爲文。既而謂盧植曰：「吾爲碑銘多矣，皆有慚德，唯郭有道無愧色耳。」

按：《後漢書．郭太傳》：「郭太，字林宗，太原界休人也。……司徒黃瓊辟，太常趙典舉有道，或勸林宗仕進者，對曰：『吾夜觀乾象，晝察人事，天之所廢，不可支也。』遂不應。……」王注爲節文，則「太常」應斷屬下。郭本名泰，范曄避私諱改。唐人常稱「太原」爲河東，故李詩謂「河東郭有道」。

66.贈漢陽輔錄事二首之二（五八三頁）注〔一〕：《一統志》：漢陽渡，在漢陽府城東南，浦在武昌府城南三里。

按：詩云：「鸚鵡洲橫漢陽渡，水引寒煙沒江樹。南浦登樓不見君，君今罷官在何處？」則注引《一統志》當標作「漢陽渡在漢陽府城東，南浦在武昌府城南三里」。

67.贈別舍人弟臺卿之江南（六〇五頁）：按《舊唐書·永王璘傳》云：璘以薛繆、李臺卿、蔡坰爲謀主，其即此臺卿歟？

按：《舊唐書·永王璘傳》：「（璘）以薛繆、李臺卿、蔡坰爲謀主，因有異志。」考《新唐書·永王璘傳》「薛繆」作「薛鏐」，《通鑑》至德二載：「（二月）戊戌，永王璘敗死，其黨薛鏐皆敗死。」則當以作「薛鏐」爲正。

68.登敬亭山南望懷古贈竇主簿（六三六頁）注〔四〕：《水經注》水出陵陽山，下徑陵陽縣，西爲旋溪水。

按：注引《水經注》「水出陵陽山，下徑陵陽縣，西爲旋溪水」當標作「水出陵陽山，下徑陵陽縣西，爲旋溪水」。

69.書懷贈南陵常贊府（六四五頁）注〔五〕：《三國志注》：《漢晉春秋》曰：諸葛亮至南中，所在戰捷。聞孟獲者爲夷漢所服，募生致之。……亮笑，縱使更戰，七縱七擒，亭猶遣獲。……

按：據《三國志・蜀志・諸葛亮傳》裴松之注引《漢晉春秋》，「亭猶遺獲」乃「亮猶遺獲」之訛文。

70.書懷贈南陵常贊府（六四五頁）注〔八〕：《舊唐書》：天寶十二載八月，京城霖雨，米貴，令出太倉米十萬五，減價糶與貧人。

按：《舊唐書・玄宗紀》：「（天寶十二載）八月，京城霖雨，米貴，令出太倉米十萬石，減價糶與貧人。」則注引「十萬五」乃「十萬石」之訛文。

71.淮南臥病書懷寄蜀中趙徵君蕤（六四九頁）注〔三〕：《左傳》：晉侯觀於軍府，見鍾儀，問之，曰：「南冠而縶者誰也？」有司對曰：「鄭人所獻囚也。」使稅之，問其族，對曰：「伶人也。」……

……

按：《左傳》成九年：「晉侯觀於軍府，見鍾儀，問之曰：『南冠而縶者誰也？』有司對曰：『鄭人所獻楚囚也。』使稅之，……問其族，對曰：『泠人也。』公曰：『能樂乎？』對曰：『先父之職官也，敢有二事！』使與之琴，操南音。……」杜預注：「泠人，樂官。」此作「伶人」非。

72.寄弄月溪吳山人（六五〇頁）：夫君弄明月，滅影清淮裡。

按：「滅影清淮裡」，各本《李集》俱作「滅景清淮裡」。景，日光也。王琦注改作「滅影清淮裡」，非。

73.秋夜宿龍門香山寺奉寄王方城十七丈奉國瑩上人從弟幼成令問（六五四頁）

按：洛陽奉國寺在定鼎門街東第一街修行坊，白居易有《東都奉國寺禪德大師照公塔銘》。見《唐兩京城坊考》。則此詩題「秋夜宿龍門香山寺，奉寄王方城十七丈奉，國瑩上人，從弟幼成、令問」當標作「秋夜宿龍門香山寺，奉寄王方城十七丈，奉國瑩上人，從弟幼成、令問」。

74.留別金陵諸公（七二六頁）注（五）：《景定建康志》：古都城。按《宮苑記》：吳大帝所築，周迴二十里一十九步，在淮水北五里。晉元帝過江，不改其舊，宋、齊、梁、陳皆都之。《輿地志》曰：晉琅邪王渡江，鎭建業，因吳舊都，修而居之。宋、齊而下，宮室有因有革，而都城不改，東南利便。書曰：孫權雖據石頭，以扼江險，然其都邑，則在建業，歷代所謂都城也。東晉、宋齊、梁因之，雖時有改築，而其經畫，皆吳之舊。

按：《景定建康志》卷十二《古都城》：「案《宮苑記》：吳大帝所築，周迴二十里一十九步，在淮水北五里。黃龍元年自武昌徙都。晉元帝過江，不改其舊，宋、齊、梁、陳皆都之。……考證案：《宮室記》：吳大帝遷都建鄴，有曰太初宮者，即長沙王故府，徙武昌宮室材瓦所繕也。有臺城，蓋宮省之所寓也。有曰東府，蓋宰相之所居也。有曰西州，蓋諸王之所宅也。有曰倉城，蓋儲蓄之所在也。皆不出都城之內。《輿地志》曰：晉琅邪王渡江，鎭建鄴，因吳舊都，修而居之。宋、齊而下，宮室有因有革，而都城不改。《東南利便書》曰：孫權雖居石頭以扼江險，然其都邑則在建鄴，歷代所謂都城也。東晉及齊、梁因之，雖時有改築，而其經畫皆吳之舊。隋既平陳，此城皆毀，今之都非舊也。」據此，則知《東南利便書》爲《景定建康志》所引書，當改正。又考晉改建業爲建鄴，故「業」又可寫作「鄴」。

75.送王屋山人魏萬還王屋（七四九頁）注〔四〕：《太平御覽》：《魯連子》曰：齊之辯士田巴，辯於徂丘，議於稷下。毀五帝，罪三王，訾五伯，離堅白，合同異，一日而服千人。有徐劫者，其弟子曰魯連，謂徐劫曰：「臣願得當田子，使之不敢復談。」徐劫言之田巴曰：「走弟子年十二耳，然千里駒也，願得侍議於前可乎？」田巴曰：「可」。於是魯連往見曰：「臣聞堂上之糞不除，郊草不芸；白刃交前，不救流矢。何者？急者不救，緩者非務。今楚軍南陽，趙伐高唐，燕人十萬之衆在聊城而不去，國亡在旦暮，先生將奈何？」田巴曰：「無可奈何。」魯連曰：「危不能爲安，亡不能爲存，則無貴學士矣。今臣將罷南陽之師，還高唐之兵，卻聊城之衆，所貴談說者爲若此也。若不能者，如先生之言，有似梟鳴出聲，而皆惡之，願先生勿復談也。」田巴曰：「謹受教。」……

按：此注引文見《太平御覽》卷四六四，其中「走弟子年十二耳」乃「劫弟子年十二耳」之訛文。又「有似梟鳴出聲，而人皆惡之」當標作「有似梟鳴，出聲而人皆惡之」。

76.同王昌齡送族弟襄歸桂陽二首之二（八一〇頁）注〔三〕：《水經注》：桂水出桂陽縣北界山，山壁高聳，三面特峻，石泉懸注瀑布而下，北逕南平縣而東北流，屆鍾亭而右會鍾水，通爲桂水也。故應劭曰：「桂水出桂陽東北入湘。」按桂水出郴州桂東縣之小桂山，下流合於來水，來水至衡州府城北，始與瀟湘合。

按：此注所引「應劭曰：桂水出桂陽東北入湘」以上均爲《水經注・鍾水》文，王琦按語「桂水出郴州桂東縣之小桂山，下流合於來水，來水至衡州府城北，始與瀟湘合」中之「彬州」、「來水」乃「郴州」、「耒水」之訛文。

77.送崔度還吳度故人禮部員外國輔之子（八一九頁）：《唐書·藝文志》：崔國輔，應縣令，舉授許昌令、集賢直學士、禮部員外郎。坐王鉷近親，貶竟陵郡司馬。

按：《新唐書·藝文志》：「《崔國輔集》，卷亡。應縣令舉，授許昌令，集賢直學士、禮部員外郎。坐王鉷近親貶竟陵郡司馬。」當據以改正。

78.與諸公送陳郎將歸衡陽（八五一頁）注〔一〕：《方輿勝覽》：南岳，一名衡山，在衡山縣西三十里，晉因山以名郡。……《南岳記》：衡山者，朱陵之靈臺，太虛之寶洞。上承翌軫，鈐總萬物，故名衡山。……《長沙記》：衡山軒翔，聳拔九千餘丈，尊卑參差七十二峰、巖洞、溪澗、泉石之勝，交錯其中。……

按：注引《方輿勝覽》引《南岳記》「上承翌軫」乃「上承翼軫」之訛文，蓋翼、軫爲「二十八宿」之星名。又引《長沙記》「衡山軒翔，聳拔九千餘丈」當標作「衡山軒翔聳拔九千餘丈」。

79.送果四歸東平（八五五頁）：玉壺契美酒，送別強爲歡。

按：「玉壺契美酒」乃「玉壺挈美酒」之訛文。此爲王琦本誤刊，當據各本改正。

80.宣城送劉副使入秦（八六三頁）注〔一〇〕：羊祜《讓開府表》：伏聞恩詔拔臣，使同臺司。

按：《文選》羊祜《讓開府表》：「伏聞恩詔，拔臣使同臺司。」當據此改正。

81.遊泰山六首之一（九二三頁）：洞門閉石扇，地底（許本作「低霏」，玉本作「厎」）興雲雷。

按：此詩「底」下王琦本注標點當改作：「許本作『低』，霏玉本作『厎』。」考「許本」爲明萬曆許玄祐（自昌）刊本，「霏玉本」爲明霏玉堂刊本。

82.游泰山六首之一（九二二頁）：《舊唐書》：「開元十三年十月辛酉，東封泰山，發自東都。……庚寅，祀昊天上帝於上壇，有司祀五帝百神於下壇。禮畢，藏玉冊於封祀壇之石䃭。然後燔柴燎發，群臣稱萬歲，傳呼自山頂至岳下，震動山谷」。

按：注文引自《舊唐書·玄宗紀》其中「然後燔柴燎發，群臣稱萬歲」當標作「然後燔柴，燎發，群臣稱萬歲」。

83.秋浦清溪雪夜對酒客有唱鷓鴣者（九四六頁）注〔一〕：《急就篇注》：襜褕，直裾襜衣也。謂之襜褕者，取襜襜而寬裕也。

按：注引顏師古《急就篇注》「直裾襜衣也」乃「直裾禪衣也」之訛文。

84.焦山望松寥山（九七三頁）：《一統志》焦山，在鎮江府城東北九里江中，後漢焦先隱此，因名。旁有海門二山，王西樵曰：海門山，一名松寥。夷山，即孟浩然所云「夷山對海濱」者也。鮑天鐘《丹徒縣志》：焦山之餘支東出，分峙于鯨波瀰渺中，曰海門山，唐詩稱松寥，稱夷山，即此。

按：注引《一統志》「海門山，一名松寥。夷山，即孟浩然詩所云『夷山對海濱』者也」，當標作「海門山，一名松寥、夷山，即孟浩然詩所云『夷山對海濱』者也」。

85.與賈至舍人於龍興寺剪落梧桐枝望㴩湖（九九八頁）：《一統志》：㴩湖，在岳州府城東南五里。趙東曦《㴩湖詩序》：巴丘南㴩湖者，蓋沅、湘、澧、汨之餘波焉。茲水也，淪匯洞庭，澹澹千里，夏潦奔注，則泆爲此湖。冬霜即零，則涸爲平野。按《爾雅》云「水反入爲㴩」，斯名之作，有由焉耳。

按：注引《㴩湖詩序》「冬霜即零」爲「冬霜既零」之訛文。

86.對酒憶賀監二首之二（一〇八六頁）

琦按：竇蒙《述書賦注》：賀知章，天寶二年以年老上表，請入道，歸鄉里，特詔許之。知章以羸老乘輿而往，到會稽，無幾老終。……

按：竇臮著有《述書賦》，竇蒙乃竇臮之兄，《全唐文》卷四四七錄存其《題述書賦語例字格后》一篇，則注引「竇蒙」乃「竇臮」之誤。

87.感興八首之三（一〇一三頁）注（一）：《後漢書・范式傳》：裂素爲書，以遺巨卿。李善《文選注》：纂文曰書，縑曰素。

按：《纂文》一書爲劉宋何承天撰，已佚。任大椿等輯有《纂文》一卷。故注所引《文選》李善注「纂文曰書，縑曰素」當改標作「《纂文》曰：書縑曰素」。

88.觀博平王志安少府山水粉圖（一一三四頁）注（一）：《南史》：蕭眎素爲諸暨令，到縣十餘日，挂衣冠於縣門而去。《釋常談》：休官謂之挂冠。西漢馮萌見王莽篡逆，乃曰：「不去，禍將及身。」遂解冠挂於城東門而去。

按：《後漢書·逸民傳》：「逄萌，字子康，北海都昌人也。……時王莽殺其子宇，萌謂友人曰：『三綱絕矣，不去，禍將及人。』即解冠挂於東都城門，歸將家屬浮海，客於遼東。」則注引《釋常談》「西漢馮萌」當作「西漢逄萌」。

89.代壽山答孟少府移文書（一二二〇頁）：《方輿勝覽》：壽山，在常德府安樂縣西北六十里，昔山民有壽百歲者。前人《德安府記》：西揖白兆，峰巒秀出，其下李太白之廬，想見挐丹砂，撫青海，而凌八極。北壽山，即太白所謂攢吸霞雨，隱居靈仙者也。人境之勝如此。

按：《方輿勝覽》「壽山，在常德府安樂縣西北六十里」當作「壽山，在德安府安樂縣西北六十里」，此爲王注本之誤，應改正。

90.上安州李長史書（一二三三頁）注（二）：《後漢書》：禰衡，字下平。孔融深愛其才，數稱述於曹操。操欲見之，而衡素相輕疾，自稱狂病不肯往，而數有恣言。操懷忿，以其才名，不欲殺之。聞衡善擊鼓，乃召爲鼓史。因大會賓客……衡進至操前而止，吏呵之，曰：「鼓史何不改裝，而輕敢進乎？」衡曰：「諾。」於是先解衵衣，次釋餘服，裸身而立，徐取岑牟單絞而著之。復參撾而去，顏色不怍。操笑曰：「本欲辱衡，衡反辱孤。」

按：《後漢書·彌衡傳》：「禰衡，字正平。……衡進至操前而止。吏呵之曰：『鼓史何不改裝，而輕敢進乎？』衡曰：『諾。』於是先解衵衣，次釋餘服，裸身而立，徐取岑牟單絞而著之，復參撾而去，顏色不作。操笑曰：『本欲辱衡，衡及辱孤。』」則注引「袓衣」乃「袒衣」之誤。

91.與韓荊州書（一二四〇頁）注〔四〕：《世說》：李玄禮風格秀整，高自標持，欲以天下名教是非爲己任。後進之士，有升其堂者，皆以爲登龍門。

按：《世說新語·德行篇》：「李元禮風格秀整，高自標持，欲以天下名教是非爲己任，後進之士有升其堂者，皆以爲登龍門。」又《後漢書·黨錮·李膺傳》：「李膺，字元禮，潁川襄城人也。」則注引「李玄禮」乃「李元禮」之誤。

92.崇明寺佛頂尊勝陀羅尼幢頌（一三一五頁）注〔一〕：又：孫逖有《爲宰相賀中岳合鍊藥自成表》：臣等伏見道士沖奏事奉進止，令中使薛履信監臣，於中岳嵩陽觀合煉，其竈中著水，置炭於竈側，封固卻回，已經數月，泥拭既密，緘封并全。……

按：「進止」爲唐代公牘中習用語。《通鑑》卷二三一：「貞元元年七月，……泌曰：『昨日奉進止。……』」胡注：「白唐以來，率以奉聖旨爲奉進止，蓋言聖旨使之進則進，使之止則止也。」據此則注引孫逖文改正標點如下：「臣等伏見道士孫太沖奏事，奉進止令中使薛履信監臣於中岳嵩陽觀合煉，其竈中著火置炭，於竈側封固卻回，已經數月。泥拭既密，緘封并全。……」

93.崇明寺佛頂尊勝陀羅尼幢頌（一三一六頁）：遂作頌曰：……如大雲王法法雨，邦人清涼喜聚舞。

按：此文中之「如大雲王法法雨」乃「如大雲王注法雨」之訛文。

94.化城寺大鐘銘（一三四四頁）注〔一〕：《翻譯名義集》：《僧史略》云：詳寺主起乎東漢白馬寺也，寺既爰處，人必主之，於時雖無寺主之名，而有知事之者。東晉以來，此職方盛，故梁武造光宅寺，名法雲爲寺主，創立僧制。

按：注引《翻譯名義集》「故梁武造光宅寺，名法雲爲寺主」當作「故梁武造光宅寺，召法雲爲寺主」。

95.化城寺大鐘銘（一三四四頁）：有若上座靈隱，都維那則舒，名僧日暉，蘊虛，常因調護。賢哉六開士，普聞八萬法。

按：此文既云六開士，則當標作「有若上座靈隱，都維那則舒，名僧日暉，蘊虛、常因、調護，賢哉六開士，普聞八萬法」。

96.武昌宰韓君去思頌碑（一三七九頁）注〔三〕：韓愈《虢州司戶韓府君墓誌銘》：安定王五世孫叡素爲桂州長史，化行南方。有子四人，最季爲紳卿，文而能言。……由是遷涇陽令，破豪家水碾，利名田頃凡百萬。

按：據馬通伯《韓昌黎文集校注》，王注所引韓文「破豪家水碾，利名田頃凡百萬」中之「名」字乃「民」字之誤，則當改標作「破豪家水碾利民田，頃凡百萬」。

97.武昌宰韓君去思頌碑（一三八〇頁）：居未二載，戶口三倍。其初銅鐵曾青，未擇地而出，大冶鼓鑄，如天降神。

按：文中「居未二載，戶口三倍。其初銅鐵曾青，未擇地而出」當標作「居未二載，戶口三倍其初，銅鐵曾青未擇地而出」。

98.寒女吟（一四〇四頁）注〔一〕：按《通典》，漢時中郎將分掌三署，郎有議郎、中郎、侍郎、郎中，凡四等，無員，多至千人。三署者，五官左右也。凡郎官皆主更直，執戟宿衛諸殿門，出充車騎。

按：《後漢書·百官志》：「五官中郎將一人，比二千石。本注曰：主五官郎。五官中郎，比六百石。本注曰：無員。五官侍郎，比四百石。本注曰：無員。五官郎中，比三百石。本注曰：無員。凡郎官皆主更直執戟，宿衛諸殿門，出充車騎。唯議郎不在直中。左中郎將，比二千石。本注曰：主左署郎。中郎，比六百石。侍郎，比四百石。郎中，比三百石。本注曰：皆無員。」可知漢代五官中郎將主五官郎，左中郎將主左署郎，右中郎將主右署郎，總謂之三署。則王注引《通典》當標作「漢時中郎將分掌三署郎，有議郎、中郎、侍郎、郎中，凡四等，無員，多至千人。三署者，五官、左、右也。凡郎官皆主更直執戟，宿衛諸殿門，出充車騎」。

99.附錄建丑月十五日虎丘山夜宴序（一四三九頁）：玄趣所奏，雲去日沒，梵天月出，萬里如練，松陰依依，狀若留客。

按：此文及以下《冬夜裴郎中薛侍御宴集序》、《鄭縣劉少府兄宅月夜登臺宴集序》二篇，俱爲獨孤及文而誤收者。此文中「玄趣所奏」乃「吳趨所奏」之訛文。

100.附錄四叢說（一五二五頁）：《臞翁詩評》：李太白如劉安，雞犬遺響白雲，覈其歸存，恍無定處。

按：引文「李太白如劉安，雞犬遺響白雲」當標作「李太白如劉安雞犬，遺響白雲」。

101.附錄四叢說（一五二八頁）：白樂天《與元微之書》：詩人多蹇，如陳子昂、杜甫名授一拾遺，而迍剝至死。

按：引文「如陳子昂、杜甫名授一拾遺」乃「如陳子昂、杜甫各授一拾遺」之訛文。

102.附錄四叢說（一五三〇頁）：《舊唐書・杜甫傳》：天寶末，詩人杜甫與李白齊名，而白自負文格放達，譏甫齷齪，而有顆山之嘲誚。

按：此引《舊唐書・杜甫傳》：「天寶末，詩人杜甫與李白齊名」當標作「天寶末詩人，杜甫與李白齊名」。

103.附錄五年譜（一五八二頁）開元二十二年引《唐書・韓朝宗傳》：朝宗累遷荊州長史。開元二十一年初，置十道採訪使，朝宗以襄州刺史兼山南東道，其爲荊州長史在是年以前。

按：《新唐書・韓朝宗傳》：「累進荊州長史。開元二十二年，初置十道採訪使，朝宗以襄州刺史兼山南東道。」則《年譜》所引「開元二十二年初，置十道採訪使」當標作「開元二十二年，初置十道採訪使」。

104.附錄五年譜（一五九八頁）：天寶十一載，癸巳。

按：「天寶十一載，癸巳」乃「天寶十二載，癸巳」之訛文。

⑽附錄六外記（一六一九頁）：引楊巨源《李幕吹笛記》……雲封曰：「某任城舊士，多年不歸，天寶改元初，生一月時，東封迴駕，次至任城。……

按：此文中「天寶改元初，生一月時，東封迴駕」當標作「天寶改元，初生一月，時東封迴駕」。

《李白集校注》後記

朱金城

李白是我國繼往開來的偉大詩人，可是千餘年來，他的全集的注釋整理工作，卻是做得比較少的。譬如和李白齊名的杜甫，在生前也是非常窮愁潦倒的，但死後經過元稹、白居易和宋人的推崇、提倡，整理和注釋杜集者輩出，號稱千家。惟有李白集的注釋卻寥寥無幾。所以清人杭世駿慨嘆說：「注杜者自宋已後，已有千家。至我朝而錢、朱、顧、仇之書出，搜括無遺蘊矣。太白之集，歷五百年而始有蕭、楊二家。又歷五百年而始有鹽官胡氏孝轅。孝轅亡後，今且百餘年矣。文士林立，未有起而補其闕者。」（杭世駿《李太白集輯注序》）杭氏的話是是符合實際情況的。一直到了清代乾隆時著名學者王琦，他嫌南宋楊齊賢注的《李翰林集》二十五卷繁瑣而有錯誤，又認爲元代蕭士贇刪補楊注而成的《分類補注李太白集》繁蕪而有疏漏，明代胡震亨的《李詩通》二十一卷又過於簡略，乃積數十年的精力，彙集了楊、蕭、胡三家注的長處，補充和改正了他們的疏漏和錯誤，輯注《李太白文集》三十六卷，成爲當時李白詩文合注最完備的本子。

王琦注本對於典故和地理方面的詮釋考證，用力最勤。他生當乾隆初年，樸學風氣還沒有大開，注李集頗能不爲舊說所囿，提出較新的見解。如《秋浦歌十七首》之十四（卷八）：「爐火照天地，紅星亂紫煙。赧郎明月夜，歌曲動寒川。」他據《新唐書·地理志》證其係指冶煉而言，爲李白生活經濟基礎的研究提供一新線索。《涇溪東亭寄鄭少府諤》詩（卷十四）「龍門蹙波虎眼轉」注引劉禹錫詩「汴水東流虎眼文」，解釋「虎眼轉」爲「水波旋轉，有光相映，若虎眼之光」。在《潯陽非所寄內》詩（卷二五）中的「吳章嶺」注，引《江西通志》證以宋孔武仲《吳章嶺》詩「廬山北轉是吳章」，知其地與廬山相接。這些都有助於對原詩的正確理解。在校勘方面，王注不是機械地迷信版本，而能從文義及有關旁證，作出非常精確的論斷。如《東海有勇婦》詩（卷五）「何慚蘇子卿」注，引曹植《精微篇》「關東有賢女，自字蘇來卿。壯年報父仇，身沒垂功名」證「蘇子卿」爲「蘇來卿」之誤。《憶舊遊寄譙郡元參軍》詩（卷十三）「行來北涼歲月深」，注云：「北涼即張掖郡。按：漢武帝始置張掖郡，魏、晉時隸涼州，及沮渠蒙遜立國於此，號爲北涼，以涼州五郡，張掖在其北也。唐時爲甘州，又謂之張掖郡。然上文言并州太行，下文言晉祠，中間忽言北涼，不合，當是北京之訛耳。蓋天寶之初號太原爲北京也。」王氏的考證很精闢，今天我們看到的李白集，包括最早的宋本在內，都誤作「北涼」，可是《河嶽英靈集》和流傳到現在的《黃山谷書太白詩卷墨跡》都作「北京」，翁方綱《復初齋文集》卷二九《跋黃山谷書太白詩卷》一文，也認爲應作「北京」。又夢遊天姥吟留別詩（卷十五）「天台四萬八千丈」句中之「四」字，王本注云：「當作一。」考李壁王荊文公詩箋注卷四八引此詩正作「一萬八千丈」。凡此都足以說明王注本具有較高的學術質量。當然，王注本也是有不少缺點的，首先是徵引和採集資料「傷於蕪雜」①，其次是箋釋的繆誤及人事考證的疏陋，這有待於下文論及。

今人在李白作品的研究、考證方面也取得了不少的成就。如岑仲勉在唐史研究中，對李白的人事交遊，作出了很多考證。詹鍈《李白詩文繫年》繼王琦之後，系統地將李白詩文的編年、箋釋、考證工作向前大大推進了一步，解決了很多歷來李集中存在的學術問題。又如李白兩入長安及遊邠州、坊州問題，本書曾在《酬坊州王司馬與閻正字對雪見贈》（卷十九）《春陪商州裴使君遊石娥溪》（卷二十）、《春歸終南山松龍舊隱》（卷二三）等詩箋釋中，對傳統的論點提出了疑問，當時得到稗山先生的贊同。他不久就發表了《李白兩入長安辨》（《中華文史論叢》第二輯），最先系統地提出了李白兩次進長安的主張，初步解決了李白生平和作品編年中的重要關鍵問題，并把第一次入長安的時間擬定在開元二十六年與二十八年之間。這個發現逐漸爲學術界所接受，如郭沫若《李白與杜甫》中，不僅承認李白開元年間到過長安，而且還推定他第一次入長安在開元十八年，比稗山的說法還提早了約十年左右。近年郁賢皓《李白兩入長安及有關交遊考辨》（《南京師院學報》一九七八年第四期）一文，又肯定、補充了稗山和郭沫若「李白兩次入長安」的論點。又如他的《李白詩中崔侍御考辨》（《文史哲》一九七九年第一期）一文，從稀見的唐代墓誌拓片中，考證出李白詩中的「崔侍御」、「崔成甫」、「崔宗之」三者不能混爲一人，從而弄清了崔成甫的家世和生平，糾正了歷來李白研究者所沒有搞清楚的問題。這些都足以說明，我國對李白的學術研究，通過不斷的刻苦鑽研，不斷深入，後來居上，在某些方面突破舊說，取得了十分可喜的成就。

李白的全部作品，在唐代已經亡佚很多，至今保存下來的只是其中的一部份。李陽冰《草堂集序》說：「草稿萬卷，手集未修。……自中原有事，公避地八年，當時著述，十喪其九，今所存者，皆得之他人焉。」《舊唐書・李白傳》說他有文集二十卷，《新唐書・藝文志》也著錄李白《草堂集》二十卷。北宋時宋敏求把樂史編的二十卷七百七十六篇擴充到三十卷一千篇，搜求雖然比較完備，但收入了不少僞作。元豐中晏知止據宋敏求所編、曾鞏考次三十卷本鏤板行世，後世稱作蘇本，根據蘇本翻刻的蜀本，就是現在流傳最早的宋本，也就是清繆日芑影刻的祖本。另一系統是繼承蜀本的南宋楊齊賢注的左綿刊本，元至元時蕭士贇刪補楊注而成蕭本。王本二十五卷以前略依蕭本，雜文四卷略依郭本（郭雲鵬本，這是蕭本舊注的刪節本，但比蕭本增多五卷，共爲三十卷），而以繆本參訂其間，另外輯錄詩文拾遺一卷、附錄六卷，共爲三十六卷。王本的卷次雖然和蕭本相同，但刪去了蕭本的分類標目及詩題下原來宋本所注的李白遊蹤，給讀者和研究者帶來了不便，這是它的不足之處。

王琦輯注的《李太白文集》，雖然採摭宏富，考訂精確，較前人大爲提高，然而還沒有達到應有的精密和完備程度。尤其是王注編成二百多年來，李集研究領域中不斷出現新的研究成果，爲了適應今天研究者的需要，我們編注了這部《李白集校注》。此書共分校、注、評箋三部份。校的部份以王琦注本爲底本，並校勘北京圖書館藏宋刊本《李太白文集》（這個刊本原缺卷十五至卷二十四十卷，以繆刻本配補）、日本京都大學人文科學研究所影印靜嘉堂藏宋刊本《李太白文集》（即陸心源皕宋樓藏本）等重要刊本十餘種及唐、宋兩代重要總集及選本多種。注和評箋部份，以王琦注本爲基礎，並參考楊、蕭、胡三家注本，匯集歷代筆記、詩話、研究專著及有關考證評論等，尤著重總結王琦以後的研究成果，並糾正了前人及王注本不少校勘、注釋錯誤。如《經亂離後天恩流夜郎憶舊遊贈江夏韋太守良宰》詩（卷十一）中的「韋太守良宰」王注誤爲韋景駿。《江夏贈韋南陵冰》詩（卷十一）王注失考韋冰的世系（據岑仲勉《唐集質疑》考證）。又如《贈別從甥高五》詩（卷十）中的高五即醉後贈從甥高鎮》詩（卷十）中的高鎮。《贈盧司戶》詩（卷十一）中的盧司戶是盧象。《夜別張五》詩（卷十五），據岑仲勉《唐人行第錄》補注爲張垍之弟張埱。王注均失考。《早過漆林渡寄萬巨》詩（卷十四）中的萬巨，王氏無注，從盧綸及韓翃兩人送萬巨詩，可以考知，萬巨曾爲江南幕職，他和李白交往時還很年輕。《陪族叔當塗宰遊化城寺升公清風亭》詩（卷二〇）中的「族叔當塗宰」是天寶十四載前後任當塗令的李有則明化，絕非寶應初任當塗令的李陽冰。《爲竇氏小師祭璿和尚》文（卷二九）中的璿和尚，據《宋高僧傳》卷十七《唐金陵鍾山元崇傳》、王維《謁璿上人》詩、李頎《題璿公山池》，知其人爲金陵瓦官寺僧。王注也都無考。以這些例子足以說明，王注在人事的箋釋、考證方面沒有盡到搜羅的能事。此外，在前人和王注中，也有不少值得商榷和補充的。如《司馬將軍歌》（卷四）「將軍自起舞長劍，壯士呼聲動九垓」，楊注誤釋指「項莊舞劍」，王注無考，據唐覲《延州筆記》，這裡用的是洛陽伽藍記中田僧超、崔延伯的典故。《丁督護歌》②（卷六）「君看石芒碭，掩淚悲千古」，王注說：「謂芒碭產此文石，千古不絕，則千古嘗爲民累，有心者能不睹之而生悲哉！」其中將「芒碭」注釋成地名。而胡震亨《李詩通》的注說：「芒，石稜；碭，石文。指所鑿盤石而言。」假如照王注的解釋，芒碭是地名，那麼「石芒碭」應該寫作「芒碭石」，否則語法不通。實際上「芒碭」二字是疊韻聯緜字，也形容石頭的粗重難移，似乎仍以胡氏的解釋比較合理。《少年行》（卷六）「五陵年少金市東，銀鞍白馬度春風」中的「金市」，王注誤以爲在洛陽，今據向達《唐代長安與西域文明》引日本石田幹之助所考，并旁證薛用弱《集異記》王四郎條，知李詩中的金市是長安的西市。又如《贈劉都使》詩（卷十一）王注誤都水監使爲兼銜，《獻從叔當塗宰陽冰》詩（卷十二）王注誤釋「廣漢水萬里」爲漢水，《憶舊遊寄譙郡元參軍》詩（卷十三）「漢中太守醉起舞」係漢東之誤，《金陵白下亭留別》詩（卷十五）「正當白下門」引沈家本《日南隨筆》補注爲「泛指白下之門」，《送姪良攜二妓赴會稽戲有此贈》（卷十七）及《與從姪杭州刺史良遊天竺寺》（卷二〇）二詩據勞格《讀書雜識杭州刺史考》補注李良爲開元間刺史，《宣州謝朓樓餞別校書叔雲》詩（卷十八）中之「中間小謝又清發」王注誤爲謝惠連，《入彭蠡經松門觀石鏡緬懷謝康樂題詩書遊覽之志》詩（卷二二）「金精」王注引郭璞《江賦》誤作木華《海賦》，《代壽山答孟少府移文書》（卷二六）、《上安州李長史書》（卷二六）王注引《方輿勝覽》德安府俱誤爲常德府等。又如《夜泛洞庭尋裴侍御清酌》詩（卷二〇）中之裴逸人，各家俱無注，今據《晉書》卷三五《裴頠》傳補注「裴頠，字逸民，唐諱民字改爲人，非泛指爲逸人」。《哭晁卿衡》詩（卷二五），據日本方面考證資料補注晁衡的生平，并糾正王注的錯誤。《虞城縣令李公去思頌碑》（卷二九）中「員外丞」補注爲「唐代之閑職有員外置同正員者，此丞即員外置之縣丞也」。除上述者外，其他糾正前人繆誤和補充的地方還有很多，這裡不一一列舉了。

本書是瞿蛻園師和我兩人共同編撰，付型于一九六五年，當時未及印行。蛻園師已於一九七三年去世，現略加修訂，附校補記於後，并請王運熙先生撰寫前言。由於作者水平所限，書中難免存在不少錯誤，殷切地希望得到專家和讀者的指正。

一九七九年九月

《李白集》板本校勘瑣談

朱金城

日本京都大學人文科學研究所影印的靜嘉堂文庫藏宋本《李太白文集》（即陸心源皕宋樓藏本）是流傳到現在最早而完整的李白全集的刊本。近年來巴蜀書社、上海古籍出版社復據日本影印本再影印，使千家珍秘得以展現在我們眼前，這是李白研究者十分欣慰的事情。

李白的詩文集以李陽冰編的《草堂集》十卷爲最早，元和十二年（八一七）范傳正又編成了李白的文集二十卷。《舊唐書・李白傳》說他有文集二十卷，《新唐書・藝文志》著錄李白的《草堂集》二十卷，大概是指范傳正所編而言。到了宋咸平元年（九九八），樂史在李陽冰編十卷本的基礎上，又別收歌詩十卷，編成了《李翰林集》二十卷，凡七百七十六篇。此外又收集賦和散文編成《李翰林別集》十卷。這個樂史本已不能看到。至英宗治平元年（一〇六四），常山宋敏求次道把樂史編的二十卷七百七十六篇詩歌加上雜著六十五篇擴充到千篇，並加以分類，也編成了三十卷。元豐三年（一〇八〇），守蘇州的宴知止處善將宋敏求所編，曾鞏考次的三十卷本鏤板行世，後世稱「蘇本」。根據蘇本翻刻的蜀本，就是流傳到現在的這部最早的宋本，也就是清繆曰芑影刻的祖本。

這部宋蜀本，歷來經過很多著名藏書家的收藏，從明代的袁翼、王敬美至清代的徐乾榮、繆曰芑、黃丕烈、汪士鍾、陸心源都收藏過。他們大都認爲是北宋刊本。如陸心源《皕宋樓藏書志》云：「《李太白文集》三十卷（北宋蜀刊本，王敬美舊藏）：案此北宋蜀刊本，每頁二十二行，每行二十字，版心有六七四一等字，即《百宋一廛賦》中所謂『翰林歌詩，古香溢紙，據染亂眞，對此色死』者也。」其實，陸氏所謂的「北宋本」是有問題的。此書以缺筆「構」字避南宋第一個皇帝趙構的諱，如《古風》之四十六「逢萊像天構」，卷二八《崇明寺佛頂尊勝陀羅尼幢頌》「皆我公之締構也」和「累構餘石」都是。又以缺筆避北宋最後一個皇帝宋欽宗趙桓的「桓」字諱，如卷十《贈張相鎬二首》之一「捫蝨對桓公」、《亂離後天恩流夜郎憶舊遊書懷贈江夏韋太守良宰》「節制非桓文」兩「桓」字均缺筆，但卷三《上留田》「桓山之禽別離苦」、卷二十《姑熟十詠·桓公井》「桓」字均不缺筆，可知此書對趙桓的避諱並不嚴格。又據《續資治通鑑·宋紀》趙桓於宋徽宗宣和七年（一一二五）十二月庚申即皇帝位，至靖康二年（一一二七）四月被擄北遷，在位僅一年多。在這種兵荒馬亂的動蕩時局中，此宋蜀本必刻成於南宋初，而不可能刻成於北宋靖康之間。平岡武夫《〈李太白文集〉序說》（上海古籍出版社影印《李白的作品》一書譯文）中稱「此書就可以說是北宋末到南宋初在四川覆刻的」，這樣的提法比較愼重，而王文才《跋影宋蜀刻李太白集》謂「右北宋蜀刻《李太白集》，今存李集第一本也」，巴蜀書社影印此書的出版說明亦稱「據學者考證，是北宋時的蜀刻本」等說法顯然欠妥。

清康熙間繆曰芑刊《李太白文集》，完全是照這部宋蜀本影刻的。繆本摹刻精工，改正了宋本一些錯誤，但也造成了宋本不誤的新錯。如卷一《李翰林別集序》「揮翰霧散耳」，繆本訛「耳」爲「

爾」。卷二《古風》第三十五首「一揮成斧斤」，繆本訛作「一揮成風斤」等。又如卷四《上之回》「千旗揚彩虹」，宋本訛作「千旗揚彩紅」。卷七《永王東巡歌》「卻似文皇欲渡遼」，宋本訛作「卻似天皇欲渡遼」。卷八《上李邕》「宣父猶能畏後生」，宋本訛作「宣公猶能畏後生」。卷十六《五月東魯行》「能取聊城功」，宋本訛作「能取遼城功」。卷十七《遊南陽清泠泉》「西耀逐水流」，宋本訛作「西耀遊水流」。這些錯誤繆本雖然都改正，但嚴格說來，繆本既然是影刻宋本，就應保存原來的面貌，不能隨便改易，異文應以校勘記附在書後，較爲妥當。又如宋本卷二第十頁末行有「卷終」二字，無第十一頁，而繆本不摹刻「卷終」二字，反增加一頁於後。宋本目錄第一頁至第十頁板心都有「六」、「七」二字，繆本祇在三、四兩頁摹刻，其餘各頁都沒有，這些都是繆本失眞之處，幸賴這部宋本流傳下來，我們才能看到它的原貌。清代輯注《李太白文集》的王琦對繆本的祖本究竟是蘇本或蜀本搞不清楚，而《四庫總目提要》對繆本稱《李太白文集》不稱《李翰林集》提出疑問，現在看到繆刻祖本蜀本的廬山眞面目，這些疑問都迎刃而解了。

繼宋蜀本後另一系統是南宋楊齊賢注的左綿刊本，元至元時蕭士贇刪補楊注而成蕭本。清乾隆時王琦輯注《李太白文集》，二十五卷以前略依蕭本，雜文四卷略依郭本（郭雲鵬本，這是蕭本舊注的刪節本，但此蕭本增多五卷），而以繆本參訂其間，另外輯錄拾遺一卷，附錄六卷。王注本雖較前人大爲提高，但注釋和校勘中也存在著不少繆誤，同時詩歌部份刪去了蕭本的分類編目以及詩題下原來宋本所注作者遊蹤，也是一個令人感到遺憾的缺點。

通行本李白詩的字句流傳至今仍有不少令人費解之處。如《將進酒》（卷三）云：「鍾鼓饌玉不足貴，但願長醉不用醒。」按：「鍾鼓饌玉不足貴」句，《文苑英華》、《唐文粹》俱作「鐘鼎玉帛豈足貴」，注云：「一作『鐘鼓饌玉不足貴』。」王琦注本此句下注云：「一作『鐘鼎玉帛豈足貴。』」「饌玉」二字，敦煌殘卷作「玉帛」。拙著《李白集校注》引兩宋本、繆本此句下俱注云：「一作『玉帛豈足貴』。」《河嶽英靈集》作「鐘鼎玉帛不足貴」。其實「鐘鼓」與「饌玉」不成對文，古無此文法。《詩・唐風》：「子有鐘鼓，弗鼓弗考。」知「鼓鐘」乃古人習用語，疑「鐘鼓饌玉」當作「鼓鐘饌玉」，即鐘鳴鼎食之意。從以上所錄資料，又知各本作「鐘鼎玉帛」者甚多，可以斷定唐人寫本不誤，如果下文是「饌玉」，則上文應爲「鼓鐘」，後來傳刻各本多誤爲「鐘鼓」，致使「鐘鼓饌玉不足貴」這樣不通的詩句傳流至今。

在後世很多選本中，李白的一些流傳廣泛，膾炙人口的詩句，和宋代以來的本集中字句有異，也頗使人費解。如《靜夜思》（卷六）云：「床前看月光，疑是地上霜。舉頭望山月，低頭思故鄉。」「看月光」，各本李集均同，《樂府詩集》、《唐人萬首絕句》、《唐詩品彙》、《全唐詩》亦俱作「看月光」，但王士禛《唐人萬首絕句選》、《唐詩別裁集》、《唐詩三百首》、《唐宋詩舉要》等作「明月光」，疑爲士禛所臆改。又「山月」二字，各本李集無異文，《樂府詩集》、《唐人萬首絕句》、《唐詩品彙》、《唐人萬首絕句選》、《全唐詩》、《唐詩別裁集》亦均作「望山月」，衹有《唐宋詩醇》、《唐詩三百首》等作「望明月」，疑爲《唐宋詩醇》所臆改。又《早發白帝城》（卷二二一)云:「朝辭白帝彩雲間,千里江陵一日還。兩岸猿聲啼不盡,輕舟已過萬重山。」其中「啼不盡」三字,各本李集俱同,《唐人萬首絕句》、《全唐詩》等也作「啼不盡」。而《唐人萬首絕句選》、《唐詩別裁集》、《唐宋詩醇》、《唐詩三百首》、《唐宋詩舉要》等俱作「啼不住」,疑爲王士禛所臆改。在這些選本的影響下,許多名家的著作也不再引用本集,如俞樾《湖樓筆談》云:「李太白詩:『床前明月光,疑是地上霜。舉頭望明月,低頭思故鄉。』……『床前明月光』,初以爲地上之霜耳,乃舉頭而見明月,則低頭而思故鄉矣。此以見月色之感人者深也。蓋欲言其感人之深而但言如何相感,以無情言情而情出,從無意寫意則意眞。知此者可以言詩乎!」又如施補華《峴傭說詩》云:「太白七絕,越而神韻隨之,如『朝辭白帝彩雲間,千里江陵一日還,』如此迅捷,則輕舟之過萬山不待言矣。中間都用『兩岸猿聲啼不住』一句墊之,無此句則直而無味,有此句走處仍留,急語仍緩,可悟用筆之妙。」這些都是引用選本的例子。又明楊愼《昇庵詩話》卷四云:「盛弘之《荊州記》巫峽江水之迅云:『朝發白帝,暮到江陵,其間千二百里,雖乘奔御風,不以疾也。』杜子美詩:『朝發白帝暮江陵,頃來目擊信有徵。』李白:『朝辭白帝彩雲間,千里江陵一日還。兩岸猿聲啼不盡,扁舟已過萬重山。』雖同用盛弘之語,而優劣自別。」更可證明人見到的李詩都是「兩岸猿聲啼不盡」,至清人才改成「啼不住」。此處「輕舟」作「扁舟」,恐爲楊氏誤記。

李白晚年信佛,宋人葛立方《韻語陽秋》(卷十二)早已言之云:「李白跌蕩不羈,鍾情於花酒風月則有矣,而肯自縛於枯禪,則知澹泊之味賢於啖炙遠矣。白始學於白眉空,得『大地了鏡徹,回旋寄輪風」之旨；中謁泰山君，得『冥機發天光，獨照謝世氛』之旨；晚見道崖，則此心豁然更無凝滯矣。所謂『啓閉八窗牖，托宿掣電形』是也。後又有《談玄》之作云：『茫茫大夢中，惟我獨先覺。騰轉風火來，假合作容貌。問語前後際，始知金仙妙。』則所得於佛氏益遠矣。」如來之身金色微妙，如佛有金仙之號。葛氏所引前部分為《贈僧崖公》詩（卷十），《談玄》之作乃《與元丹丘方城寺談玄作》詩（卷二三）。拙著《李白集校注》中轉引葛氏之文，於末句「所得於佛氏益遠矣」之「遠」字頗為費解。後來見到上海圖書館所藏宋刊本《韻語陽秋》（現已由上海古籍出版社影印出版），始知此「遠」字乃「邃」字之訛文，宋本之可貴也如此。

李集書錄

朱易安

李白詩文集之版本源流，學界已有專論考述。但歷代李集整理、編纂、選注、版刻流變頗繁，考訂者往往存佚混述，不易查閱。因以現存李集爲線索，簡述其編纂付梓年代及有關書錄記載，並按版本源流體系分類編排，庶可免除讀者翻檢之勞。後世研究者專著亦一併附於後，以備查考。

一、詩文合集

李太白文集三十卷

序碑記一卷　歌詩二十三卷　雜著六卷

宋刻本（北京圖書館藏，卷十五至二十四配清繆氏刻本）

李太白文集三十卷

序碑記一卷　歌詩二十三卷　雜著六卷

宋刻本（日本靜嘉堂文庫藏，有首一卷）

李太白文集三十卷

李太白文集三十卷
日本京都大學人文科學研究所據靜嘉堂文庫所藏宋刻影印本
李太白文集三十卷
一九六七臺北學生書局據宋刻影印本
李太白文集三十卷
一九八七年巴蜀書社據宋刻影印本（靜嘉堂文庫藏本）
李太白集三十卷
序碑記一卷　歌詩二十三卷　雜著六卷
清康熙五十年（一七一七）繆曰芑刻本（北京圖書館藏本有清黃丕烈校；上海圖書館藏本有清孫星衍校；中山大學藏本有清朱學勤校；南開大學藏本有清李鴻裔批校並跋）
李太白集三十卷
《四庫全書》本
李太白集三十卷
商務印書館《萬有文庫薈要》本
李太白全集三十卷
清光緒十四年（一八八八）湖北刻本
李太白文集

一九一四年上海文瑞樓石印本

李翰林集三十卷

詩二十卷　文十卷

明刻本（日本靜嘉堂文庫藏）

李翰林集三十卷

明刻本（北京圖書館藏）

李翰林集三十卷

明正德八年（一五一三）鮑松刻《李杜全集》本（杭州大學藏本有清丁耀元跋；四川圖書館藏

本有清趙烈文批）

李翰林集三十卷

詩二十卷　文十卷

清光緒三十二年（一九〇六）西泠印社吳隱影宋刻本

李翰林集三十卷

詩二十卷　文十卷

清光緒三十二年（一九〇八）劉世珩玉海堂影宋咸淳刻本

李翰林集三十卷

一九八〇年四月江蘇廣陵古籍刻印社據宋淳刻影印本

【附錄】

《新唐書・藝文志》：李白草堂集二十卷，李陽冰錄。

魏顥《李翰林集序》：顥平生自負，人或爲狂，白相見泯合，有贈之作，謂余「爾後必著大名於天下，無忘老夫與明月奴。」因盡出其文，命顥爲集。……經亂離，白章句蕩盡，上元末，顥於絳偶然得之。沉吟累年，一字一下。今日懷舊，援筆成序，首以贈顥作、顥酬白詩，不忘故人也；次以《大鵬賦》、古樂府諸篇，積薪而錄；文有差互者，兩舉之。白未絕筆，吾其再刊。

李陽冰《草堂集序》：自中原有事，公避八年，當時著述，十喪其九；今所存者，皆得之他人焉。

樂史《李翰林別集序》：李翰林歌詩，李陽冰纂爲《草堂集》十卷，史又別收歌詩十卷，與《草堂集》互有得失，因校勘排爲二十卷，號曰《李翰林集》。今於三館中得李白賦序表贊書頌等亦排爲十卷，號曰《李翰林別集》。……咸平元年三月三日序。

宋敏求《李太白文集後序》：唐李陽冰李白《草堂集》十卷云：「當時著述，十喪其九。」咸平中樂史別得白歌詩十卷，合爲《李翰林集》二十卷，凡七百七十六篇，史又纂雜著爲別集十卷。治平元年，得王文獻公溥家藏白詩集上中二帙，凡廣百四篇，惜遺其下帙。熙宗元年，得唐魏萬所纂白詩集二卷，凡廣四十四篇，因裒唐類詩諸編，洎刻石所傳、《別集》所載者，又得七十七篇，無慮千篇，沿舊目而釐正其彙次，使各相從，以別集附於後。凡賦表書序碑頌記銘贊文六十五篇，合爲三十卷。

曾鞏《李太白文集後序》：《李白集》三十卷，舊歌詩七百七十六篇，今千有一篇，雜著六十五篇者，知制誥常山宋敏求字次道之所廣也。次道既以類廣白詩，自爲序，而未考次其作之先後。余得其書，乃考其先後而次第之。

毛漸《李太白文集後序》：臨川宴公知止字處善守蘇州之明年，政成暇日，出李翰林詩，以授於漸曰：「白之詩歷世浸久，所傳之集率多訛缺。予得此本，最爲完善，將欲鏤版以廣其傳。」漸切謂李詩爲人所尚，以宋公編類之勤，而曾公考次之詳，世雖甚好，不可得而悉見。今晏公又能鏤版以傳，使李詩復顯於世，實三公相與成始而成終也。元豐三年夏四月，信安毛漸校正謹題。

晁公武《郡齋讀書誌》：李翰林集二十卷（按「二」字當爲「三」字之誤），右唐李白太白也。白舊集十卷，唐李陽冰序。咸平中樂史別得白歌詩十卷，凡歌詩七百七十六篇，又纂雜著爲別集十卷。宋次道治平中，得王文獻及唐魏顥所纂白詩，又裒唐類詩洎刻石所傳者，通李陽冰、樂史集共一千一篇，雜著六十五篇。曾子固乃考其先後而次第之。……近蜀本又附入左綿邑人所裒，曰白隱處少年所作六十篇，尤爲淺俗。白天才英麗，其辭逸蕩雋偉，飄然有超世之心，非常人所及，讀者自可別其眞僞也。

《郡齋讀書誌》趙希弁《附誌》：右唐李白太白之文也。《讀書誌》云二十卷，希弁所藏三十卷，以常山宋敏求、南豐曾鞏序考之，李華、劉全白、范傳正、裴敬四人所作誌與碑，第二卷以後乃白詩文云。

陳振孫《直齋書錄解題》：李翰林集三十卷。《唐誌》有《草堂集》二十卷者，李陽冰所錄也。今按陽冰序文但言十喪其九，而無卷數。又樂史序文稱《李翰林集》十卷，別以歌詩十卷，因校勘爲二十卷，又於館中得賦序表書贊頌等亦爲十卷，號曰《別集》，然則三十卷者，樂史所定也。家所藏本不知何處本，前二十卷爲詩，後十卷爲雜著。首載陽冰、史及魏顥、曾鞏四序，李華、劉全白、范傳正、裴敬碑誌，卷末又載新史本傳，而《姑熟十詠》、《笑矣》、《悲來》、《草書》三歌行亦附焉。復著東坡辨證之語。其本最爲完善。別有蜀刻大小二本，卷數亦同，而首卷專載碑序，餘二十三卷歌詩，而雜著止六卷。有宋敏求後序，言舊集歌詩七百七十六篇，又得王溥及唐魏萬集本，因裒唐類詩諸編洎石刻所傳，廣之無慮千篇，以別集雜著附其後，曾鞏蓋因宋本而次第之者也。以校舊藏本，篇數如其言，然則蜀本即宋本也耶？末又有元豐中毛漸題云：「以宋公編類之勤，曾公考次之詳，而公又能鏤版以傳於世。」乃晏知止刻於蘇州者。然則蜀本蓋傳蘇本，而蘇本不復有矣。

錢曾《讀書敏求記》：李翰林全集三十卷。太白集宋刻絕少，此是北宋鏤本，闕十六卷之二十二，十六卷之三十，予以善本補錄，遂成完書。前二十卷爲歌詩，校十卷爲雜著，卷下注別集，簡端冠以李陽冰序，蓋《通考》所載陳氏家藏不知何處本，或即此耶？

王琦《李太白集輯注跋》：宋時李詩刊本始自蘇守晏公，所謂蘇本也。其後又有蜀本，有當塗本。據《書錄解題》謂其時蘇本已不復有，家藏蜀刻有大小二本，卷數相同，首卷專載碑序，餘二十三卷爲歌詩，六卷爲雜著，末有宋敏求、曾鞏、毛漸題序。以此考之而知蜀本蓋傳自蘇本云。晁公武《讀書誌》謂近時蜀本附入左綿邑人所藏二本之外。蕭粹齋得巴陵李粹甫家藏左綿所刊楊齋注本，斯又蜀刻而有注者之一種。其當塗本，周益公《二老堂詩話》謂當塗《太白集》後有續刻《司空山瀑布詩》一首。陸放翁《渭南集》中一跋謂當塗本雖可喜，然極多謬誤。宋刊之見於書傳而可考者，有此數種，今則漸已消亡，不能復睹。

《四庫全書總目提要》：李太白集三十卷（安徽巡撫採進本）……陽冰序不言卷數，《新唐書・藝文誌》則曰《草堂集》二十卷，李陽冰編。案宋敏求後序曰：唐李陽冰序李白《草堂集》十卷，咸平中樂史別得白歌詩十卷，合爲《李翰林集》二十卷。史又云：雜著爲《別集》十卷。然則《草堂集》原本十卷，《唐誌》以陽冰所編爲二十卷者，殊失之不考。今《草堂集》不傳，樂史所編亦罕見。此本乃宋敏求得王溥及唐魏顥本，又裒集唐類詩諸編，洎石刻所傳，編爲一集。曾鞏又考其先後而次第之，爲三十卷。首卷惟載諸序碑記；二卷以下乃爲歌詩，爲二十三卷；雜著六卷。流傳頗少。國朝康熙中，吳縣繆曰芑始重刊之，後有曰芑跋云：得臨川晏氏宋本，重加校正，較坊刻頗爲近古。然陳氏《書錄解題》、晁氏《讀書誌》並題《李翰林集》，而此乃云《太白全集》，未審爲宋本所改？曰芑所改？是則稍稍可疑耳。據王琦注本，是刻尚有「考異」一卷。而坊間印本皆削去曰芑序目以贋宋本，遂並考異而削之。……

黃丕烈《百宋一廛書錄》：李太白集：《讀書敏求記》云：《李翰林全集》三十卷。太白集宋刻絕少，此是北宋鏤本。前二十卷爲歌詩，後十卷爲雜著。今此刻亦三十卷，卷一載序及墓誌、碣、新碑文、碑文等，卷二至二十四爲歌詩，卷二十五至卷三十爲右賦、表書序贊頌銘記碑文，與遵王所藏者異矣。其先藏自郡城繆氏，繆曾用以翻刊，楮精墨妙，嘗以僞亂眞，曾欲作考異一卷而未成，其夾籤猶在卷中也。余以一百五十金得之繆氏。

丁丙《善本書室藏書誌》：李翰林集三十卷（宋咸淳刊本）：前二十卷詩，後十卷文。前有李陽冰、樂史、魏顥、曾鞏序，李華撰墓誌，劉全白撰碣記，范傳正、裴敬撰墓碑。每卷有目錄，連屬正文，每頁二十行，行二十字，後附《新唐書》本傳。又紹熙元年七月開封趙汝愚題云：右李太白題《司空山瀑布詩》，得之東里周子中，附於卷末。又咸淳己巳天台戴覺民希尹跋云：是集多趙同舍崇鍳養大所校正，晏知止本歌吟在六七兩卷，此則在第十七卷，余亦前後參差，曾鞏序首數句與《元豐類稿》合，與晏殊元刊補注本異，或此爲南豐本，彼爲次道本歟

陸心源《皕宋樓藏書誌》：李太白文集三十卷，北宋蜀刊本，王敬美舊藏。案此北宋蜀刊本，每頁二十二行，每行二十字，版心有「六」、「七」、「四」、「一」等字，即《百宋一廛賦》中所謂「翰林歌詩，古香溢紙，據染亂眞，對此色死」者也。卷中有「徐乾學印」白文方印，「健庵」二字白文方印，「昆山徐氏家藏」朱文長印，「錢氏南金」朱文方印，「錢應庚」白方文印，「王杲之印」、「王氏敬美」白文兩方印，「百宋一廛」朱文長印。又李翰林集三十卷，宋咸淳刊本。案此南宋刊本，每頁二十行，每行二十字，每卷有目連屬正文。

繆荃孫《藝風堂藏書記》：李翰林集三十卷，宋刊本，次行題翰林供奉李白，與他刻本不同。每卷有目錄，連屬正文。每半頁十行，每行二十字，白口，前有李陽冰、樂史、魏顥、曾鞏序，李華撰墓誌，劉全白撰碣記、范傳正、裴敬撰墓碑，後有咸淳己巳戴覺民希尹跋，此集即覺民所刻。又有江萬里跋，大行書。

傅增湘《藏園群書經眼錄》：李翰林集三十卷，明刊本，陸心源氏原題宋刊。

李翰林集十卷

明正德十四年（一五一九）陸元大刻本（北京圖書館藏本有清何焯校並跋；南京圖書館藏本有清丁丙跋）

李翰林集十卷

明正德十四年（一五一九）陸元大刻，清嘉慶八年（一八〇三）王芑孫淵雅堂重修本（北京圖書館藏本有傅增湘錄何焯校跋；浙江圖書館藏本有鄭文焯跋）

【附錄】

高儒《百川書志》：李翰林集十卷，賦八文六十三。

孫星衍《廉石居藏書記》：李翰林別集十卷。明正德吳郡袁翼所刊，後有跋稱重刻淳熙本，即樂史所編。前有樂史序，版藏吾友王國博芑孫家。據《四庫書目提要》樂史所編罕見，當時此本未出也。

分類補注李太白詩二十五卷（宋）楊齊賢集注（元）蕭士贇補注

元建安余氏勤有堂刻本（上海圖書館藏本有清武曾任跋；南京圖書館藏本有清丁丙跋）

唐翰林李太白詩集二十六卷

元刻本（附年譜一卷，存二十二卷，有繆荃孫跋，清華大學藏）

分類補注李太白詩三十卷　（宋）楊齊賢集注　（元）蕭士贇補注

元至大三年（一三一〇）余志安勤有書堂刻本（存二十四卷，北京大學藏）

分類補注李太白詩二十五卷　（宋）楊齊賢集注　（元）蕭士贇補注

明正德十五年（一五二〇）安正書堂刻本（湖南省圖書館藏本有葉啓勛跋）

分類補注李太白詩二十五卷　（宋）楊齊賢集注　（元）蕭士贇補注

明嘉靖二十五年（一五四六）玉几山人刻本（附年譜一卷，山東有圖書館藏本有李延之跋）

分類補注李太白詩二十五卷　（宋）楊齊賢集注　（元）蕭士贇補注

明嘉靖二十五年（一五四六）玉几山人刻重修本（上海圖書館藏本有清李鴻裔校）

分類補注李太白詩二十五卷　（宋）楊齊賢集注　（元）蕭士贇補注

明萬曆三十年（一六〇二）許自昌刻《李杜全集》本

李翰林集二十五卷　（宋）楊齊賢注

明刻崇禎三年（一六三〇）毛氏汲古閣重修本

分類補注李太白詩二十五卷分類編次李太白文五卷　（宋）楊齊賢集注　（元）蕭士贇補注　（明）郭雲鵬編校

明嘉靖二十二年（一五四三）郭雲鵬寶善堂刻本（中國社會科學院文學研究所藏本有明張溥批；南京圖書館藏本有清丁丙跋）

重刊分類補注李詩全集二十五卷分類編次李太白文集五卷　（宋）楊齊賢集注　（元）蕭士贇補注　（明）郭雲鵬編校

明霏玉齋刻本（上海圖書館藏本，一種有清陳來泰校；另一種有清喬億校）

分類補注李太白集三十卷

《四庫全書》本

分類補注李太白集三十卷

《四部叢刊》本（據郭雲鵬刻本影印）

【附録】

蕭士贇《補注李太白集序例》：僕自弱冠知誦太白詩。……厥後乃得意於此，間趨庭以求聞所未聞，或從師以蘄解所未能。冥思遐想，章究其意之所寓；旁搜遠引，句考其字之所原。若夫義之顯者，概不贅演。或疑其贋作，則移置卷末，以俟巨眼者自擇焉。此其例也。一日得巴陵李粹甫家藏左綿所刊、舂陵楊君齊賢子見注本讀之，惜其博而不能約，至取唐廣德以後事及宋儒記錄詩詞爲祖甚而並杜注內僞作、蘇東坡箋事已經益守郭知達刪去者亦引用焉。因取其本類此者爲之節文，擇其善者存之。注所未盡者，以予所知附其後，混爲一注。

全集有賦八篇，子見本無注，此則並注之，標其目曰《分類補注李太白集》。

郭雲鵬《分類補注李太白集跋》：是集三十卷，愚合別集而成之者。緣舊本注坐繁雜，既仿迪功徐先生古風例，將不切題義者刪去已半。且根其文之載，更以別集編次五卷附於詩後，俾成全書。

王琦《李太白集輯注跋》：流傳於世者，惟蕭氏注本爲多。其本拔古賦八篇列於前爲一卷，次以歌詩二十四卷，凡二十五卷而止。明嘉靖間，吳中郭氏取而重刊之，以其注之注且復也，刪節約半，於古風五十九首增入徐昌穀評語，又取雜文五卷另爲編次附其後共成三十卷。嗣後有依郭氏增刪之本而刊者，爲霏玉堂本。有依舊注原本而刊者爲玉几山人本，爲長洲許元祐本。有去其注且分析其體爲五七言古律絕句者，爲劉世教本，劉本雖缺訓詁，然改正訛舛，殊見苦心。

《四庫全書總目提要》：分類補注李太白集三十卷，宋楊齊賢注而元蕭士贇所刪補也。……此本前二十五卷爲古賦樂府歌詩，後五卷爲雜文，且分標門類，與繆本目次不同，其爲齊賢改編或士贇改編，原書無序跋，已不可考。惟所輯注文則以「齊賢曰」、「士贇曰」互爲標題以別之，故猶可辨識。注中多徵故實，兼及意義，卷帙浩博，不能無失。……然其大致詳贍，足資檢閱，中如《廣武戰場懷古》一首，士贇謂非太白之詩，釐置卷末，亦具有所見。其於白集固不爲無功焉。

《天祿琳琅書目·元版集部》：唐翰林李太白集。二十六卷。……此書不載編纂人姓氏前二十四卷皆載歌詩，賦則列於二十五卷，其二十六卷專載贊十七篇，較前部（二十五卷本）故多一卷。然槧印遜於前部，其中錯誤亦多，如作序之毛漸並訛爲毛述，似是坊間自爲刊行之本。

陸心源《儀顧堂續跋》：郭雲鵬刊本，增雜文爲三十卷，注則刪削過半，有全章削去者，有一章削去四五百言而留一二句者，又增以「禎卿曰」云云，使古書面目幾無一存，殊爲謬妄。

李翰林全集四十二卷　（明）劉世教編校
明萬曆四十年（一六一二）刻《分體李杜全集》本（有目錄四卷，附年譜一卷。上海圖書館藏本有明趙士春批、清翁同龢跋）

李翰林分類詩八卷賦集一卷　（明）李齊芳　李茂年編
明萬曆二年（一五七四）李齊芳潘應詔刻《李杜詩合刻》本（北京圖書館藏本有鄭振鐸跋）

李太白詩集二十二卷　（宋）嚴羽評點
明崇禎二年（一六二九）聞啓祥刻《李杜全集》本（中國社會科學院藏本有王韜跋）

李太白文集三十二卷　（清）王　琦輯注
清乾隆寶笏樓刻本（上海圖書館藏本有清石韞玉評點、陳方恪跋）

李太白文集三十六卷　（清）王琦輯注
清乾隆寶笏樓刻二十五年（一七六〇）增刻本（武漢大學藏本有清何紹基批並跋；華東師大藏本有清方功惠跋）

李太白詩集注三十六卷　（清）王　琦輯注

清乾隆三十四年（一七六九）聚錦堂刻本
李太白詩集注三十六卷　（清）王　琦輯注
清乾隆三十四年（一七六九）刻本
李太白詩集注三十六卷　（清）王　琦輯注
《四庫全書》本
李太白詩集注三十六卷　（清）王　琦輯注
清聚文堂刻本
李太白詩集注　（清）王　琦輯注
清光緒三十四年（一九〇八）上海掃葉山房石印本
李太白文集　（清）王　琦輯注
中華書局《四部備要》本
李太白文集　（清）王　琦輯注
商務印書館《國學基本叢書》本
李太白詩集注　（清）王　琦輯注
商務印書館《國學基本叢書簡編》本
李太白詩集注　（清）王　琦輯注

《萬大文庫》本

李太白全集　（清）王　琦輯注

一九三六年世界書局排印本

李太白全集　（清）王　琦輯注

一九五七年九月中華書局重印《四部備要》本

李太白全集　（清）王　琦輯注

一九七七年九月中華書局排印本

【附錄】

《四庫全書總目提要》：李太白詩集注三十六卷，國朝王琦撰。琦字琢崖，錢塘人。注李詩者自楊齊賢、蕭士贇後，明林兆珂有《李詩抄述》十六卷，簡陋殊甚。胡震亨駁正舊注，作《李詩通》二十一卷。琦以其尚多漏略，乃重爲編次箋釋，定爲此本。其詩參合諸本，益以逸篇，釐爲三十卷，以合曾鞏序所言之數。別以序誌、碑傳、贈答、題詠、詩文評語、年譜、外紀爲附錄六卷，而繆氏本所謂「考異」一卷，散入文句之下，不另列焉。其注欲補三家之遺闕，故採摭頗富，不免微傷於蕪雜，然捃拾殘賸，時亦寸有所長。

李太白全集十六卷　（清）李調元　鄧在珩編訂

清乾隆二十九年（一七六四）清廉學合刻本

李太白全集十六卷　（清）李調元　鄧在珩編訂

清道光刻本

李白集校注　瞿蛻園　朱金城校注

一九八〇年七月上海古籍出版社印行

【附錄】

朱金城《李白集校注．後記》：王琦輯注的《李太白文集》，雖然採摭宏富，考訂精確，較前人大爲提高，然而還沒有達應有的精密和完備程度。尤其是王注編成二百年來，李集研究領域中不斷出現新的研究成果，爲了適應今天研究者的需要，我們編注了這部《李白集校注》。此書共分校、注、評箋三部分。校的部分以王琦注本爲底本，並校勘北京圖書館藏宋刊本《李太白文集》、日本京都大學人文科學研究所影印靜嘉堂藏宋刊本《李太白文集》等重要刊本十餘種及唐、宋兩代重要總集及選本多種。注和評箋部分，以王琦注本爲基礎，並參考楊、蕭、胡三家注本，彙集歷代筆記、詩話、研究專著及有關考訂評論等，尤著重總結王琦以後的研究成果，並糾正前人及王注本不少校勘、注釋錯誤。

李白全集編年注釋　安　旗主編

一九九〇年十二月巴蜀書社印行

【附録】

閻琦《李白全集編年注釋·後記》：李白詩文今存約一千題（首）。本書按年編排的李白詩文，約佔總數的百分之八十五左右。在先，詹鍈《李白詩文繫年》曾繫李白詩文近七百題（首），約佔總數百分之七十有差。因爲《繫年》爲詹先生舊作，限於當時李白研究狀況，《繫年》開創之工雖臣，其不足也是明顯的，所以本書所繫篇目與《繫年》不同者又約有十之三、四。

二、詩文選本

李翰林詩范德機批選四卷　（元）范　梈批點

元刻本（臺灣國立中央圖書館藏）

李翰林詩范德機批選四卷（元）范　梈批

明嘉靖鄭鼒刻本

李太白詩八卷　（明）許宗魯輯

明嘉靖五年（一五二六）刻《唐李杜詩集》本（上海圖書館藏本有清吳榮光、程恩澤、文素松跋）

唐李白詩集八卷　（明）邵　勛輯

臺灣大通書局《杜詩叢刊》影印《唐李杜詩集》本（第三輯）

【附錄】

傅增湘《藏園群書經眼錄》：李杜詩集十六卷。……前有序，題嘉靖壬寅洪都萬虞愷書於無錫之冰玉堂。序稱「近見大梁李公有李刻，關中許公有杜刻，皆去其注。予因其二本，命庠生邵勛訂其訛，間增其逸，彙而並刻」云云。

唐李白詩十二卷

明嘉靖刻本

唐翰林李白詩類編十二卷

明嘉靖十五年（一五三六）延平刻本

唐翰林李白詩類編十二卷

明刻本

【附錄】

高儒《百川書志》：唐翰林李白詩類編十二卷。

《天祿琳琅書目後編，明版集部》：唐翰林李白詩類編，十二卷，分體分門無注，前有李陽冰序，不知何人編次。

李杜律詩四卷　佚　名輯

明嘉靖二十一年（一五四二）刻本（上海圖書館藏）

李翰林詩選五卷（明）王　寅輯

明嘉靖二十四年（一五四五）閔朝山刻本

李詩選十卷　（明）張　含輯　楊　慎批點

明嘉靖二十四年（一五四五）張氏家塾刻本（北京圖書館藏）

李太白詩選六卷（明）張　含輯　楊　慎批點

明萬曆十年（一五八二）沈啓南刻本（上海圖書館藏）

李太白詩選五卷　（明）張　含輯　楊　慎等評

明烏程閔氏朱墨套印本

李太白詩選四卷　（明）張　含輯　楊　慎等批點

趙藩等輯《雲南叢書》本（第二輯）

唐李白詩五卷　（明）佚名輯

明刻本（蘇州圖書館藏）

【附錄】

楊慎《李詩選題辭》：吾友禺山張子愈光，自童習至白紛與走共爲詩者，嘗謂予曰：李杜齊名，杜公全集外，節抄選本凡數十家，而李何獨無之？乃取公集中膾炙人口者一百六十餘，首刻之明詩亭中，屬慎題辭其端云。

《四庫全書總目提要·總集類存目》：李太白詩五卷、杜少陵詩六卷。不著編輯者名氏。《李白詩選》之首有楊慎序，辨白里貫出處甚詳。末云「吾友禺山張子愈光……取公集中膾炙人口者一百六十餘首，刻之明詩亭，屬慎題詞其端。」愈光爲永昌舉人張含之字，則是編含所選也。然烏程閔氏所刊朱墨版，其卷端評語引及鍾惺、梅鼎祚，皆明末人。含及慎在嘉靖中，何自見之？則已非含之原本矣。

王重民《中國善本書提要》：李詩選五卷，明朱墨印本（美國國會圖書館藏本）。前有批評姓氏一頁，題「楊昇庵批點、附桂臨川批點」，又附參評者李東陽等十七人姓氏。按此本爲閔刻抑淩刻，卷內無文，其用張愈光選本，而又附入鍾伯敬、譚友夏諸家評語，則無疑也。

李詩選注十三卷　（明）朱　諫輯注

明嘉靖二十四年（一五四五）朱守宣刻本（華南師範大學藏）

李詩選注十三卷　（明）朱　諫輯注

明隆慶六年（一五七二）朱守行刻本（附辨疑二卷。南京圖書館藏本有清丁丙跋）

【附錄】

丁丙《善本書寶藏書志》：李詩選注十三卷辨疑二卷。明刊本。溫州樂清蕩南朱諫選注，侄守仁校刊。按諫字君佐，吉安太守，居雁蕩山之南，號曰蕩南，選注李白集並爲辨疑。嘉靖間《天長誌》序云：范傳正《李翰林新墓碑載文集》二十卷，得之文士與其宗族，編輯斷簡，至曾子固序白詩集二十卷，舊七百若干篇，今九百若干篇，宋敏求之所廣也。傳正元和十二年作碑，去白死才五十七年爾，既云編輯斷簡，則已不能無誤。況敏求去傳正又二百餘年，更五代亂，所廣二百餘篇安在必爲白作無疑也？乃取諸家注覽之類，旁引曲證，少所發明，而是非眞僞往往莫能辨正。今觀所著，如朱子釋經例，先解文義，次述興意，微辭奥旨，燦然明白，其辨疑則取舛悖卑陋煩複者，指摘疵類而雪洗其贋誣之辱，將沒封遺厥子守宣，俾守掌焉。隆慶壬申知溫州府婺洪垣又因其從子瑤山刻於郡齋，並加序於首。

李詩選六卷　（明）顧　明輯　史秉直評釋

明嘉靖三十七年（一五五八）金瀾刻《李杜詩選》本

李律七言頗解一卷　（明）王維楨撰
明嘉靖三十七年（一五五八）朱茹刻《杜律七言頗解》附（北京大學藏）
李詩抄四卷　（明）梅鼎祚輯
明萬曆六年（一五七八）裘石室刻《唐二家詩抄》本（上海圖書館藏）
李詩抄評四卷　（明）梅鼎祚輯　屠　隆集評
明萬曆十七年（一五八九）刻《唐二家詩抄評林》本
李詩抄述注十六卷　（明）林兆珂輯注
明萬曆二十七年（一五九九）安慶刻本

【附錄】

《四庫全書總目提要・別集類存目》：李詩抄述注十六卷，明林兆珂撰。……茲其守安慶時所刊。以白遊跡多在皖，猶在衡刻甫詩意也。其書亦分體選抄，每篇首箋故實，終加闡發，亦頗以考訂爲事，欲突過蕭士贇、楊齊賢舊本。然其中有本詩誤者，……有傳寫誤者，……今注內皆未辨及。至於詩之必須注而後明者，……今注內亦未證明，文義便不可曉。凡此不一而足，尚未可謂之善本也。

李詩五言辯律一卷　（明）汪　瑗輯

明萬曆四十一年（一六一三）刻《李杜五言律注》本（雲南大學藏）

李詩評選四卷　（明）何　烓輯　李廷機評

明萬曆宗文書舍刻本（與《杜詩評選》合刻，清華大學藏）

李詩通二十一卷　（明）胡震亨評注

抄本（臺灣國立中央研究院歷史語言研究所傅斯年圖書館藏）

李詩通二十一卷　（明）胡震亨評注

清順治七年（一六五〇）朱茂時刻《李杜詩通》本（復旦大學藏）

李詩通二十一卷　（明）胡震亨評注

清陶子麟刻本

李詩通二十一卷　（明）胡震亨評注

清光緒十四年（一八八八）湖北書局刻本

李詩通二十一卷　（明）胡震亨評注

掃葉山房石印本

【附録】

王琦《李太白集輯注跋》：明季孝轅胡氏作《李詩通》二十一卷，頗有發明，及駁正舊注之紕繆最爲精確但惜其不廣。

詩緯李集四卷　（清）丁谷雲輯　應　時刪定

清康熙十七年（一六七八）刻《李杜詩緯》本（清華大學藏）

李詩緯四卷　（清）丁谷雲輯　應　時刪定

清康熙四十一年（一七〇二）刻《李杜詩緯》本

李詩直解六卷　（清）沈　寅　朱　昆輯注

清乾隆四十年（一七七五）朱鳳樓刻《李詩杜詩直解合刻》本

瑤臺風露不分卷　題（清）笈甫主人選評

選錄李白五言古詩一百七十餘首

清桐華舸主人抄本（江油縣李白紀念館藏）

李白詩選　高鐵郎校點

一九二八年上海新華書局鉛印本（以《十八家詩抄》所選李白詩校點，與《杜甫詩選》合刊）

李白詩選　胡雲翼選

一九三二年上海亞細亞書局鉛印本

一九四六年上海教育書店鉛印本

李白詩　傅東華選注

一九三四年商務印書館《學生國學叢書》本

《萬有文庫》本

白話注解李白詩選　余研因選注

一九三四年民智書局鉛印本

音注李太白詩　中華書局音注

一九三六年中華書局鉛印本（以《唐詩別裁集》所選李白詩爲正文）

李太白詩集

一九三七年上海文葉書局鉛印本

李白詩選　舒蕪選注

一九五四年八月人民文學出版社印行

李杜詩選　蘇仲翔選注

一九五五年十二月春明出版社印行

一九五七年二月古典文學出版社新一版

一九八一年臺北文明書局印行

一九八三年十二月浙江文藝出版社修訂版

李白詩選　復旦大學中文系古典文學教研室選注
一九六一年八八月人民文學出版社印行
一九七七年十一月修訂版
李白詩選注　哈爾濱師範學院中文系《李白詩選注》組選注
一九七六年八月黑龍江人民出版社印行
李白詩選注　《李白詩選注》編選組編
一九七八年十二月上海古籍出版社印行
李白詩選讀　李　暉編
一九八〇年九月黑龍江人民出版社印行
李白杜甫詩選譯　高　嵩選譯
一九八〇年寧夏人民出版社印行
李白詩選　馬千里選注
一九八三年八月香港三聯書店印行
一九八四年八月廣東人民出版社印行
李詩咀華——李白詩各篇賞析　安　旗　薛天緯　閻　琦選著
一九八四年十二月北京十月文藝出版社印行

李白詩選講　劉憶萱　王玉璋注析

一九八五年九月遼寧人民出版社印行

李白文選　牛寶彤主篇

一九八九年六月學苑出版社印行

三、傳記及研究著作

李詩辨疑二卷　（明）朱諫撰

明刻本《李詩選注》附

《敬鄉樓叢書》第二輯

李太白年譜　（清）王　琦撰

清乾隆刻本《李太白全集》附

李杜詩話三卷　（清）潘德輿撰

清刻本《養一齋詩話》附

《清詩話續編》本《養一齋》詩話附

李杜研究　汪靜之著

一九二八年上海商務印書館鉛印本

一九三三年上海商務印書館鉛印本
李白研究　李守章著
一九三〇年上海新宇宙書店鉛印本
李白與杜甫　傅東華著
一九三三年上海商務印書館鉛印本
李太白傳　江炳焜著
一九三五年上海商務印著書館鉛印本
詩人李白　彭兆良著
民國間新教社鉛印本
道教徒的詩人李白及其痛苦　李長之著
一九四一年重慶商務印書館鉛印本
李白研究　戚維翰著
一九四八年上海中華書局鉛印本
李白　李長之著
一九五一年中國圖書發行公司印行
李白　王瑤著

一九五四年九月華東人民出版社印行
一九五七年七月上海人民出版社再版
一九七八年人民文學出版社新一版

詩人李白　林　庚著
一九五四年十一月上海文藝聯合出版社印行
一九五六年八月上海古典文學出版社新一版

李白詩論叢　詹　鍈著
一九五七年八月作家出版社印行
一九八四年四月人民文學出版社新一版

李白詩論及其他　孫殊青著
一九五七年十一月長江文藝出版社印行

李白研究　張立德
一九五七年香港學林書店印行

李太白年譜　（清）黃錫珪編著
一九五八年二月作家出版社印行

李白　朱　悌著

一九五八年香港中華書局印行
李白詩文繫年　詹　鍈編著
一九五八年六月作家出版社印行
一九八四年四月人民文學出版社新一版
李白研究　王運熙等著
一九六二年六月作家出版社印行
李白與杜甫　石凱著
一九六三年臺北財團法人全知少兒文庫董事會鉛印本
李白研究論文集　中華書局編
一九六年中華書局印行
李白與杜甫　郭沫若著
一九七一年十一月人民文學出版社印行
中國兩大詩聖——李白與杜甫　吳天任著
一九七二年三月臺北藝文印書館印行
論李杜的詩　周紹賢著
一九七四年臺北中華書局印行

李白杜甫與白居易　歐陽彬等著
一九七八年臺南大夏出版社印行
李白　王運熙　李寶鈞著
一九七九年九月上海古籍出版社印行
從李杜說起　張　健著
一九七九年臺北南京出版公司印行
曠世謫仙李太白　何美齡著
一九七九年臺北市莊嚴出版社印行
李白在安徽　常秀峰等著
一九八〇年九月安徽人民出版社印行
李白與杜甫　陳　香著
一九八〇年臺南市鳳城圖書公司印行
李太白詩述評　陳宗賢著
一九八〇年臺北商務印書館印行
增訂李太白年譜　王伯祥編著
一九八一年一月四川人民出版社印行

李白縱橫探　安　旗著
　一九八一年二月陝西人民出版社印行
　一九八三年五月陝西人民出版社增訂版
簡論李白和杜甫　燕　白著
　一九八一年三月四川人民出版社印行
李杜論略　羅宗強著
　一九八一年三月內蒙古人民出版社印行
李白十論　裴　斐著
　一九八一年十一月四川人民出版社印行
李白的故事　郁賢皓　何永康著
　一九八一年十二月上海少年兒童出版社印行
李白叢考　郁賢皓著
　一九八三年一月陝西人民出版社印行
李白詩新箋　安　旗著
　一九八三年七月中州書畫社印行
李白和他的詩歌　胥樹人著

李白考異錄　李從軍著
一九八四年二月上海古籍出版社印行
一九八六年十月齋魯書社印行
李白在安陸　朱宗堯主編
一九八六年十二月華中師範大學出版社印行
李白研究論叢　李白研究學會編
一九八七年三月巴蜀書社印行
謫仙詩豪李白　郁賢皓　張啓超著
一九八六年六月上海人民出版社印行
李白新論　劉憶萱　管士光著
一九八七年十月山西人民出版社印行
李白學刊第一輯　中國李白學會主辦
一九八九年三月三聯書店上海分店印行
李白學刊第二輯　中國李白學會主辦
一九八九年八月三聯書店上海分店印行
中國李白研究一九九〇年集上　朱金城主編

一九九〇年九月江蘇古籍出版社印行

中國李白研究一九九〇年集下　朱金城主編

一九九一年六月江蘇古籍出版社印行

李白研究論叢第二輯　李白研究會編

一九九〇年十二月巴蜀書社印行

李白思想藝術探驪　葛景春著

一九九一年二月中州古籍出版社印行

附録一　引用書目

李太白文集　（唐）　李白撰　影宋刻本
李太白文集　（唐）　李白撰　清繆刻本
分類補注李太白詩　（元）　蕭士贇補注　明正德刻本
李太白全集　（清）　王琦輯注　清刻本
李白集校注　瞿蛻園　朱金城校注　上海古籍版
李詩通　（明）　胡震亨評注　清刻本
楊炯盧照鄰集　（唐）　楊炯、盧照鄰撰　中華書局校點本
駱賓王文集　（唐）　駱賓王撰　中華書局影印本
陳子昂集　（唐）　陳子昂撰　中華書局校點本
張說之文集　（唐）　張　說撰　四部叢刊本
孟浩然集　（唐）　孟浩然撰　四部叢刊本

王右丞集　（唐）王　維撰　（清）趙殿成注　中華書局排印本
高適詩集編年箋注　（唐）高適撰　劉開楊箋注　中華書局版
岑參集校注　（唐）岑　參撰　陳鐵民、侯忠義校注　上海古籍版
曲江張先生文集　（唐）張九齡撰　四部叢刊本
杜詩詳注　（唐）杜甫撰　（清）仇兆鰲詳注　中華書局校點本
劉隋州集　（唐）劉長卿撰　四部叢刊本
錢考功集　（唐）錢起撰　四部叢刊本
戎昱詩注　（唐）戎昱撰　臧維熙校注　上海古籍版
韓昌黎詩繫年集釋　（唐）韓愈撰　錢仲聯集釋　古典文學排印本
韓昌黎文集校注　（唐）韓愈撰　馬通伯校注　古典文學排印本
劉禹錫集箋證　（唐）劉禹錫撰　瞿蛻園箋證　上海古籍版
王建詩集　（唐）王建撰　中華上編排印本
張司業詩集　（唐）張籍撰　四部叢刊本
白居易集箋校　（唐）白居易撰　朱金城箋校　上海古籍版
元稹集　（唐）元稹撰　中華書局點校本
皇甫持正文集　（唐）皇甫湜撰　四部叢刊本

朱慶餘詩集（唐）朱慶餘撰　四部叢刊續編本
張承吉文集（唐）張祜撰　上海古籍影印宋本
長江集新校（唐）賈島撰　李嘉言新校　上海古籍版
玉谿生詩集箋注（唐）李商隱撰　（清）馮浩箋注　上海古版校點本
禪月集（唐）釋貫休撰　四部叢刊本
毛詩正義（漢）鄭玄箋　（唐）孔穎達正義　十三經注疏本
周禮注疏（漢）鄭玄注　（唐）賈公彥疏　十三經注疏本
禮記正義（漢）鄭玄注　（唐）孔穎達正義　十三經注疏本
論語注疏（魏）何宴注　（宋）邢昺疏　十三經注疏本
孟子注疏（漢）趙岐注　（宋）孫奭疏　十三經注疏本
莊子集釋（清）郭慶藩撰　中華書局版
戰國策（漢）劉向集錄　上海古籍標點本
史記（漢）司馬遷撰　中華書局標點本
漢書（漢）班固撰　中華書局標點本
晉書（唐）房玄齡撰　中華書局標點本
舊唐書（後晉）劉昫撰　中華書局標點本

新唐書　（宋）歐陽修撰　中華書局標點本
周書　（唐）令狐德棻撰　中華書局標點本
吳越春秋　（漢）趙曄撰　四部叢刊本
韓非子集釋　（戰國）韓非撰　陳奇猷集譯　中華上編本
唐大詔令集　（宋）宋敏求輯　商務印書館校點本
唐會要　（宋）王溥編　中華書局版
世說新說箋疏（劉宋）劉義慶撰　余嘉錫撰　中華書局版
全唐詩　（清）彭定求等輯　中華書局標點本
全唐文　（清）董浩等輯　中華書局影印本
河嶽英靈集　（唐）殷璠編　《唐人選唐詩（十種）》本
才調集　（後蜀）韋縠編　《唐人選唐詩（十種）》本
唐文粹　（宋）姚鉉輯　四部叢刊本
文苑英華　（宋）李昉輯　中華書局影印本
資治通鑑　（宋）司馬光撰　中華書局標點本
樂府詩集　（宋）郭茂倩輯　中華書局標點本
文選　（梁）蕭統輯　（唐）李善注　上海古籍點校本

六臣注文選　（唐）李善、呂延濟等注　四部叢刊本
太平廣記　（宋）李　昉等輯　中華書局標點本
太平御覽　（宋）李　昉等輯　中華書局影印本
初學記　（唐）徐　堅等撰　中華書局點校本
謝宣城集　（齊）謝朓撰　漢魏六朝百三名家集本
蘇軾文集　（宋）蘇　軾撰　中華書局點校本
龜山語錄　（宋）楊時撰　四部叢刊本
懷麓堂集　（明）李東陽撰　四庫全書本
清江貝先生集　（明）貝瓊撰　四部叢刊本
空同子集　（明）李夢陽撰　明刻本
何大復先生集　（明）何景明撰　清刻本
白雲稿　（明）朱右撰　四庫全書本
東里文集　（明）楊士奇撰　明刻本
凴几集　（明）顧璘撰　明刻本
息園存稿　（明）顧璘撰　明刻本
袁宏道集校注　（明）袁宏道撰　錢伯城校注　上海古籍版

大泌山房集　（明）　李維楨撰　明刻本
弇州山人四部稿　（明）　王世貞撰　明刻本
山谷集　（宋）　黃庭堅撰　明刻本
明文海　（清）　黃宗羲輯　清刻本
王荊公詩注　（宋）　王安石撰　李壁注　清刻本
先秦漢魏晉南北朝詩　逯欽立輯　中華書局排印本
升庵集　（明）　楊　愼撰　明刻本
唐詩品彙　（明）　高棅輯　上海古籍影印明本
古賦辯體　（元）　祝堯輯　明刻本
古今詩刪　（明）　李攀龍輯　明刻本
唐詩別裁集　（清）　沈德潛輯　清刻本
唐宋詩醇　（清）　高宗弘曆敕編　清刻本
唐人萬首絕句　（宋）　洪邁輯　文學古籍刊行社影印本
唐人萬首絕句選　（清）　王士禛輯　清刻本
刪補唐詩選脈會通評林　（明）　周敬輯　明刻本
詩法易簡錄　（清）　李鍈輯　清刻本

唐詩三百首（清）章燮注　清刻本
唐宋詩舉要　高步瀛注　中華上編排印本
詩境淺說　俞陛雲選評　開明書店排印本
復初齊文集（清）翁方綱撰　嘉叢堂叢書本
歷代名畫記（唐）張彥遠撰　人民美術版
唐朝名畫錄（唐）朱景玄撰　美術叢書本
集異記（唐）薛弱用撰　唐宋叢書本
搜神記（晉）干寶撰　津逮祕書本
唐摭言（五代）王定保撰　古典文學排印本
唐語林（宋）王讜撰　古典文學排印本
雲溪友議（唐）范攄撰　古典文學排印本
尚書故實（唐）李綽撰　叢書集成初編本
封氏聞見記校注（唐）封演撰　趙貞信校注　中華書局版
酉陽雜俎（唐）段成式撰　叢書集成初編本
松窗雜錄（唐）李濬撰　中華上編校點本
北夢瑣言（五代）孫光憲撰　中華書局校點本

杜陽雜編　（唐）　蘇鶚撰　中華上編標點本
太倉稊米集　（宋）　周紫芝撰　明刻本
文鏡秘府論　（日）　弘法大師撰　王利器校注　中國社會科學版
滄浪詩話校釋　（宋）　嚴羽撰　郭紹虞校釋　人民文學版
齊東野語　（宋）　周密撰　中華書局標點本
南濠詩話　（明）　都穆撰　歷代詩話續編本
歲寒堂詩話　（宋）　張戒撰　歷代詩話續編本
韻語陽秋　（宋）　葛立方撰　上海古籍影印宋本
詩人玉屑　（宋）　魏慶之輯　古典文學標點本
苕溪漁隱叢話　（宋）　胡仔輯　人民文學版
文心雕龍校注　（齊）　劉勰撰　（清）　黃琡琳校注　中華書局排印本
詩集傳　（宋）　朱熹集註　中華上編排印本
歐陽文忠公集　（宋）　歐陽修撰　四部叢刊本
說郛三種　（明）　陶宗儀編　上海古籍影印本
太平寰宇記　（宋）　樂史撰　清刻本
詩藪　（明）　胡應麟撰　中華上編標點本

唐音癸籤（明）胡震亨撰　古典文學排印本
鶴林玉露（宋）羅大經撰　叢書集成初編本
四溟詩話（明）謝榛撰　歷代詩話續編本
藝苑卮言（明）王世貞撰　歷代詩話續編本
詩源辯體（明）許學夷撰　民國間排印本
藝圃擷餘（明）王世懋　歷代詩話本
麓堂詩話（明）李東陽撰　歷代詩話續編本
詩鏡總論（明）陸時雍撰　歷代詩話續編本
列朝詩集小傳（清）錢謙益撰　上海古籍標點本
江西詩派小序（宋）劉克莊撰　歷代詩話續編本
詩比興箋（清）陳沆撰　上海古籍標點本
說詩晬語（清）沈德潛撰　清詩話本
薑齋詩話（清）王夫之撰　清詩話本
帶經堂詩話（清）王士禛撰　人民文學校點本
歷代詩話（清）吳景旭撰　中華上編校點本
石洲詩話（清）翁方網撰　清詩話續編本

考亭詩話　（清）喻文鏊撰　清刻本
挑燈詩話　（清）馬時芳撰　清刻本
昇庵詩話　（明）楊　愼撰　歷代詩話續編本
登科記考　（清）徐松輯　中華書局校點本
韓詩臆說　程學恂著　商務印書館版
昭昧詹言　（清）方東樹撰　人民文學校點本
池北偶談　（清）王士禛撰　人民文學校點本
靜志居詩話　（清）朱彝尊撰　掃葉山房石印行
杜詩分類　（明）傅振商輯　清刻本
竹林答問　（清）陳　僅撰　清詩話續編本
人間詞話　王國維撰　人民文學點校本
宋高僧傳　（宋）贊　寧撰　中華書局點校本
養龢軒隨筆　（清）陳作霖撰　清刻本
潛邱雜記　（清）閻若據撰　商務印書館排印本
廬山誌　（清）毛德琦撰　清刻本
廬山記　（宋）陳聖兪撰　清刻本

新安誌（宋）羅願撰　清刻本
金石錄補（清）葉奕苞撰　清刻本
文選李注義疏　高步瀛撰　中華書局版
李白詩文繫年　詹鍈撰　人民文學版
郡齋讀書誌（宋）晁公武撰　清刻本
直齋書錄解題（宋）陳振孫撰　清刻本
文獻通考（元）馬端臨撰　萬有文庫本
四庫全書總目提要（清）永　瑢等撰　中華書局斷句本
天祿琳琅書目（清）于敏中撰　清刻本
士禮居藏書題跋記（清）黃丕烈撰　醫學書局影印本
皕宋樓藏書誌（清）陸心源撰　清刻本
善本書寶藏書誌（清）丁丙撰　清刻本
藝風堂藏書記（清）繆荃孫撰　清刻本
藏園群書經眼錄　傅增湘著　中華書局版
中國善本書提要　王重民著　商務印書館版
古今圖書集成（清）陳夢雷等編纂　中華書局版

雙白簃詩錄

金陵朱金城　蘭客

送孫雨廷丈赴西安陝西師範大學講學

離懷惻惻覺宵寒，樽畔瓶花看未殘。縱使江南煙水好，難留白傅入長安。

惜別江頭夢一般，逼人濁酒慘難歡。今年秦滬中秋月，相隔三千里外看。

海上贈朱城時新自麻省理工學院穫科學博士學位歸國

四年海外已三桑，剪燭依依話夜長。一事故人堪慰我，相逢不改舊疏狂。

十年聚散似浮鷗，君到瓊樓最上頭。慚愧相如詞賦減，別來典盡鷫鸘裘。

傷公堅用荊公思王逢原詩韻公堅乃朱城字

墓前草樹想紛披，淡蕩春風已七吹。絕學喜聞賢子繼，微言惟有故人知。李公祠內同書案，桃葉渡頭醉酒卮，豈料登車成永憶，愚園分手夕陽時。

無題

西窗分手繡簾遮，回望依依燈影斜。小別禪思如雪絮，微醺離緒託梅花。一江煙水縈閨夢，六代樓臺起暮鴉。歲晚詩人惟悴甚，羞逢冠蓋滿京華。
垂柳千絲映碧潯，綠窗湘管畫簾深。東風蝴蝶三生夢，細雨芭蕉九轉心。車過紅牆人杳杳，春來青鳥信沉沈。燈前舊恨從頭數，淚透蕭郎蜀錦衾。

花　朝

如煙往事復如潮，心字成灰恨未消。寂寞高樓燈火裡，春寒聽雨過花朝。

哭母詩

寸草成灰願力微，此身難報三春暉。百次往來浦西渡，三載兒歸母不歸。
賈生遷謫久沈淪，幾度蹉跎東海春。哀極猶存堪樂處，茅檐夜夜夢慈親。
沈腰瀉鬢半消磨，柳岸春來又綠波。傾盡錢橋東海水，不如哭母淚痕多。
倚閭不見最淒然，彷彿音容在月前。彼蒼悠悠何限恨，伯魚哭母已三年。

重過南橋距母喪已二年矣

寒風吹送雨瀟瀟，枯樹無邊草盡凋。景色傷心猶似昨，前年今日過南橋。

重遊吳門

吳門重到值秋殘，蕭寺危樓不忍看。歸晚橋頭回首望，觀前燈火太闌珊。
秋懷瑟瑟淡如雪，憂樂人間不可分。吳苑夕陽冶寂甚，興亡何限付紅裙。

中山公園牡丹

初晴穀雨踏輕塵，魏紫姚黃何限春。一自東都遭貶後，千年猶發楚江濱。
看花亭近意逡巡，舊地今來倍覺親。別有春光難畫處，漸青病樹牡丹新。

無　題

車塵回首太匆匆，人在曉風夕照中。惆悵離情知似我，玉璫箋札總難通。

寄懷伍仲文丈北京

鶯飛草長黯愁生，聞又匆匆賦北征。隗我壯心如木石，喜公豪氣勝幽并。淒涼去歲聽歌夜，惆悵今春剪燭情。恰是江南三月暮，計程此際到燕京。

①仲文丈名崇學，清末以第一名畢業於南京礦路學堂，與魯迅同被保送赴日本留學。回國後歷任教育部社會教育司長、江西及浙江教育廳長等職。卒於一九五四年。

丙申十二月初三志擎生日賦詩壽之

夜光瀲灩醉流霞，鐙火高樓萬家。如此良辰同惜取，歲寒心意託梅花。

賀志擎五十初度用丙申前韻壬子歲暮

齊眉相慶醉流霞，憂患飽經幸有家。松柏歲寒同爛縵，貞堅相共伴梅花。

偕志擎郊遊

殘絮樓臺一駐車，郊西五里靜無譁。春深攜手虹橋路，風暖塵輕踏落花。

丁巳仲夏豫園讀叔玉書上有九峰紅葉題句

新畫幾番仔細看，九峰紅葉疑憑欄。春回大地無尋處，三十年前舊墨蘭。

①叔玉三十年前爲予寫墨蘭扇面，慘遭江妖之厄，今已與它物蕩然無存。

豫園雜詠

寶器由來善自藏，李唐千載歷滄桑。玉華堂畔玲瓏物，漏網宣和花石綱。

西園平曠望中舒，碧水池塘半畝餘。橋上行人橋下影，綠楊拂亂驚游魚。

樹擁碧雲拂面迎，嶙峋奇石砌縱橫。偶然大假山邊立，如在千巖萬壑行。

橋名九曲長逶迤，每到廟門神意馳。四十年前放學路，昏昏燈火似兒時。

①玉玲瓏石傳爲隋唐舊物，明時自浦東移此。

庚申中秋後一日過滬上舊城露香園路萬竹小學舊祉兒時讀書處也忽忽五十年里巷依然屋舍全非今已易名上海實驗小學。相對憫然因賦一絕

五十年來餘夢思，露香園畔憶兒時。白頭訪舊無人識，萬竹叢中一竹枝。

聆言慧珠俞振飛生死恨劇

舊事樂園不勝悲，樊樓燈火費尋思。宵深一曲分鞋記，喜見梅師全盛時。

①京劇生死恨由元曲分鞋記改編。

丁巳仲夏易安遊黃山以詩寄之

黟山七日飽煙霞，三十六峰處處家。去後瓶花還未謝，歸來猶及賞殘花。

附丁巳夏暢遊黃山吾父以詩寄示步原韻奉和。

朱易安

衆峰踏遍掬餘霞，夕照樓臺疑是家。相約明年春盡日，同登紫石與蓮花。

悼瞿白音

錢橋歲月共艱辛，悲耗乍聞信未眞。獨白方期創新日，遺篇一睹一傷神。

①指上海奉賢錢橋新聞出版電影幹校。

②白音卒於一九七九年十一月一日。其《創新獨白》宏文，才氣橫溢，名滿天下，謗亦隨之，幾遭不測。予慘罹四凶之厄，含冤十載，平反之日，白音以詩相賀，有句云：「艱難歲月沫相濡，今日重逢世界殊。」予酬詩亦有云：「獨白創新花放日，晚晴珍重赴征途。」

癸丑春余自錢橋幹校移來仙人掌數莖養植凡四易寒暑蔚然盈盆丁巳夏忽黃花怒放喜而賦詩。

春回鬢已華，咫尺似天涯。東海仙人掌，五年始著花。

一九八二年三月二十九日至西安陝西師大參加全國唐詩討論會即席賦詩兩截。

灞橋楊柳碧毿毿，盛會無前興正酣。恰是杏園三月暮，長安春色勝江南。

名都今到恨來遲，漢碣唐碑慰夢思。弔古懷人傷遺跡，群賢幸會曲江池。

①懷陝西師大已故中文系教授孫雨廷丈，并在霍松林教授家睹雨廷丈題瞿安先生遺墨，乃其滬寓所懸於生前

饋贈松林者，幸劫後失而復得，相對泫然久之。

②陝西師大部份校園乃唐代杏園舊祉，鄰近曲江。

登慈恩寺大雁塔

難尋古塔舊題名，灞水終南一望晴。元白風流今不見，慈恩院裡足幽情。

江油李白記念館屬題賦二絕寄奉

瓣香千古英靈在，萬丈光芒映遺篇。仰止自慚才力薄，新箋四帙予前賢。

暮雲亭上題詩句，謝朓山前拂故阡。他日彰明來謁訪，青蓮鄉裡更依然。

①上海古籍出版社出版拙著《李白集校注》四冊，館中已陳列。

②暮雲亭在采石鎭，傳爲藏李白宮錦處。

壬戌春遊洛陽龍門謁白香山墓作

闕墓形勢奇，伊流分其中。龍門西矗立，香山峙於東。山石色蒼蒼，山樹鬱蔥蔥。唐寺杳不見，靈氣獨所鍾。巍巍少傅墓，千載鎭中峰。學詩憶髫年，醉心琵琶篇。誦公長恨辭，童子如登仙。束髮受書來，研求未嘗間。忽忽四十載，不覺鬢毛斑。今來謁公墓，垂涕告公前。我撰新白譜，娓娓廿萬言。長慶七一卷，亦已成新箋。奠墓無卮酒，代以此二編。想公聞吾語，當爲之欣然。公居此土日，作尹領三川。葬此青山幸，聲名賴公傳。今喜逢明時，公墓亦修完。四方來弔者，絡繹遠勝前。至今感遺澤，猶說八節灘。

①拙著《白居易年譜》及《白居易集箋校》均由上海古籍出版社出版。
②八節灘爲民造福事見白氏《開龍門八節石灘詩并序》

汴京雜憶絕句

往事淒迷憶舊遊，梁園處處惹人愁。古城聞說多新貌，燈火宵深盡樊樓。
老去心懷省學前，兒時情事更纏綿。輕衫細馬多年少，絳帳春風俱夢煙。
峨峨艮嶽變平蕪，花石淫荒人共誅。輦轂繁華都不見，清明展看上河圖。
一別大梁四十秋，舊居失所覓無由。幾回夜半停車望，星火滿天過汴州。
豈獨傳聞趙宋家，仁人義士盡堪嗟。願尋當代孟元老，再爲東京續夢華。
潘楊湖水傳疑在，梁宋宮園惟草螢。堪笑周王明代殿，遊人錯認作龍廷。
南郊風物最低徊，地近朱仙不勝哀。李杜同遊吟嘯處，繁花似錦古吹臺。
溱洧無情依舊綠，滎陽靚景眼中收。市朝變易遷陵谷，今日鄭州替汴州。

①抗戰時予嘗借讀省立開封高中。
②予幼年生長汴京，畢業於河南省立開封第十一小學校。
③宋張擇端《清明上河圖》。
④予一九八二年後數度赴西安、蘭州、洛陽等地，午夜停車開封站，佇望片刻。
⑤宋孟元老著《東京夢華錄》。

⑥今之龍廷乃明代周王府正殿遺址。

⑦朱仙鎮近開封南郊，乃岳飛大破金兵處。

⑧河南省會自開封遷鄭州。

辛酉春女兒易安首次發表清明詩非杜牧作小文於河北文學學報胡道靜兄來書慰勉獎掖後輩之盛情可感雨夕捧讀因書一絕報之。

瓊瑤一紙殷勤至，捧讀寒宵雨滿窗。猶似當年憐靜意，令人長憶柳吳江。

①道靜小年受知於柳亞老。

小病偶成

不寐惱簷鈴，宵深轉側聽。瓶花多嫵媚，鐙影太伶俜。小病猶堪樂，閑情似未經。江南三月暮，新綠滿窗櫺。

予箋校白氏長慶集竣事中經四凶之厄失而復得友琴前輩頻來書垂詢出版之期感而答之。

評述彙編椎輪始，增華大輅愧棲遲。十年難忘全吳夢，長慶一箋鬢已絲。

①琴老所編《白居易詩評述彙編》一書，馳譽中外，實爲治白集之先導。

②白居易《寶曆二年八月三十日夜夢後作》詩云：「莫忘全吳館中夢，嶺南泥雨步行時」。

一九八二年十月四川江油李白記念館開館大會暨記念詩人逝世一二二〇年賦詩以賀。

李杜詩篇壓盛唐，千年沾溉水流長。峨眉獨秀雙星座，太白新樓伴草堂。

詩風何必論高低，千載聲名李杜齊。從此彰明錦里畔，青蓮鄉匹浣花溪。

壬戌秋予應邀赴江油青蓮故里參加李白逝世一千二百二十年紀念會席間與李國瑜（伯玉）教授訂交相見恨晚會後同車至成都復於工部草堂惜別返滬後伯玉自錦城寄贈所書新詩兩幅意氣懃懇因賦一絕謝之時拙著白居易年譜方問世也

青蓮鄉里論文久，工部草堂分袂初。詩好情深書珍重，細看字字盡瓊琚。

壽內子志擎六十初度并序

丙申十二月初三，志擎生日，賦詩壽之云：「夜光瀲灩醉流霞，燈火高樓十萬家。如此良辰同惜取，歲寒心意託梅花。」後十年動亂中，予慘遭四凶之厄，復遭大故，廬舍蕩然，幸賴內子獨力支撐，始幸免於覆巢。壬子歲，志擎五十初度，予在幹校，用丙申前韻壽之云：「齊眉相慶醉流霞，憂患飽經幸有家。松柏歲寒同爛縵，貞堅相共伴梅花。」蓋記實也。迨四凶殄滅，舉國歡忭，壬戌歲暮，又值志擎六十初度，曩時壬子詩中所謂齊眉相慶者，乃盡成現實。因再步丙申前韻壽之云爾。

把酒歲抄醉流霞，星鬢相看慶萬家。歷盡嚴寒風雪後，雙松梃直傲梅花。

癸亥暮春題山東濟寧太白樓絕句

汶泗源長浩蕩流，翰林詩卷共千秋。任城壁記今猶在，喜見開天舊酒樓。

①李白集中有《任城縣廳壁記》。

②據唐沈光《李白酒樓記》，李白嘗醉飲於此。

癸亥夏題陳兼與丈畫竹并序

兼丈久以詩鳴海内，并擅書畫，蓋所謂鄭虔三絕者也。尤善寫蘭竹，然甚自秘重，不輕易示人。辛酉歲，既以墨蘭小幅繪贈，今夏復寫竹石見貽。予厚其意，無以答貺，敬題兩截爲報云爾。

香山筆底曾吟賞，葉活節疎莖瘦長。協律新傳今復見，風神絕似老蕭郎。

與可鵝溪絹有光，幽姿自寫墨生香。數莖瑟瑟風移影，彷彿寒梢萬尺長。

①香山《畫竹歌》引云：「協律郎蕭悅善畫竹，舉時無倫。」

②見東坡《文與可有詩見寄云待將一段鵝溪絹掃取寒梢萬尺長次韻答之》詩。

題贈安陸李白紀念館并賀其所編李白在安陸新著出版

白兆淒迷事可哀，明時桃嶺慶春回。十年安陸蹉跎事，都賴新編索隱來。

甲子秋唐代文學學會第二屆年會召開於蘭州寓友誼飯店遠眺

塞上四時風景異，蕭森況值隴城秋。連綿山色千峰睡，浩蕩黃河足下流。

蘭州左公柳

綠蔭遮空遍路植，前賢遺澤喜人培。沿堤垂柳無窮碧，都是左公去後栽。

①左公，宗棠也。

敦煌雜詠六首

蘭州至柳園道中

白草蒼茫沙磧間，遙遙相伴祁連山。接天戈壁無窮盡，忽現孤城嘉峪關。

行抵敦煌

武威張掖酒泉地，路載絲綢歷盛唐。四郡河西行盡處，綠洲一片出敦煌。

莫高窟

泥塑粉圖盡化工，流長源遠接鴻濛。鳴沙石窟朝千佛，夢寐居然到眼中。

陽　關

烽火臺前遺址泯，平沙浩浩敻無垠。漢唐景象今多異，西出陽關無故人。

夜遊月牙泉同遊者傅璇琮周勛初李珍華周祖譔等。

萬年不涸水涓涓，脫履艱攀千尺顛。夜越沙峰奇景現，一鉤新月月牙泉。

夜光杯

王翰絕唱涼州句，欲效罷題兒費才。未酌葡萄名酒飲，此行辜負夜光杯。

一九八五年五月參加馬鞍山中日李白詩詞研討會喜賦四絕句

中日淵源耐思尋，晁卿佳話傳至今。千年猶繼仲麻呂，采石江頭弔翰林。

長存逸氣滿青山，疾亟當塗終老還。詩卷輝光爭日月，謫仙永憶在人間。

絕倫文采歷千年，牛渚青山兩故阡。幸賴樂天詩句在，中唐衣墓已流傳。

高詠斯人不可聞，東鄰喜接共論文。相逢牛渚西江夜，明月青天無片雲。

①日本仲麻呂或稱仲滿，來華改姓名爲朝衡，蓋晁即古朝字。
②杜甫《寄李十二白二十韻》詩云：「文采承殊渥，流傳必絕倫。」
③白居易詩「采石江邊李白墳」謂采石衣冠塚也，予嘗著文考之。
④李白《夜泊牛渚懷古》云：「牛渚西江夜，青天無片雲。」

乙丑夏參加馬鞍山中日李白詩詞研討會後與郭炤烈朱實兩兄同遊黃山往返途經涇縣桃花潭賦贈一絕

賦別東鄰將欲行，又同朱郭傾生平。黟山采石才旬日，深似桃花潭水情。

黃山紀遊詩

衰顏雖老未龍鍾，含笑遍山迎客松。終負十年嬌女約，難攀咫尺蓮花峰。
變幻多姿雲海生，滿山濕翠路難行。玉屏樓畔愁絕夜，不寐連宵風雨聲。
年年相約夢中尋，路滑今來値久霖。前後相間才七日，夫隨婦唱同登臨。
怪在青松盡有情，淡濃山色爭逢迎。宵深驛館泉流急，一夜依依惜別聲。

一九八六年四月中國唐代文學學會第三屆年會在洛陽舉行重遊龍門見白居易墓修繕一新喜賦二絕

石樓斷瓦滅無痕，十寺龍門今幾存。惟有潺潺清伊水，年年繞墓伴詩魂。
長恨風情傳至今，一篇琵琶感人深。洛都九代青山幸，絕世聲名在醉吟。

王城公園賞牡丹三絕

爭有魏紫與姚黃，金谷園前車馬狂。遭貶東都猶競艷，千枝萬朵換新妝。
天津橋畔尋常見，白馬寺中處處逢。淡抹濃妝輸國色，王城齊賞洛陽紅。
穠艷紛迎盛會開，題詩寫盡洛陽才。依然不改唐妝束，崇敬寺中移植來。

①唐崇敬寺牡丹聞名。

洛陽贈蔡厚示

前歲皐蘭同駐車，今春又賞洛陽花。見難別易還須惜，明年相約過仙霞。

題黃河遊覽區

楊柳絲絲碧萬株，長河九曲一明珠。平沙荒嶺成新意，畫出江南煙水圖。

丙寅秋遊廬山雜詩

登攀艱險費疑猜，五老迎人薄霧開。難覓青蓮歸隱處，屏鳳疊下久徘徊。
淒然陳記分明在，久廢白公舊草堂。遠眺寺樓東北望，虎溪荒寂對斜陽。
舊跡雖泯文采在，江州三載遺澤深。大林寺毀餘花徑，秋菊遍山奠醉吟。
書院雲林深處現，清泉繞砌池荷栽。詩人二李今何處，白鹿洞中滿綠苔。

①李白《贈王判官時余歸隱居廬山屏風疊》詩：「吾非濟代人，且隱屏風疊。」
②宋陳舜俞《廬山記》：「白公草堂在（東林）寺東北隅。……後與遺愛寺並廢。」
③白氏詩文所指者乃上大林寺。清查愼行《廬山記遊》：「上大林寺，樂天先生嘗遊此，於四月見桃花，集

中有詩序，今猶稱白司馬花徑。」

④白氏《題別遺愛草堂兼呈李十使君》詩：「君家白鹿洞，聞道亦生苔。」

丙寅歲暮敬題李一氓前輩珍藏孤本知聖道齋燼餘詞卷後并序

丙寅歲暮，拜睹氓老珍藏謙牧堂舊物知聖道齋燼餘詞秘籍，嘆爲奇絕。時予於十年浩劫中被抄之謙牧堂舊藏內府刊本《歷代賦彙》方慶珠還，亦異數也。因題一絕，兼以誌喜云爾。

杳然汲古失琳琅，劫火燼餘字字香。謙牧猶存文考賦，恍如唐卷出敦煌。

紀念李白逝世一二二五年作

隴西碎葉兩茫茫，惟有當塗詩骨香。明月依然文采在，青山牛渚共輝光。

丁卯夏曆十二月初三日志摯六五初度以詩壽之用丙申前韻

酒酣霜鬢泛紅霞，歲晚冬溫樂萬家。斗室膽瓶增嫵媚，白頭笑對臘梅花。

丁卯歲暮寄賀廣東詩詞學會成立大會

遙想江南詩到日，嶺南詩伴梅花香。奇峰突起如粵秀，重繼風騷學海堂。

戊辰初夏遊武夷山雜詩

泛遊九曲二絕

薄霧籠煙出幔亭，逶迤三十六峰經。凌波竹筏輕如燕，九曲明珠一畫屏。

翠竹蒼松含笑迎，千峰倒映影無聲。波光蕩漾明如鏡，舟入溪山畫裡行。

題玉女峰

一賦高唐又再逢，玉肌冰骨仙姿容。婷婷不語臨溪立，絕勝巴山神女峰。

水簾洞飲武夷巖茶

高巖珠玉奇蘭芽，馥郁濃香盡堪誇。第一平生賞心事，名山名水品名茶。

題九曲毛竹洞

空中簫鼓渺難聞，毛竹洞邊盡霧雲。留得玉溪詩句在，令人空憶武夷君。

遊雲窩登天遊峰巔

武夷溪石天下絕，艱險不辭上翠微。方竹遍山青入眼，幽蘭滿谷香襲衣。丹峰三仰雲雙繞，涤水九洄澗四圍。彷彿文公風采在，隱屏深處對斜暉。

①奇蘭，武夷茶名。

②三仰，三仰峰。

③隱屏，隱屏峰。宋朱熹講學武夷，建精舍於五曲之隱屏峰下。

宿崇安百花巖賓館雨夕懷柳耆卿

代出才人溪石秀，況逢暮雨灑江天。曉風殘月垂楊岸，永夜長懷柳屯田。

①耆卿，崇安人。

自崇安赴南平車行建溪道中

武夷九曲名天下，難與建溪長短爭。碧水青山三百里，此身都在畫中行。

戊辰遊武夷歸來和蔡厚示教授回武夷詩步原韻

仙境人間在武夷，斷山零水盡相思。何當共遊天遊顛，長看風煙變幻時。

附：回武夷詩　蔡厚示

一十四回回武夷，溪聲筏影總相思。何當化石山頭立，看到風煙俱盡時。

戊辰寒露賀金明淵兄懸壺五十週年

歷盡嚴霜見貞堅，相知頭白未休肩。一篇扁鵲倉公傳，彷彿醫行五十年。

①予二十餘年前主編中華活葉文選，倩明淵箋注《史記．扁鵲倉公列傳》。

九華山懷太白兩絕

平生奇絕鳳凰松，始歎謫仙詩化工。四面青山環淥水，蓮花開出九芙蓉。

青蓮詩畫九芙蓉，難覓前賢舊跡蹤。多謝皖南東道主，靈山七日臥雲松。

①鳳凰松在回龍橋淨修茅蓬門前，相傳已有一千四百年。

乙巳六月中國李白學會召開第二屆年會於九華山歸途經涇縣陳村桃花潭訪汪倫舊跡不得感賦

岸前遺跡滅無痕，歲久猶聞風俗淳。千尺清深桃潭水，群山環繞到陳村

一九八八年九月唐代文學學會第四屆年會在太原召開期間驅車獨遊晉祠半日歸賦兩絕

何處舊蹤懸甕山，青蓮佳句留人間。一弘碧玉高峰瀉，難老泉邊半日閑。
明臺宋殿遍登臨，碧瓦朱甍歲月深。周柏唐槐濃蔭覆，晉祠秋氣倍蕭森。

①晉祠在今太原市西南五十里懸甕山下，晉水發源處。

②李白詩：「晉祠流水如碧玉。」

③難老泉爲晉水主要源頭。

④聖母殿、水晶臺分別爲宋、明所建。

戊辰秋自太原赴大同雲崗石窟遊覽一日夜而返

并州風物初經眼，又逐雲中寶庫來。昔日宋遼爭戰地，輕車一夜雁門回。
逶迤石窟勝三川，北魏開山此最先。相望煙寺臨錦鏡，酈元一記不虛傳。

①雲崗石窟爲世界三大寶庫之一。

②太原至大同，經雁門關、金沙灘，均宋遼交戰地名。

③三川指洛陽龍門石窟。

④《水經注．㶟水》：「武周川水又東南流……其水又東轉，逕靈巖南，鑿石開山，因崖結構，其眞容巨壯，世法所締，山堂水殿，煙寺相望，林淵錦鏡，綴目新眺。」此蓋記載雲崗石窟最早之資料。

戊辰中秋五臺山望月

今歲中秋月，臺懷六十圍。宵深光滿壑，夜久寒侵衣。高樹樓堂小，遠寺鐘磬稀。離情縈此夕。萬里共清輝。

①遊五臺，寓臺懷賓館。臺懷，謂在東臺、南臺、西臺、北臺、中臺五臺懷抱中也。

庚午四月題唐音閣吟稿兩截寄霍松林兄西安

白下詩風天水傳，雄才崛起霍家川。唐音千首初吟罷，如睹香山長慶編。

伉儷唱和到鬢絲，神仙眷屬神仙詩。難能錦繡元相句，中附柔之珠玉詞。

庚午初冬金陵贈密執安大學教授李珍華兄予一九八四年秋於蘭州與珍華訂交同遊敦煌千佛洞一九八六年又相遇於洛陽後復聚會於滬濱

皐蘭邂逅細論文，再賞牡丹洛水濱。海外五年三度見，楓紅時節又逢君。

庚午初冬雨中遊棲霞古寺賞紅葉止息桃花扇亭同遊者王達津蔡厚示蔡義江羅宗強陳允吉張清華汪中日本筧文生筧久美子西村富美子諸教授暨女兒易安

名刹群賢至，棲霞滿霧雲。山亭細雨落，寺閣晚鐘聞。石佛睡顏古，霜風醉貌醺。桃花扇底夢，千古一香君。

辛未中秋壽馬國權兄六十初度

金石入書世莫倫，十年文字倍相親。嶺南花發獨枝秀，佔盡藝林香島春。

①君主編香港大公報藝林專刊十餘年，蜚聲海內外。

後記

這個集子裡收有父親蘭客先生和我近年來有關李白研究的部份文字。大約可分爲以下四個方面：李白的總體研究、李白詩歌作品的考釋、李白和唐代歷史文化研究以及李白集的板本和校勘。

自一九八〇年《李白集校注》問世以來，父親的研究工作重心已轉向白居易等其他詩人。一九八八年《白居易集箋校》出版後，他因主編中國李白研究會的會刊，又陸續寫了《雙白簃讀李白集札記》、《中華書局標點本〈李太白全集〉校讀小記》等，闡發和補充了他那部著作中涉及而未經展開的問題，尤其是對李白與唐代歷史和文化之間的研究，對各種李白集的板本和校勘，發明良多，很有參考價值。《〈李白集校注〉後記》是集中寫作時間最早的一篇，其中舉例糾正清人王琦注本訛誤頗多。因近年有些翻印的本子刪去了這個部份，使讀者難以了解清以後的學術成果，特爲收入，以供查閱。此外，還收入了父親近年來講學和爲一些刊物撰寫的李白詩歌評說和考釋，這些文字以鑑賞與考證相結合，新鮮生動，趣味盎然。

我對李白產生濃厚的興趣是近幾年的事。八十年代中，我獲碩士學位後留校任教，曾開設唐詩研究的課程。授課時我想挑選幾位有代表性的詩人，通過他們來講述唐詩發展的歷史，其中就有李白。在大量的閱讀和思考以後，我發現我的看法愈來愈和傳統的說法相左，因爲傳統的說法無法解釋李白在唐代文學中的特殊性。這促使我從文化史的發展中來尋找李白的歷史作用，同時又從文學批評的立場上去重新研究李白的藝術作品，並力圖在更高的層次上將兩者統一起來，重新解釋李白及其作品的存在和存在方式。這次收入集中的《李白的價值重估》，是將李白看作士階層的一員，來探討他在中國文化史上的地位和意義。兩篇《李白詩歌形態論》，則嘗試用新的理論和方法來探索李白詩歌藝術特質和表現形式。《關於「李杜優劣」》一文是從唐詩學發展史的角度來解釋文學史上爭論不已的一個文學現象。《李白及其藝術中的人生與社會》和《李白的散文與開天時期的文風》是我和父親共同探討，由我執筆寫成的。文中所論及的李白的思想、行爲方式以及文風等問題，也和傳統的看法有所不同。

在思考和探索中，父親給過我很多支持和幫助，每一個觀點的形成，首先都得到他的鼓勵和肯定。父親對我要求很嚴，在學術上，他鐵面無私，從不肯姑息任何一個細小的錯誤，同時，他又寬容不同的觀點，從善如流。父親治學推崇乾嘉學派的方法，但他卻鼓勵我超越前人，走自己的路。這次結集，他堅持要將我的文章編在前面，儘管他並不完全贊同我的某些看法。

整理這本集子的時候，我不斷地回憶起父親和我一同探討學問的情形，我們常平等地交換意見和爭執，充滿著民主氣氛。這本集子裡的文字，浸潤著兩代學人在書齋中的歡樂和自信。我們願意將這份歡樂奉獻給讀者，願他們與我們同樂。

朱易安　一九九二年四月於上海